suhrkamp taschenbuch
wissenschaft 1828

Der Kommunikationsbegriff gehört zu den wichtigsten Errungenschaften der Wissenschaften des 20. Jahrhunderts. Dirk Baecker zeichnet die Entwicklung dieses Begriffs von Platons *Sophistes* bis zu Claude E. Shannons mathematischer Kommunikationstheorie nach. Dabei zeigt er, daß Kommunikation nicht, wie es meist geschieht, als Übertragung, sondern als Selektion zu verstehen ist – als wechselseitige Selektion innerhalb eines dadurch eröffneten Raums der Möglichkeiten. Dieser neue Begriff der Kommunikation ermöglicht es einerseits, die *Form* der Kommunikation als sozialen Vorgang der Zuschreibung und Ausnutzung von Freiheitsgraden zu bestimmen, und andererseits, die verschiedenen *Formen* der Kommunikation in Interaktion, Organisation, sozialer Bewegung und Gesellschaft zu beschreiben.

Dirk Baecker ist Professor für Kulturtheorie und -analyse an der Zeppelin University in Friedrichshafen am Bodensee. Zuletzt sind im Suhrkamp Verlag erschienen: *Die Form des Unternehmens* (stw 1453), *Organisation als System* (stw 1434), *Organisation und Management* (stw 1614); *Studien zur nächsten Gesellschaft* (stw 1856).

Dirk Baecker
Form und Formen der Kommunikation

Suhrkamp

Bibliografische Information der
Deutschen Nationalbibliothek
Die Deutsche Nationalbibliothek verzeichnet
diese Publikation in der
Deutschen Nationalbibliografie;
detaillierte bibliografische Daten sind im Internet
über http://dnb.d-nb.de abrufbar.

suhrkamp taschenbuch wissenschaft 1828
Erste Auflage 2007
© Suhrkamp Verlag Frankfurt am Main 2005
Alle Rechte vorbehalten, insbesondere das der Übersetzung,
des öffentlichen Vortrags sowie der Übertragung
durch Rundfunk und Fernsehen, auch einzelner Teile.
Kein Teil des Werkes darf in irgendeiner Form
(durch Fotografie, Mikrofilm oder andere Verfahren)
ohne schriftliche Genehmigung des Verlages reproduziert
oder unter Verwendung elektronischer Systeme
verarbeitet, vervielfältigt oder verbreitet werden.
Druck: Druckhaus Nomos, Sinzheim
Printed in Germany
Umschlag nach Entwürfen von
Willy Fleckhaus und Rolf Staudt
ISBN 978-3-518-29428-4

2 3 4 5 6 7 – 14 13 12 11 10 09

Inhalt

Vorwort 7

1. Einleitung
   1.1. Kommunikation und Information 15
   1.2. Kommunikation und Kontrolle.............. 25
   1.3. Kommunikation und Handlung 33
   1.4. Kommunikation und Wahrnehmung 46

2. Ein Modell
   2.1. Form 55
   2.2. Spiel 70
   2.3. Raum 78

3. In Gesellschaft
   3.1. Erwartungserwartungen 85
   3.2. Zählen, Ordnen, Rechnen 98
   3.3. Formen des Sozialen 104
   3.4. Selbstbeschreibung 137

4. Sinn
   4.1. Funktionen 146
   4.2. Systeme 152
   4.3. Personen 162
   4.4. Medien I 175
   4.5. Medien II 206
   4.6. Netzwerke 226
   4.7. Evolution 237

5. Design
   5.1. Ökologie 254
   5.2. Schnittstellen 267
   5.3. Intervention 273

Index der Formen 281
Register.................................... 283

»a desire to play and a desire to win.«
(Warren McCulloch)

Vorwort

Seit einigen Jahren ist Kommunikation in aller Munde. Ob Kriege ausbrechen, Liebeserklärungen unerhört bleiben, Politiker einen Prestigeverlust erleiden, Waren nicht auf dem Markt platziert werden können, Reformvorhaben im Sande verlaufen oder Jugendliche sich nicht mit ihren Berufsaussichten anfreunden können, man ist in einem ersten Schritt fast immer geneigt, Fehler der Kommunikation zu diagnostizieren und in einem zweiten Schritt Vermutungen darüber anzustellen, wie man es hätte besser machen können. Man hat gelernt einzusehen, dass Kommunikation scheitern kann, glaubt jedoch unverdrossen, man könne etwas dafür tun, dass sie gelingt. Die Ratgeberliteratur blüht, das Beratungsgeschäft ebenso, und die Journalismusstudien an den Universitäten mausern sich zu Kommunikationswissenschaften, die mit keiner Empfehlung geizen, welcher Kanal und welches Medium für welchen Typ von Botschaft an welche Adressaten geeignet sind und welche nicht. Kommunikation, so lernt man aus alldem, ist auch nur eine Handlung, und man kann lernen, wie das geht. Vielleicht geht es ein wenig subtiler zu, weil bei der Kommunikation eine Wechselseitigkeit, ein Hin und Her und damit auch eine Unwägbarkeit im Spiel ist, die umso schwerer einzuschätzen sind, je mehr man selbst mittendrin steckt, aber das gilt für eine Handlung ja auch und im Prinzip lässt sich sortieren, was hier wann passiert, und dementsprechend klären, welche Aktionen in diesem Feld richtig und welche falsch sind.

Das vorliegende Buch wahrt zu diesem pragmatischen Umgang mit Kommunikation eine gewisse Distanz. Ich bezweifle nicht, dass man mit Kommunikation umsichtiger umgehen kann, als dies vielfach der Fall ist. Und ich bezweifle noch weniger, dass man zumindest im Nachhinein oft ganz gut wissen kann, was man falsch gemacht, und in einigen Fällen auch, was man richtig gemacht hat. Grundsätzlich jedoch glaube ich, dass Kommunikation etwas anderes ist als eine Handlung und es daher auch nur wenig Sinn macht, nach Absichten, Regeln und Normen zu fragen, Ursachen und Wirkungen zu unterstellen und an deren besserer Abstimmung zu arbeiten. Tatsächlich habe ich den Eindruck, dass es weiter führt, den Begriff der Kommunikation in eine gewisse Opposition zum Begriff der Kausalität zu bringen und ihn dementsprechend für die Beschreibung von Verhältnissen zu reservieren, in denen Überraschungen die Regel sind.

Das heißt allerdings nicht, dass im Bereich der Kommunikation alles beliebig wäre. Das Gegenteil ist der Fall. Allerdings ist die Bestimmtheit, mit der man es hier zu tun bekommt, nicht das Ergebnis von Ursache und Wirkung, sondern, so zumindest die These dieses Buches, der Einführung und Konditionierung von Freiheitsgraden. Kommunikation heißt, es mit mehr Möglichkeiten zu tun zu haben, als man bewältigen kann, und es von überraschenden Seiten her mit Einschränkungen zu tun zu bekommen. Diese Einschränkungen lassen sich nur selten im Schema guter Gründe und böser Absichten beschreiben, von dem die europäische Aufklärungstradition ausgegangen ist. Sondern man bekommt es hier mit einer sozialen Eigendynamik zu tun, die mit bloßem Auge nicht zu erkennen ist, sich jedoch einem Blick erschließt, der, wie der soziologische, nach den Bedingungen sozialer Ordnung zu fragen gelernt hat.

Die Undurchschaubarkeit dieser Eigendynamik für die Teilnehmer an Kommunikation hindert diese Teilnehmer interessanterweise nicht daran, sich subtil und raffiniert in den Verhältnissen zu bewegen. Kommunikativ können wir etwas, was uns bewusst nicht zur Verfügung steht. Im Gegensatz zur jüngeren Philosophie der Neuropysiologie optiert dieses Buch jedoch nicht etwa dafür, das Gehirn oder gar, in den Philosophien anderer Naturwissenschaften, die Gene dafür verantwortlich zu machen, wovon das Bewusstsein nichts weiß, sondern dafür, sich die Bedingungen unserer sozialen Existenz genauer daraufhin anzuschauen, wie sich in ihnen ein Mischungsverhältnis von Ordnung und Unordnung bewährt, das bis in die Details hinein prägt, was wir unter Freiheit und Notwendigkeit verstehen, und das uns mal merklich, mal unmerklich bei jeder Geste und jedem Satz unterstützt, mit denen wir uns zu anderen und zu uns selbst in ein Verhältnis setzen. Es geht nicht immer so offenkundig zu, wie in Woody Allens Film »Play it Again, Sam« (USA, 1972), in dem der Geist eines souveränen Humphrey Bogart, nur für Woody Allen sichtbar, diesem Tipps gibt, wie er Diane Keaton erfolgreich verführen kann. Aber im Prinzip trifft der Film den Kern der Sache. Wenn wir wissen wollen, wie Kommunikation funktioniert, müssen wir lernen, nicht nur die Teilnehmer, sondern darüber hinaus ein Drittes, die Eröffnung und Einschränkung von Spielräumen, zu beobachten.

Die Sozialtheorie zeigt sich vom Begriff der Kommunikation fasziniert, seit die mathematische Kommunikationstheorie von Claude E. Shannon ihn vor einem halben Jahrhundert ins Zentrum eines Typs von Wissenschaft rückte, die zur Beschreibung komplexer Phänomene nach neuen Grundbegriffen sucht. Komplexe Phänomene, so hatte man herausgefunden, sind solche, die weder einfach genug, um kausal, noch homogen genug sind, um statistisch beschrieben werden zu können. Sie bestehen aus vielfältigen Beziehungen zwischen heterogenen Elementen und überfordern damit ihren Beobachter, der deswegen nicht umhin kommt, anzunehmen, dass diese Phänomene ihre Probleme selber zu stellen und zu lösen in der Lage sind, auch wenn er nicht weiß, wie sie das tun. Selbstorganisation war das Stichwort der Stunde, und Kommunikation einer ihrer interessantesten Fälle.

Kommunikation war deswegen allerdings ein Begriff, der vor allem heuristisch überzeugte. Er benannte nicht etwa einen neuen Gegenstand, von dem man vorher noch nichts wusste, sondern eine neue Problemstellung, für die noch nicht klar war, für welche Gegenstände man sie fruchtbar machen konnte. Weit reichende Hoffnungen auf eine neue Grundlagenwissenschaft, die sich dann Informatik und Kybernetik nannte, waren für das, was dann kam, genauso typisch wie die Vorsicht der Sozialtheorie, sich zu schnell auf einen Grundbegriff einzulassen, von dem man noch nicht wusste, worauf er zielte. Weder Michel Serres noch Jürgen Habermas oder Niklas Luhmann schrieben die Theorie der Kommunikation, die man erwarten könnte, wenn man sieht, welche Grundlagenstellung der Begriff der Kommunikation in ihren Theorien bekommt. Serres arbeitet stattdessen an einer Dekonstruktion des Boten, Habermas an einer Handlungstheorie, die sich die Verbesserung der Verhältnisse wünscht, und Luhmann hielt sich an eine Systemtheorie, die dafür warb, sich von einer komplexen Gesellschaft nicht den Spaß an ihrer Beschreibung verderben zu lassen.

Wenn mit allem Respekt vor der bisherigen Zurückhaltung der Sozialtheorie mit diesem Buch dennoch eine soziologische Theorie der Kommunikation vorgelegt wird, so liegt der Grund dafür in einer weiteren Überraschung. Nicht die außerordentlich skeptische geistes- und sozialwissenschaftliche Diskussion von Shannons mathematischer Kommunikationstheorie, sondern eine weitere und spätere mathematische Idee erlauben es, Shannons ursprüngliche Einsicht aus ihrer Begrenzung auf das Feld der technischen Signalübertragung zu befreien und für die Ausformulierung einer allgemeinen Theorie der Kommunikation zu nutzen. Diese Idee besteht darin, eine Unterscheidung im Hinblick auf ihre Form zu beobachten und unter einer Form nicht nur die beiden Seiten der Unterscheidung, sondern auch den Raum zu verstehen, der dadurch eröffnet wird, dass sie getroffen wird.

Aus der Perspektive der mathematischen Idee der Form der Unterscheidung, wie sie George Spencer Brown vorgelegt hat, zielt die ursprüngliche Einsicht Shannons nicht auf die Vorstellung eines Übertragungsbegriffs der Kommunikation, sondern auf einen Selektionsbegriff der Information. Information wird, auf der Seite des »Senders« ebenso, wenn auch abweichend, wie auf der Seite des »Empfängers«, verstanden, wenn sie als Selektion aus einem Auswahlbereich möglicher Nachrichten begriffen wird. Erst der Formbegriff Spencer Browns erlaubt es, in aller Deutlichkeit zu unterstreichen, dass es auf das Lesen einer Nachricht im Kontext des Mitlesens ihres Auswahlbereiches ankommt, wenn man von Information und dann auch von der Kommunikation dieser Information reden will.

Im Anschluss an die Reformulierung des Informationsbegriffs Shannons aus der Perspektive des Formbegriffs Spencer Browns braucht man dann nur noch die Annahme Shannons, dass der Auswahlbereich definiert ist, das heißt aus einer endlichen Menge möglicher Nachrichten besteht, zugunsten der Annahme eines unbestimmten, aber bestimmbaren Auswahlbereichs zu korrigieren, um die Anwendung der mathematischen Kommunikationstheorie auf Fragen technischer Kommunikation zugunsten ihrer Anwendung auf Fragen sozialer Kommunikation zu erweitern. Nicht mehr und nicht weniger als dies wird mit dem vorliegenden Buch versucht.

Ich greife damit ein weiteres Mal auf den Formkalkül von George Spencer Brown zurück, der mich seit meinen Überlegungen zur *Form des Unternehmens* (1993) in den vergangenen Jahren zunehmend in seinen Bann gezogen hat. Nach wie vor versteht sich ein Rückgriff auf diesen Kalkül jedoch nicht von selbst. Nach wie vor, obwohl Spencer Browns Buch *Laws of Form* bereits 1969 in London erschienen ist, überwiegen in der wissenschaftlichen Rezeption Skepsis und Ablehnung. Explizite Bezugnahmen auf den Kalkül sind selten. Der Organisationsforscher Philip G. Herbst griff auf den Kalkül zurück, um *Alternatives to Hierarchy* (1976) denkbar zu machen. Der Mathematiker Louis H. Kauffman arbeitet an einer Knotentheorie auf der Grundlage von Spencer Browns Idee der Unterscheidung. Für den

Neurobiologen Francisco J. Varela war der Formkalkül eine wichtige Inspirationsquelle auf der Suche nach einem Modell autonomer biologischer Formen. Niklas Luhmann machte die Idee der Zweiseitenform mit ihrer Möglichkeit, den Einschluss des Ausgeschlossenen zu denken, zu einer tragenden Säule der Letztfassung seiner Gesellschaftstheorie. Matthias Varga von Kibéd arbeitet mit einem Kreis von Philosophen an einer Neubeschreibung von Philosophie und Logik am Leitfaden des Unterscheidungsbegriffs von Spencer Brown. Aber das sind Ausnahmen, die überdies weit davon entfernt sind, ausgerechnet für den Aspekt ihrer Arbeit mit dem Formkalkül wissenschaftliche Anerkennung gefunden zu haben.

Es ist schwer zu sagen, worin Skepsis und Ablehnung begründet sind. Natürlich ist es die Mathematik selbst, die abschreckt, obwohl es sich hier um eine meines Erachtens hochgradig »qualitative« Mathematik handelt, die keine besonderen Ansprüche an Rechenkünste stellt, dafür aber mit allen Vorteilen der simultanen Darstellung der Unterscheidung und des Zusammenhangs von Variablen in einer Gleichung arbeitet. Eine sprachliche Darstellung komplizierter Sachverhalte ist demgegenüber ja immer auf eine sequentielle Form angewiesen, sosehr diese dann auch parataktisch mit rekursiven Verweisen aller Art arbeiten kann. Für die Ablehnung des Formkalküls von Spencer Brown sind vermutlich andere Gründe ausschlaggebend. Ich neige dazu, sie dort zu suchen, wo ich selbst eher Anlass zur Faszination sehe, nämlich im Anspruch des Formkalküls, mit dem Unbestimmten, aber Bestimmbaren zu rechnen. Es liegt dem alteuropäischen Denken näher, entweder mit dem Unbestimmten, aber Bestimmenden zu rechnen und daran theologische (und neuerdings: medientheoretische) Erwartungen zu knüpfen oder aber sich ausschließlich auf das Bestimmte zu stützen und dies für die Aufklärungspflicht der Wissenschaft zu halten. Mit dem Unbestimmten, aber Bestimmbaren zu rechnen, bringt demgegenüber einen Beobachter ins Spiel, den man sich entweder nicht vorstellen kann oder nicht vorstellen will, weil man nicht wüsste, wie man die Freiheit für das Erproben von Bestimmungsleistungen wieder einfangen kann, die man ihm zurechnen müsste. Mit dem Unbestimmten, aber Bestimmbaren zu rechnen, kommt jedoch einer soziologischen Theorie entgegen, die in der Lage sein will, die Ordnung des Sozialen nicht voraussetzen zu müssen, sondern für ein laufend neu auszuhandelndes, erstrittenes und verteidigtes Produkt der Auseinandersetzung um diese Ordnung halten zu dürfen. Eine soziale Ordnung ist so sehr der Inbegriff von Grenzsetzungen, in denen die Außenseite der Grenze mit bedingt, was sich auf der Innenseite der Grenze abspielt, dass man fast vermuten kann, dass der Formkalkül erfunden wurde, um davon einen angemessenen Begriff zu haben. Aber so zu denken, setzt voraus, gleichsam mit offenen Flanken denken zu können. Und das scheint nicht jedermanns Sache zu sein.

Aber noch etwas anderes spielt eine Rolle, was im vorliegenden Buch jedoch eher untergründig mitschwingt. Wenn man sich anschaut, wie radikal sich die großen Theoriebemühungen der Informatik und Kybernetik, Systemtheorie und Semiotik seit einem guten halben Jahrhundert, mit Vorläufern bis tief in das 19. Jahrhundert hinein, von dem unterscheiden, was man zuvor unter dem Namen »Theorie« kannte, und wenn man notiert, dass diese Theoriebemühungen Zeitgenossen des Auftretens des Computers sind, unterstützt von der Neurophysiologie des 19. Jahrhunderts und dem Auftreten bewegter Bilder um die Wende zum 20. Jahrhundert, dann liegt die Auffassung zwar nicht auf der Hand, aber auch nicht mehr sehr fern, von einer Zeitenwende zu sprechen. Die vom Buchdruck gestützte moderne Gesellschaft weicht einer vom Computer gestützten neuen Gesellschaft, die einen Theoriebedarf hat, der sich nicht mehr darin erschöpft, sachlich motivierte Problemstellungen formulieren zu können. Die Zeitordnung und die Sozialordnung der Gesellschaft werden mindestens so prominent wie ihre

Sachordnung, ohne dass es möglich ist, das eine auf das andere zu reduzieren. Der Formbegriff ist ein Begriff in einer Abstraktionslage, die möglicherweise geeignet ist, auf die sich gegenseitig durchkreuzenden Problemstellungen zu antworten, die unter dem Gesichtspunkt ökologischer Gefahren (Sachhorizont), kultureller Diversität (Sozialhorizont) und einer unbekannten Zukunft (Zeithorizont) die Gesellschaft beschäftigen. Der Anspruch einer soziologischen Theorie der Kommunikation, wie sie hier vorgelegt wird, liegt darin, zumindest Sensibilität für die Interdependenz der Probleme zu schaffen. Ob das genügt, zum Umgang mit diesen Problemen auch einen andersartigen Zugang zu finden, wird man sehen müssen.

Die folgende Einleitung beginnt recht unvermittelt mit dem Versuch, aus der mathematischen Kommunikationstheorie Shannons eine soziologische Kommunikationstheorie herauszupräparieren. Wem das zu schnell geht, der sei auf das parallel zu diesem Buch im Reclam Verlag in Leipzig erscheinende Buch *Kommunikation* verwiesen, das sich ausführlicher als dieses mit der Begriffsgeschichte befasst und aus einer ästhetischen Perspektive (»Wie ist eine Mitteilung möglich?«) der Frage nachgeht, warum bei aller Bewunderung immer auch verdächtig ist, wer sich auf die Kunst der Rede versteht.

1. Einleitung

1.1. Kommunikation und Information

Seit Claude E. Shannon im Jahr 1948 seine mathematische Theorie der Kommunikation veröffentlichte,[1] besteht die größte Herausforderung und Zumutung an die Kommunikationstheorie darin, herauszufinden, worin diese Mathematik besteht. Zu erfahren, dass Shannon auf mathematische Verfahren zurückgreift, die in der statistischen Mechanik seit Josiah Willard Gibbs üblich sind, hilft wenig, wenn man sich nicht vorstellen kann, welche Problemstellung Shannon ins Zentrum seiner Theorie gerückt hat. Zu sehen, dass Shannon die Grundlagen einer Theorie gelegt hat, die bis heute in der Signaltechnik zur Beschreibung elektrischer Netzwerke der Standard ist,[2] bietet ebenso wenig Aufschluss wie die Auskunft, dass auch die Spionagetechnik nicht wäre, was sie ist, wenn Shannon seine Theorie nicht für die Verschlüsselung und Entschlüsselung so genannter *secrecy systems* fruchtbar gemacht hätte.[3] Bisher ist es Romanen wie Thomas Pynchons *Gravity's Rainbow* [*Die Enden der Parabel*] (1973) und Neal Stephensons *Cryptonomicon* (1999) besser gelungen, der Theorie und Praxis von Infor-

---

[1] Siehe Claude E. Shannon, A Mathematical Theory of Communication, in: Bell System Technical Journal 27 (July und October 1948), S. 379-423 und 623-656, zitiert nach dem Wiederabdruck in ders. und Warren Weaver, The Mathematical Theory of Communication. Urbana, Ill.: Illinois UP, 1963, S. 29-125. Siehe auch die dt. Übersetzung: Eine mathematische Theorie der Kommunikation, in: ders., Ein / Aus: Ausgewählte Schriften zur Kommunikations- und Nachrichtentheorie. Berlin: Brinkmann & Bose, 2000, S. 9-100.

[2] Siehe nur Bernd Girod, Rudolf Rabenstein und Alexander Stenger, Einführung in die Systemtheorie: Signale und Systeme in der Elektrotechnik und Informationstechnik. 2., korr. u. aktual. Aufl., Stuttgart: Teubner, 2002.

[3] Siehe Claude E. Shannon, Communication Theory of Secrecy Systems, in: Bell System Technical Journal 28 (1949), S. 656-715.

mation und Desinformation auf die Spur zu kommen, als den meisten Wissenschaften. Sosehr sich die Texttheorie bis heute davon fasziniert zeigt, ihr Geschäft der Entzifferung auf den ersten Blick unverständlicher Botschaften nun auf einer neuen Grundlage betreiben zu können,[4] so sehr wahren die Sozialwissenschaften insgesamt eine eher skeptische Distanz. Nach wie vor kann man sich nicht vorstellen, dass es eine Mathematik gibt, die hermeneutischen Problemstellungen gewachsen ist.[5]

Dieser Skepsis kam Shannons eigene Einschätzung seiner Theorie entgegen. Sie sei nur geeignet, so seine Auffassung, die technischen, aber nicht die semantischen Aspekte von Information und Kommunikation zu behandeln.[6] Phänomene des Sinns und der Bedeutung, so nahm er wohl ebenso an wie viele andere, liegen tiefer, als es sich eine Mathematik vorstellen kann. Hermeneutische, einen Sinn verständlich machende Bemühungen zielen auf ein Gespräch unter vernunftbegabten Wesen und ein darin möglicherweise erzieltes Einverständnis,[7] von dem weder die Mathematik noch die Technik etwas ahnen.[8] Nimmt man hinzu, dass die Signaltheorie der Kommunikation, auf die sich Shannons mathematische Theorie letztlich zu reduzieren behauptet, vornehmlich dazu eignet, Probleme der Übertragung von

---

4 Siehe nur Max Bense, Einführung in die informationstheoretische Ästhetik: Grundlegung und Anwendung in der Texttheorie, Reinbek b. Hamburg: Rowohlt, 1969; Friedrich A. Kittler, Grammophon Film Typewriter. Berlin: Brinkmann & Bose, 1986; ders., Geschichte der Kommunikationsmedien, in: Jörg Huber und Alois Martin Müller (Hrsg.), Raum und Verfahren: Interventionen. Zürich: Museum für Gestaltung, und Frankfurt am Main: Stroemfeld/Roter Stern, 1993, S. 169-188.
5 Siehe etwa N. Katherine Hayles, How We Became Posthuman: Virtual Bodies in Cybernetics, Literature, and Informatics. Chicago: Chicago UP, 1999, insbes. S. 50 ff.
6 The Mathematical Theory of Communication, a.a.O., S. 31.
7 Siehe in diesem Sinne Hans-Georg Gadamer, Klassische und philosophische Hermeneutik (1968), in: ders., Hermeneutik II: Wahrheit und Methode: Ergänzungen, Register. 2. Aufl., Tübingen: Mohr, 1993, S. 92-117.
8 Wohl aber die Ökonomie, glaubt man Gary S. Becker, The Economic Approach to Human Behavior. Chicago: Chicago UP, 1976.

Signalen zwischen Maschinen zu beschreiben, scheint es schlechterdings ausgeschlossen zu sein, dass sich damit auch Phänomene erfassen lassen, die für menschliche Kommunikation typisch sind.

Schaut man sich jedoch die von Shannon verwandte Mathematik etwas genauer an, lässt sich bezweifeln, ob diese Trennung der Aspekte von Technik und Semantik oder von Signalübertragung und Sinnverstehen berechtigt ist. Immerhin steht nicht erst seit heute die Gegenthese im Raum, dass die präzise Beobachtung der Kommunikation als Mechanismus geeignet ist, auch menschliche und darüber hinaus soziale Phänomene der Kommunikation zu beschreiben.[9] Seit Shannons Theorie bekannt ist, hat irritiert, dass man mit ihrer Hilfe Phänomenen auf die Spur kommt, die bislang wissenschaftlich unzugänglich waren. Das gilt für Phänomene wechselseitiger Wahrnehmung, die auf mehrere jeweils komplexe, also undurchschaubare Einheiten verteilt sind, so etwa für Kommunikation im Organismus, im Bewusstsein, in sozialer Interaktion und in Gesellschaften.[10] Das gilt aber auch für Phänomene, die bislang eher als paranormal gelten und für die sich allenfalls Magie und Mystik interessieren durften, Phänomene jedoch, die nicht zuletzt dank der Quantenmechanik wieder eine gewisse wissenschaftliche Reputation gewonnen haben, nämlich qualifizierbare Unbestimmtheiten, Tunneleffekte, Nichtlokalitäten und sogar die so genannte Teleportation von Zuständen, wenn auch nicht von Objekten, die allesamt die klassischen Bedingungen für Objektivität, Kausalität und Individualität verletzen.[11] Wie

---

9 Siehe vor allem Donald M. MacKay, Information, Mechanism and Meaning. Cambridge, Mass.: MIT Pr., 1969.
10 So Juergen Ruesch und Gregory Bateson, Communication: The Social Matrix of Psychiatry [1951]. Reprint New York: Norton, 1987 (dt. 1995).
11 Siehe Peter Mittelstaedt, Universell und inkonsistent? Quantenmechanik am Ende des 20. Jahrhunderts, in: Physikalische Blätter 56, Nr. 12 (2002), S. 65-68; und vgl. David Bohm, Quantum Theory. Englewood Cliffs, N. J.: Prentice-Hall, 1951.

kann man sich einen intuitiv überzeugenden Zugang der mathematischen Kommunikationstheorie zu bislang nicht in den Blick geratenen Problemstellungen erklären, wenn im Kern dieser Theorie ein bestimmter Typ von Mathematik verwendet wird? Und was ist das für eine Mathematik?

Die entscheidende Einsicht von Shannon kulminiert in seinem Informationsbegriff beziehungsweise, genauer, in seinem Ordnungsbegriff der Information. Information wird mathematisch als Maß für Ordnung definiert. Eine Ordnung beschreibt den Zusammenhang von Elementen untereinander. Diese Elemente können sowohl Buchstaben sein als auch Sätze, Gesten, Bilder oder Zeichen und Signale anderer Art. Der Informationsbegriff definiert, wie aus einer Nachricht (einem neu auftretenden Element) geschlossen werden kann, mit welcher Ordnung von Elementen man es zu tun hat. Wenn die Nachrichten eine Ebene erster Ordnung definieren und ihre Ordnung eine Ebene zweiter Ordnung, dann liegt der Informationsbegriff als Maß der Ordnung auf einer Ebene dritter Ordnung. Genau darin, so scheint mir, liegen die Schwierigkeiten seiner Rezeption.

Schauen wir uns also genauer an, was hier unter einer Ordnung verstanden wird. Eine Ordnung ist im Sinne der statistischen Mechanik definiert durch die Wahrscheinlichkeit, mit der aus dem Vorliegen bestimmter Elemente auf das Vorliegen anderer Elemente geschlossen werden kann. Die Gerätschaften, die Vorräte und das Geschirr einer Küche befinden sich in einem Zustand der Ordnung, wenn man aus der Lage einer Pfanne, eines Pakets Zucker oder einer Tasse darauf schließen kann, wo sich die Töpfe befinden, andere Lebensmittel und anderes Geschirr. Die Küche ist relativ ungeordnet, wenn ich dann, wenn ich endlich herausgefunden habe, wo die Gabeln liegen, erneut die ganze Küche durchsuchen muss, um auch die Löffel zu finden. Das Problem ist alles andere als trivial.

Der mathematische Kern der Theorie Shannons ist die Ausarbeitung und Beschreibung eines den Umgang mit Information ermöglichenden und zugleich von ihm getragenen Wahrscheinlichkeitskalküls, das aus jeder einzelnen Nachricht auf den Zustand der Welt schließt, in der man sich jeweils befindet, und vom Zustand der Welt wieder zurück auf die erwartbaren Nachrichten. Die Leistung dieses Begriffs liegt, wie Norbert Wiener in seiner kybernetischen Ausarbeitung der Kommunikationstheorie unterstrichen hat, bereits in Gibbs' Grundgedanken der statistischen Mechanik, der darin besteht, eine komplexe Kontingenz in eine unendliche Sequenz einzelner Kontingenzen aufzulösen und so bearbeitbar zu machen.[12] Woody Allen hat vielleicht am besten verstanden, wie das zu verstehen ist: »There is no question that there is an unseen world [eine komplexe Kontingenz, db]. The problem is, how far is it from midtown and how late is it open? (...) And after death is it still possible to take showers [Sequenz einzelner Kontingenzen, db]?«[13]

Die Pointe dieses Informationsbegriffs liegt in einer Wendung, die den gesunden Menschenverstand vom Kopf auf die Füße stellt. Eine Information wird nicht daran gemessen, was man weiß, sobald man eine Nachricht erhält, sondern daran, was man außerdem herausfindet, sobald man sie erhält. Die Information erschöpft sich nicht in der Nachricht und schon gar nicht darin, dass man dank der Nachricht weiß, wonach man sich zu richten hätte. Denn eine Information gilt nicht bestimmten Gegenständen oder Zuständen, sondern sie gilt der Ordnung dieser Gegenstände und Zustände im Verhältnis zu anderen Gegenständen und Zuständen. Deswegen hat es sich eingebürgert zu sagen, dass man eine Information daran erkennt, dass sie überrascht, beziehungsweise daran, dass sie einen Aha-Effekt auslöst. Der

---

12 Siehe Norbert Wiener, Cybernetics, or Control and Communication in the Animal and the Machine [1948]. 2. Aufl., Cambridge, Mass.: MIT Pr., 1961, S. 46 f.
13 So Woody Allen, Examining Psychic Phenomena, in: ders., Complete Prose. London: Picador, 1997, S. 13-22, hier: S. 15.

Informationsgehalt einer Auskunft darüber, wo ich in einer Küche die Löffel finde, liegt nicht darin, dass ich dann endlich weiß, wo die Löffel zu finden sind, sondern er liegt in der Reichweite dieser einen Information für die Einschätzung benötigter anderer Informationen über die Ordnung der Gegenstände in dieser Küche. Wenn die Unordnung groß ist, überrascht es mich nicht, die Löffel ausgerechnet hier zu finden. Wenn die Unordnung gering ist, nehme ich mit Überraschung und entsprechendem Aha-Effekt zur Kenntnis, dass offensichtlich in dieser Schublade das Besteck und deswegen in anderen Schubladen etwas anderes zu finden ist.

Schwer zu verstehen ist dies nicht nur deswegen, weil Information hier ein Begriff dritter Ordnung ist, sondern auch deswegen, weil die Welt, in der man sich mithilfe eines solchen Informationsverständnisses bewegt, eine Welt von Zufällen ist, in der nur der Zufall nicht überrascht. Alles andere überrascht, weil es auf Zusammenhänge schließen lässt. Dass der gesunde Menschenverstand im Gegensatz dazu von Zusammenhängen ausgeht und sich von Zufällen überraschen lässt, ist daraus zu erklären, dass man, wenn man in diesem Sinne urteilt und erwartet, bereits zahllose Informationen verarbeitet hat und sich längst in den Zusammenhängen bewegt, die man daraus erschlossen hat. Tatsächlich weiß auch der gesunde Menschenverstand, dass es der Zusammenhang ist, der unwahrscheinlich ist, sonst würde er sich nicht von Karl Valentins Verblüffung, dass in dem Moment, in dem er sich mit Anderl über einen Radfahrer unterhielt, »zufälligerweise« gerade ein Radfahrer daherkam, so verblüffen lassen.[14] Mathematisch ist Information ein Maß für die Ungewissheit des Eintretens von Ereignissen, das zwischen 0 und

---

14 So in dem Stück »Die Orchesterprobe«. Die Pointe liegt darin, dass kaum etwas schwieriger ist, als in einer bereits als Zusammenhang vorliegenden Welt einen Zufall zu produzieren. Siehe dazu auch G. Spencer Brown, Probability and Scientific Inference. London: Longmans, Green & Co., 1957 (dt. 1996).

umso höhere Werte annimmt, je größer die Ordnung ist, auf die ein Ereignis jeweils schließen lässt.

Zwei Begriffe erlauben es festzuhalten, was mit diesem Informationsbegriff für das Verständnis von Kommunikation gewonnen ist, der Selektionsbegriff und der Redundanzbegriff. Selektion soll heißen, dass eine Nachricht nur dann einen Informationsgehalt hat, wenn sie als Auswahl aus einem Möglichkeitenbereich anderer Nachrichten betrachtet wird. »The significant aspect« seiner Theorie, so sagt Shannon, sei nicht der semantische Aspekt der Information, sondern der von ihm für technisch gehaltene Aspekt, »that the actual message is one *selected from a set* of possible messages«.[15] Der Informationsgehalt liegt nicht in der Nachricht selbst, sondern im Verhältnis dieser Nachricht zu anderen möglichen Nachrichten, die ihrerseits eine gewisse Wahrscheinlichkeit haben. Das jedoch bedeutet, dass der Auswahlbereich möglicher Nachrichten mitgelesen werden können muss, wenn es zu einer Informationserarbeitung kommen soll.

Und Redundanz soll heißen, dass man es bei jeder Information mit einem Verhältnisbegriff zu tun hat, der auf die zugrunde gelegte beziehungsweise als Auswahlbereich möglicher Nachrichten unterstellte Ordnung verweist. Je größer die Wahrscheinlichkeit ist, dass man aus einer Nachricht auf andere Gegenstände und Zustände des Auswahlbereiches schließen kann, desto höher ist die Redundanz der jeweiligen Ordnung. Der Gegenbegriff zur Redundanz ist der Begriff der Entropie. Eine Ordnung ist umso entropischer, je gleichwahrscheinlicher ihre Ereignisse und Zustände sind.

Ohne dass wir uns auf die mathematischen Formeln von Shannon einlassen müssen, dürfte damit deutlich sein, worin der Kern seines mathematischen Arguments besteht. Er besteht in einem Ordnungsbegriff der Information, der dar-

---

[15] Shannon, The Mathematical Theory of Communication, a.a.O., S. 31.

über Auskunft gibt, welche Nachrichten (Ereignisse Zustände und Gegenstände) mit welcher Gewissheit oder Ungewissheit erwartbar werden, sobald man mit einer bestimmten Nachricht (Ereignis, Zustand oder Gegenstand) konfrontiert wird. Kommunikation, so dürfen wir im Anschluss daran formulieren, ist ein Vorgang, der insofern, als er etwas mit Informationserarbeitung zu tun hat, die Orientierung in einer Welt ermöglicht, deren Ordnung weder vorausgesetzt noch in Frage gestellt werden muss, sondern in einer Sequenz endlicher Kontingenzen erschlossen werden kann.

Dass dies den Umgang mit den semantischen Aspekten von Kommunikation ebenso beleuchtet wie ihren Umgang mit technischen Aspekten, dürfte auf der Hand liegen. Shannon hatte diese Möglichkeit deswegen bestritten, weil sein Konzept einer Signaltheorie der Kommunikation mit der Prämisse eines determinierten Auswahlbereichs arbeitet. Ihm geht es darum, einzelne Nachrichten auch dann lesen zu können, wenn sie über einen gestörten Kanal übertragen werden, das heißt durch »Rauschen« verzerrt sind. Um eine verzerrte Nachricht lesen zu können, setzte er ihre Wahrscheinlichkeit in ein Verhältnis zur Wahrscheinlichkeit aller anderen Nachrichten, was jedoch statistisch im strengen Sinne nur geht, wenn die Menge möglicher Nachrichten bekannt ist. Ein einfaches Beispiel ist die Übertragung der Nachricht »Λ«. Man kann diese Nachricht als gestörte Übertragung des Buchstabens »A« entziffern, sobald man davon ausgehen kann, dass es sich um einen Buchstaben des lateinischen Alphabets handelt.

Wenn man diese Prämisse eines determinierten Auswahlbereichs fallen lässt, verliert man die statistische, aber nicht die mathematische Bestimmtheit des Shannon'schen Informationsbegriffs. Dann braucht man an dieser Mathematik nur festzuhalten, um an einer Kommunikationstheorie zu arbeiten, deren entscheidende Einsicht nach wie vor darin besteht, dass Kommunikation Information erarbeitet, die bestimmte Nachrichten in ein Verhältnis zu einem mitzulesenden, jetzt aber unbestimmten Auswahlbereich möglicher anderer Nachrichten setzt. Kommunikation, wird dies dann heißen, arbeitet an der Bestimmung des Unbestimmten, aber Bestimmbaren, um Bestimmtes verstehen zu können.

Wir werden herausarbeiten, dass diese Verallgemeinerung der mathematischen Kommunikationstheorie über ihre technische Verwendung hinaus einer weiteren mathematischen Idee zu verdanken ist, die George Spencer Brown 1969 in seinem Buch *Laws of Form* vorgestellt hat, nämlich der Idee einer Zweiseitenform der Unterscheidung.[16] Diese Idee erlaubt es, sich genauer anzuschauen, was es heißt, etwas Bestimmtes im Kontext von etwas Unbestimmtem, aber Bestimmbaren, zu beobachten. Die Unterscheidung, von der Spencer Brown spricht, ist eine Selektion im Sinne des mathematischen Ausgangspunkts von Shannon. Und die Form, auf die diese Unterscheidung als Zweiseitenform verweist, definiert die Redundanz, an deren Vergrößerung gemäß einem treffenden Wort von Gregory Bateson alle Kommunikation arbeitet.[17] Wir werden sehen, dass es für die Bearbeitung aller denkbaren Problemstellungen der Verarbeitung von Sinn und Bedeutung ausreicht, mit dieser Figur des Unbestimmten, aber Bestimmbaren zu arbeiten, solange man nur streng darauf achtet, dass diese Bearbeitung das Treffen von Unterscheidungen im Kontext der Beobachtung der Zweiseitenform dieser Unterscheidungen voraussetzt. Etwas anderes passiert in den Gesprächen, die Gadamer beschrieben hat, auch nicht.

Ein Vorteil des Wechsels von Shannons wahrscheinlichkeitstheoretischer Mathematik zu Spencer Browns Formkal-

---

16 Siehe George Spencer Brown, Laws of Form [1969]. New York: Julian, 1972 (dt. 1997).
17 So in: Gregory Bateson, Steps to an Ecology of Mind: Collected Essays in Anthropology, Psychiatry, Evolution and Epistemology. San Francisco: Chandler, 1972 (dt.1981), S. 406 f.

kül besteht im Übrigen darin, gegenüber dem kategorialen Aspekt jeder Selektion, der für ihre statistische Auswertbarkeit maßgebend ist, ihren operativen Aspekt betonen zu können, dem sie ihr Zustandekommen verdankt. Selektionen ordnen nicht die Ereignisse, Gegenstände und Zustände der Welt, sondern sie bringen diese Welt allererst hervor. Wir brauchen daher eine Möglichkeit, zurückfragen zu können, wer oder was die Selektionen vornimmt, in welchen Zuständen (Auswahl bestimmter Nachrichten) sie resultieren und auf welchen Raum redundanter Möglichkeiten (Auswahlbereich möglicher Nachrichten) sie bezogen werden, um verarbeitet werden zu können. Jede Selektion wird daher als eine Unterscheidung verstanden, die aktuell vollzogen werden muss und auf ihre Zweiseitenform hin beobachtet werden kann.

Auf dieser Grundlage können wir den Shannon'schen Kommunikationsbegriff dann wie folgt notieren:

$$\text{Kommunikation} = \overline{\text{Selektion} \,|\, \text{Redundanz}}$$

Wir werden die Eigenschaften der Notation des Formkalküls später ausführlicher einführen (Kap. 2.1.). Hier mag es genügen, auf den Zusammenhang von Operation (das Stattfinden einer Selektion) und Unterscheidung (die Interpretation der Selektion im Kontext der Unterstellung eines Redundanzraums von Möglichkeiten) zu verweisen, der eine Form definiert. Und wer jetzt schon die Varietät vermisst, die als Gegenbegriff zum Begriff der Redundanz bekannt ist und nach der im Tonfall der bekannten Frage »Und wie kommt das Neue in die Welt?« gefragt wird, sei darauf verwiesen, dass jede Selektion als eine Variation verstanden werden kann, wenn genügend Anlass besteht, sie im Kontext einer anderen Redundanz zu interpretieren als der gewohnten.

1.2. Kommunikation und Kontrolle

Der kybernetische Kommunikationsbegriff ergänzt den mathematischen Kommunikationsbegriff um einen weiteren Grundgedanken, nämlich den Gedanken der Rekursivität. Kommunikation, so die Idee, kommt nur zustande, wenn sie auf sich selbst zurückgreifen kann. Sie kann daher auch nur anfangen, wie man in Eisenbahnabteilen, auf Parties oder in Seminaren immer wieder feststellen kann, wenn sie hinreichend viel Boden gewonnen hat, um anzunehmen, dass sie bereits angefangen hat. Der Grund für diese Konstruktion liegt wiederum in der Einsicht der statistischen Mechanik, dass man mit der komplexen Kontingenz der Welt nur umgehen kann, indem man sie in eine unendliche Sequenz einzelner Kontingenzen zerlegt. Denn, wie Norbert Wiener festgehalten hat, »if only one contingency is to be transmitted, then it may be sent most efficiently and with the least trouble by sending no message at all.«[18]

Norbert Wiener hat seine Kybernetik im selben Jahr publiziert wie Claude E. Shannon seine Signaltheorie der Kommunikation. Man weiß, dass für beide John von Neumanns Spieltheorie und Automatentheorie eine große Rolle gespielt haben, die Spieltheorie, entwickelt zusammen mit Oskar Morgenstern, als ein weiterer Versuch, mit sozialer Interdependenz zurande zu kommen, und die Automatentheorie als stringenter Versuch, Mechanismen der Reproduktion zunächst künstlicher, dann aber auch organischer, psychischer und sozialer Systeme (Maschinen, Organismen, Gehirne, Bewusstsein, Gesellschaft) zu beschreiben.[19] Das

---

18 Wiener, Cybernetics, a.a.O., S. 10.
19 Vgl. zur Wissenschaftsgeschichte Steve J. Heims, John von Neumann and Norbert Wiener: From Mathematics to the Technologies of Live and Death. Cambridge, Mass.: MIT Pr., 1982; ders., Constructing a Social Science for Postwar America: The Cybernetics Group. Cambridge: MIT Pr., 1991; Paul N. Edwards, The Closed World: Computers and the Politics of Discourse in Cold War America. Cambridge, Mass.: MIT Pr., 1996.

ist zu betonen, weil zwischen den drei Mathematikern Shannon, Wiener und von Neumann andere Intuitionen eine Rolle spielten, als sie später dem Erfolg von Informatik, Kybernetik und Künstlicher Intelligenz zugrunde lagen. Unter anderem wussten Wiener und von Neumann um den Umstand, dass zentrale Probleme ihrer mathematischen Erforschung künstlicher und anderer Systeme bislang ungelöst waren, so die Frage, welcher Typ statistischer Daten geeignet sein könnte, die Informationserarbeitung in Organismus, Gehirn, Bewusstsein und Gesellschaft zu erforschen, außerdem die Frage, wie man, wenn in der Reproduktion eines Systems nichtlineare Oszillatoren eine tragende Rolle spielen, mehrere dieser Oszillatoren miteinander koppeln kann, und nicht zuletzt die Frage, auf welcher Grundlage Systemen eine Vorhersage ihrer eigenen Operationen möglich ist, wenn diese Vorhersage sowohl kontinuierlich als auch nichtlinear sein muss.[20]

Ich will nicht behaupten, dass eine formtheoretische Weiterführung der mathematischen Kommunikationstheorie diese Fragen allesamt beantworten kann. Ich will noch nicht einmal behaupten, dass die Formtheorie durch diese ungelösten Probleme motiviert ist. Was ich jedoch behaupten möchte, ist, dass man von der Signaltheorie der Information und dem Übertragungsmodell der Kommunikation Abstand gewinnen muss, um wieder sehen zu können, dass es diese ungelösten Probleme gibt und dass sie nach wie vor wichtige, aus der mathematischen Problemstellung geborene Intuitionen für die Weiterentwicklung der Kommunikationstheorie darstellen. Ein Großteil der Entwicklung der allgemeinen und insbesondere auch der soziologischen Systemtheorie in den Jahren seither lässt sich meines Erachtens nur verstehen, wenn man vor Augen hat, dass die Informatik

---

20 Siehe mit dieser Liste offener Fragen Warren S. McCulloch, The Beginning of Cybernetics, in: Claus Pias (Hrsg.), Cybernetics / Kybernetik: Die Macy-Konferenzen 1946-1953. Bd. 2: Essays und Dokumente, Zürich: diaphanes, 2004, S. 345-360, hier: S. 359.

und die Kybernetik unvollendete Wissenschaften sind und nicht etwa ein methodisches Handwerkszeug, von dem man weiß, was es leistet und was nicht.[21]

Worum also geht es in der Kybernetik Norbert Wieners? Es geht um Kontrolle, nämlich um die Frage, wie es innerhalb einer unendlichen Sequenz einzelner Kontingenzen möglich ist, dass jedes einzelne Ereignis als Rückgriff auf vorherige und Vorgriff auf zukünftige Ereignisse zustande kommt. Kontrolle ist hier, worauf insbesondere W. Ross Ashby aufmerksam gemacht hat, als ein mitlaufendes Gedächtnis zu verstehen, das angesichts der komplexen Kontingenz der Welt auf ein Verstehen dieser Welt verzichtet und sich stattdessen an Erwartungen orientiert und diese Erwartungen mit Blick auf die tatsächlichen Ereignisse laufend korrigiert.[22] Mit Wiener können wir davon sprechen, dass Kommunikation nur möglich ist, wenn laufend Wahrscheinlichkeitsverteilungen möglicher Ereignisse, Zustände und Gegenstände konstruiert und anhand der Beobachtung tatsächlich auftretender Ereignisse, Zustände und Gegenstände korrigiert werden.[23] Der Begriff der Rückkopplung, des *feedback*, ist eingeführt worden, um diesen Vorgang der Korrektur von Erwartungen durch Beobachtungen auf den Punkt zu bringen. Man unterscheidet positive Rückkopp-

---

21 Siehe dazu eindrucksvoll die Diskussion auf den so genannten Macy-Konferenzen: Claus Pias (Hrsg.), Cybernetics / Kybernetik: The Macy-Conferences 1946-1953. Bd. 1: Transactions / Protokolle. Zürich: diaphanes, 2003; Pias (Hrsg.), Cybernetics / Kybernetik, Bd. 2, a.a.O.; sowie die Dokumentation der Arbeit des Biological Computer Laboratory an der University of Illinois, Urbana: Heinz von Foerster (Hrsg.), Cybernetics of Cybernetics: The Control of Control and the Communication of Communication [1974]. 2. Aufl., Minneapolis: Future Systems, 1995; vgl. auch Dirk Baecker, Rechnen lernen, in: ders., Wozu Soziologie? Berlin: Kulturverlag Kadmos, 2004, S. 293-330.
22 So W. Ross Ashby, Requisite Variety and Its Implications for the Control of Complex Systems, in: Cybernetica 1 (1958), S. 83-99, insbes. S. 97 f.; ders., An Introduction to Cybernetics. London: Wiley, 1956 (dt. 1974).
23 So Wiener, Cybernetics, a.a.O., S. 60 ff. und 95 ff.

lung, die die Abweichung verstärkt, von negativer Rückkopplung, die sie reduziert.[24]

Der zentrale Sachverhalt jedoch ist die Rekursivität der Verknüpfung jeder einzelnen Kontingenz, als Kontingenz, mit ausgewählten anderen Kontingenzen im Kontext der Konstruktion von Wahrscheinlichkeitsverteilungen beziehungsweise Redundanzen. Denn diese Rekursivität, wir kommen ein weiteres Mal zurück auf eine mathematische Intuition, ist dafür verantwortlich zu machen, dass inmitten der Kontingenzen, die von jeder einzelnen Kommunikation aufgegriffen, bearbeitet und reproduziert werden, dennoch und deswegen stabile Werte, nämlich wiedererkennbare Ereignisse, Zustände und Gegenstände, auftreten, an denen man sich orientieren und die man schließlich für die Welt halten kann, mit der man es zu tun hat. Das ist der Gedanke, der Heinz von Foersters Fassung der Kybernetik im Allgemeinen und seiner Epistemologie der Kommunikation im Besonderen zugrunde liegt.[25] Im laufenden Vor- und Rückgriff bewährt sich, was sich nur deswegen bewährt. Edmund Husserl hatte sich darüber im Zusammenhang seiner Bewusstseinstheorie bereits ebenso gewundert wie Jean-François Lyotard im Zusammenhang seiner Sprachtheorie,[26] ganz zu schweigen von Jacques Lacan, der sich einen »calcul des places en tant que vides« vorstellen konnte, der abbildet,

---

24 Siehe nur Magoroh Maruyama, The Second Cybernetics: Deviation-Amplifying Mutual Causal Processes, in: American Scientist 51 (1963), S. 164-179 & 250A-256A.
25 Siehe die Beiträge »Gegenstände: greifbare Symbole für (Eigen-)Verhalten« und »Bemerkungen zu einer Epistemologie des Lebendigen« im Allgemeinen und »Epistemologie der Kommunikation« im Besonderen in: Heinz von Foerster, Wissen und Gewissen: Versuch einer Brücke. Hrsg. von Siegfried J. Schmidt, Frankfurt am Main: Suhrkamp, 1993, S. 103-115, S. 116-133 und S. 269-281.
26 Siehe Edmund Husserl, Ideen zu einer reinen Phänomenologie und phänomenologischen Philosophie. Erstes Buch: Allgemeine Einführung in die Phänomenologie, in: Walter Biemel (Hrsg.), Husserliana Bd. III. Den Haag: Nijhoff, 1950; Jean-François Lyotard, Le Différend. Paris: Minuit, 1983 (dt. 1987).

wie Sprache und Bewusstsein (und das Unbewusste als »Sprache«) ihre eigene Realität dort schaffen, wo zunächst einmal keine ist, aus der Verknüpfung der einen mit einer anderen Kontingenz jedoch entsteht.[27]

Zwei Dinge können wir an dieser kybernetischen Beschäftigung mit dem Phänomen der Kommunikation festhalten. Das eine ist, worauf insbesondere Heinz von Foerster Wert gelegt hat, dass eine Kommunikationstheorie vor dem Hintergrund dieser mathematischen Ideen nur dann ernst zu nehmen ist, wenn es ihr gelingt, nicht mit Kommunikabilien zu starten, also mit dem, worum es dann vor allem geht (Zeichen, Symbole, Wörter, Gesten, Mitteilungen, Nachrichten aller Art), sondern mit dem rekursiven Prozess, aus dem diese Kommunikabilien als so genannte Eigenwerte einer rekursiven Funktion allererst entstehen. Man findet nicht etwas vor, das dann Anlass für Kommunikation ist. Sondern man kommuniziert bereits und findet darin und deswegen Anlässe, die es erlauben, weiterzukommunizieren oder die Kommunikation abzubrechen. Es geht *zunächst* darum, zu beschreiben, wie Kommunikation funktioniert, um *dann* herauszufinden, wozu sie Übereinstimmung und Streit, Konsens und Dissens, erfindet, die die weitere Kommunikation dann ermutigen oder entmutigen. (Wobei es nicht zwangsläufig so ist, dass der Konsens ermutigt und der Dissens entmutigt. Allerdings ist auch nicht unbedingt zwangsläufig das Gegenteil der Fall.)

Das Zweite ist, und damit kommen wir sowohl auf Shannon und Wiener als auch auf Spencer Brown zurück, dass das Konzept der Kommunikation, an dem wir hier arbeiten, nur auf der Grundlage basaler Oszillationen vorstellbar ist, die überdies, sobald wir uns die Reproduktion von Kommu-

---

27 So in: Jacques Lacan, Psychoanalyse et cybernétique, ou de la nature du langage, in: Le Séminaire de Jacques Lacan, hrsg. von Jacques-Alain Miller, Buch II: Le moi dans la théorie de Freud et dans la technique de la psychoanalyse, 1954-1955. Paris: Le Seuil, 1978, S. 339-354, hier: S. 344.

nikation als System vorstellen, als nichtlineare Oszillationen gedacht werden müssen. Gemeint ist damit, dass jede einzelne Information, die in der Kommunikation von der Kommunikation generiert und reproduziert wird, eine Information ist, die aus der Oszillation, dem Hin und Her eines Wechsels zwischen der Beobachtung einer einzelnen Nachricht und der Beobachtung ihres Auswahlbereichs möglicher Nachrichten, geboren ist. Spencer Browns Formbegriff erlaubt es uns zu sagen, dass die eine Beobachtung (der Nachricht) nicht etwa in einem ihrerseits kontingenten, sondern in einem notwendigen Verhältnis zur anderen Beobachtung (des Auswahlbereichs) steht, wenn es zur Interpretation der Nachricht als Information kommen soll. Wir können deswegen und mit Spencer Brown formulieren, dass die Selektion einer Nachricht und die Redundanz des Auswahlbereichs die zwei Variablen einer Gleichung der Kommunikation sind, deren zwei Konstanten die Unterscheidung zwischen Nachricht und Auswahlbereich und die Unterscheidung und Wiedereinführung des Auswahlbereichs sind.

Nichtlinear ist die Oszillation, weil sie entsprechend dem Basistheorem der Systemtheorie in der Lage sein muss, in der Oszillation den Gegenterminus auszuwechseln, um von Reproduktion auf Störung umschalten zu können und auch aus der Störung Momente der Reproduktion gewinnen zu können. Denn das Basistheorem der Systemtheorie lautet:

$$S \neq S, \text{ wenn } S = S (S, U).$$

Das System, S, ist nicht identisch mit sich selbst, wenn es die Funktion, S, seiner selbst, S, und seiner Umwelt, U, ist.[28] Wir kommen auf die Systemfunktion später, in Kapitel 4.2., zurück.

Allerdings ist auf einen dritten Punkt aufmerksam zu ma-

[28] Siehe Dirk Baecker, Die Theorieform des System, in: ders., Wozu Systeme? Berlin: Kulturverlag Kadmos, 2002, S. 83-110.

chen, den wir uns eingehandelt haben, indem wir von Beobachtungen sprechen. Kommunikation in den Kontext von Kontrolle zu setzen, bedeutet, sie sich grundsätzlich aus der Perspektive eines im beschriebenen Sinne kontrollierenden Beobachters vorzustellen, der ein Teilnehmer an der Kommunikation, aber auch ein externer Beobachter sein kann. Je sozialer es zugeht, um hier etwas irreführend graduell zu formulieren, denn natürlich kann es nur entweder sozial oder nicht-sozial zugehen, desto mehr Teilnehmer an der Kommunikation sind zugleich auch Beobachter der Kommunikation. In sozialen Zusammenhängen, genau das unterstreicht ja der Begriff der Kommunikation, kann man sich diese nur unter der Bedingung vorstellen, dass alle Beteiligten kontrollieren, womit sie es zu tun haben und worauf sie sich einlassen.

Heinz von Foerster formuliert daher den Formalismus einer rekursiven Funktion der Kommunikation, den er vorschlägt und dessen Pointe, wie gesagt, darin besteht, dass er die Rekursivität der Kommunikation an die Stelle von Kommunikabilia setzt, vor dem Hintergrund eines Begriffs der Kommunikation, der diese als »die Interpretation der Interaktion zweier Organismen Ω_1 und Ω_2 durch einen Beobachter« versteht.[29]

Wie muss man sich diesen Beobachter und seine Rolle vorstellen? Sicherlich ist unter diesem Beobachter zunächst einmal ein Mathematiker, Informatiker, Kybernetiker, Automatentheoretiker und Spieltheoretiker zu verstehen, dann jedoch auch ein Biologe, Soziologe oder Anthropologe, nicht zuletzt jedoch jeder und jedes, der oder das in der Lage ist, sich an Kommunikation zu beteiligen. Das ist ja die ei-

---

29 So Heinz von Foerster, Bemerkungen zu einer Epistemologie des Lebendigen, in: ders., Wissen und Gewissen, a.a.O., S. 116-133, hier: S. 129, Punkt 8.4. Siehe zur Zielsetzung eines »pragmatischen Kalküls der Kommunikation« auch Paul Watzlawick, Janet H. Beavin und Don D. Jackson, Menschliche Kommunikation: Formen, Störungen, Paradoxien. Bern: Huber, 1969, S. 42 f.

gentliche Entdeckung der Kybernetik, die sich dann Kybernetik zweiter Ordnung nennt, wenn sie diese Entdeckung unterstreicht: Die Untersuchung von Kommunikation und Kontrolle im genannten Sinne führt dazu, nicht nur sich als Beobachter zu beschreiben, der von der Komplexität überfordert ist, die er zu beobachten versucht, sondern auch dazu, dem Gegenstand, insofern er komplex und reproduktionsfähig ist, eine eigene Beobachtungsfähigkeit zu unterstellen. Die von Heinz von Foerster entwickelte Kybernetik zweiter Ordnung ist eine Kybernetik nicht mehr nur beobachteter, sondern beobachtender Systeme.[30] Es macht daher wenig Sinn, beim Stichwort »Beobachter« nur an Menschen zu denken, denn sicherlich kann man sich auch eine flüchtige Interaktion, eine Familie, eine Organisation, eine Nation, eine Kultur oder eine Gesellschaft als einen Beobachter in diesem Sinn vorstellen, ganz zu schweigen von unserem Bewusstsein, unserem Gehirn und unserem Organismus, die sich und uns beobachten, von Geistern, Engeln und Mäusen, die uns beobachten, ohne dass wir dies merken, und von Maschinen, insbesondere Computern und Robotern, die wir auch immer mehr lernen als mögliche Beobachter in unser soziales Kalkül einzubeziehen.[31]

Beobachtung ist ein hochgradig verteilter Vorgang, der jedoch immer auf etwas oder jemanden zugerechnet werden kann, sosehr man sich in dieser Zurechnung dann auch irren kann. Beobachtung, so lässt sich ein weiterer Gedanke von Heinz von Foerster aufgreifen, setzt eigentlich nur voraus, dass zwei Dämonen aus dem Hause Maxwell niemals in ihrer rätselhaften Arbeit der Redundanzerhöhung nachlassen, ein systeminterner Dämon, der laufend dafür sorgt, dass die

---

30 Siehe auch die jüngste Aufsatzsammlung Heinz von Foerster, Understanding Understanding: Essays on Cybernetics and Cognition. New York: Springer, 2003; außerdem ders., KybernEthik. Berlin: Merve, 1993.
31 So zumindest Bruno Latour, Politiques de la nature: Comment faire entrer les sciences en démocratie. Paris: Éd. La Découverte, 1999 (dt. 2001).

Zustände, die unsere Kommunikation annimmt, den Zuständen ähneln, die wir schon kennen, und ein externer Dämon, der dafür sorgt, dass die Welt so ist und bleibt, wie wir sie in den Zuständen unserer Kommunikation konstruieren.[32] Eine Theorie der Kommunikation, ausgehend von den beiden Begriffen der Information und der Kontrolle, brauchen wir vor allem deswegen, weil wir der Arbeit dieser beiden Dämonen nicht mehr so recht trauen oder ihnen zumindest zu Hilfe kommen können wollen. Deswegen fangen wir an, unsere eigenen Beobachtungen zu beobachten. Wir wollen kontrollieren können, was uns unsere Kontrollmanöver bislang eingebrockt haben. Im Zentrum unserer Kommunikationstheorie steht deswegen ein Kommunikationsbegriff, der die Kommunikation als die Konstruktion eines Beobachters begreift, der sich auf die Spur zu kommen versucht und der mit uns nicht unbedingt identisch ist.

1.3. Kommunikation und Handlung

Eine soziologische Kommunikationstheorie unterscheidet sich nicht dadurch von einer mathematischen Kommunikationstheorie, dass sie auf mathematische Formeln verzichtet, sondern dadurch, dass sie ihre eigene Problemstellung hat, die sich von der mathematischen unter Umständen unterscheidet. Die Problemstellung der mathematischen Kommunikationstheorie besteht in der Sicherstellung technischer Signalübertragung unter der Bedingung rauschender Kanäle, die Problemstellung der soziologischen Kommunikationstheorie in der Frage, wie Kommunikation zwischen

---

32 Siehe Heinz von Foerster, Über selbst-organisierende Systeme und ihre Umwelten, in: ders., Wissen und Gewissen, a.a.O., S. 211-232; und vgl. dazu Bernhard J. Dotzler, Demons–Magic–Cybernetics: On the Introduction to Natural Magic as Told by Heinz von Foerster, in: Systems Research 13 (1996), S. 245-250; Gordon Pask, Heinz von Foerster's Self Organization, the Progenitor of Conversation and Interaction Theories, in: Systems Research 13 (1996), S. 349-362.

unabhängigen Lebewesen möglich ist. Die mathematische Kommunikationstheorie arbeitet an der Möglichkeit der Zurechnung von Kausalität unter der Bedingung uneindeutig zurechenbarer Störungen dieser Kausalität, die soziologische Kommunikationstheorie an der Beschreibung rekursiver Ordnungen von Abhängigkeiten zwischen unabhängigen Lebewesen, die mit einem eigenen Bewusstsein, eigenem Gedächtnis und divergenten Beobachtungsperspektiven ausgestattet sind. Der Konvergenzpunkt beider Theorien liegt in der Frage des Umgangs mit Ungewissheit, ausgearbeitet zur Frage eines rekursiven Umgangs mit einer unendlichen Sequenz einzelner Kontingenzen.

Die im Folgenden entwickelte soziologische Kommunikationstheorie hält sich an diese soziologische Problemstellung, weicht jedoch von anderen soziologischen Kommunikationstheorien insofern ab, als sie diese Problemstellung auf dem Weg einer soziologischen Interpretation der mathematischen Kommunikationstheorie verfolgt. Wir machen uns damit eine Eigenschaft mathematischen Vorgehens zunutze, die darin liegt, dass die Mathematik aufgrund ihrer Problemstellungen Formeln entwickelt, die anschließend unterschiedlich interpretiert werden können. So halten wir an dem zentralen Punkt der Bearbeitung von Ungewissheit fest,[33] vermuten dann jedoch, dass diese Ungewissheit unter sozialen Bedingungen nicht auf der Ebene statistischer Kausalitäten, sondern auf der Ebene des Setzens, Ausprobierens und Korrigierens von Bedingungen der Fortsetzung von

---

33 So auch Loet Leydesdorff, A Sociological Theory of Communication: The Self-Organization of the Knowledge-Based Society, o.O.: Universal Publishers, 2001, S. 38 ff.; ferner ders., Uncertainty and the Communication of Time, in: Systems Research 11 (1994), S. 31-51; ders., Luhmann, Habermas, and the Theory of Communication, in: Systems Research and Behavioral Science 17 (2000), S. 273-288; außerdem William Rasch, Injecting Noise into the System: Hermeneutics and the Necessity of Misunderstanding, in: SubStance 67 (1992), S. 61-76, wiederabgedruckt in ders., Niklas Luhmann's Modernity: The Paradoxes of Differentiation. Stanford, Cal.: Stanford UP, 2000, S. 52-69.

Kommunikation bearbeitet wird. Wir sprechen deswegen von der Notwendigkeit der Konstruktion der Kommunikation durch die Kommunikation und setzen dafür nicht viel mehr voraus als die Möglichkeit der laufenden Übersetzung schwacher Bedingungen der Kommunikation in starke Restriktionen.[34] Und wir ordnen uns damit jener Tradition soziologischer Kommunikationstheorien zu, die die Möglichkeit der Kommunikation weder in den Intentionen der beteiligten Individuen noch in sonstwie bereits gegebenen Regelstrukturen verankert, sondern für diese Möglichkeit ausschließlich die Rekursivität der Kommunikation selber verantwortlich macht und sowohl Intentionen wie auch Regeln als Strukturen dieser Rekursivität begreift.[35]

Unsere Interpretation der mathematischen Kommunikationstheorie arbeitet mit zwei Grundgedanken. Der erste Grundgedanke besteht darin, dass wir das Faktum der Selektion einer Nachricht innerhalb eines rekursiven Prozesses der Kommunikation auf eine Handlung zurechnen, die ihrerseits eine Konstruktion der Kommunikation ist. Und der zweite Grundgedanke besteht darin, dass wir die Redundanz der Kommunikation mit einem Ungewissheitsindex ausstatten, der wahlweise und unentscheidbar auf Wahrnehmungen der beteiligten Bewusstseinssysteme und auf die Kommunikation selber verweist. Mit diesem zweiten Grundgedanken beschäftigen wir uns im folgenden Abschnitt.

Mit der Frage, was unter einer Handlung zu verstehen ist, beschäftigt sich die Soziologie, seit sie Anlass zu haben glaubt, sich von der Verhaltensforschung von Biologen und Psychologen unterscheiden zu müssen. Eine Handlung er-

---

34 Die Formulierung ist eine Anspielung auf neuere Interpretationen der Quantenmechanik. Siehe wiederum Mittelstaedt, Universell und inkonsistent? Quantenmechanik am Ende des 20. Jahrhunderts, a.a.O. Ich danke Wolfgang Hagen für einen Hinweis auf diese Diskussion.

35 Siehe zu dieser Unterscheidung soziologischer Theorietraditionen Rainer Schützeichel, Soziologische Kommunikationstheorien. Konstanz: Universitätsverlag Konstanz, 2004, insbes. S. 353 f.

kennt man daran, dass mit ihr ein »subjektiver *Sinn*« verbunden ist, definierte Max Weber.[36] Dieser Sinn wird jedoch vom Handelnden anders verstanden als vom Beobachter, ergänzt Alfred Schütz,[37] so dass es die Soziologie mit einem Differenzbegriff zu tun hat, der dazu zwingt, soziale Ordnung als Einheit der Divergenz unterschiedlich gemeinten Sinns zu denken. Aus diesem Gedanken entwickelt Talcott Parsons seine Handlungstheorie, indem er jede einzelne Handlung als ein System begreift, in dem gleichzeitig verschiedene Funktionen (Anpassung, Zielerreichung, Integration und Erhaltung latenter Muster) unter der Bedingung der Bewältigung von Umweltproblemen erfüllt werden müssen und diese Funktionserfüllung sich zeitlich, das heißt in der Form der Erhaltung des Systems, bewähren muss.[38] Niklas Luhmann hat darauf hingewiesen, dass es interessant sein müsste, diese Systemtheorie der Handlung aus der Perspektive des Formkalküls von Spencer Brown zu betrachten, weil die beiden Variablen der temporalen Bewährung und der System/Umwelt-Differenz in der Theorie von Parsons Bezüge zu Spencer Browns Begriffen der Wiederholung und Oszillation einer Unterscheidung aufweisen.[39]

Darüber hinaus jedoch hat es sich als schwierig erwiesen, den Begriff der Handlung vom Begriff der Kommunikation

---

36 In: Max Weber, Wirtschaft und Gesellschaft: Grundriß der verstehenden Soziologie [1911/1921]. 5., rev. Auflage, Studienausgabe, Tübingen: Mohr, 1990, S. 1.

37 In: Alfred Schütz, Der sinnhafte Aufbau der sozialen Welt: Eine Einleitung in die verstehende Soziologie [1932]. Frankfurt am Main: Suhrkamp, 1974, S. 15 f.

38 Siehe unter dem Stichwort »action frame of reference« Talcott Parsons, The Structure of Social Action: A Study in Social Theory with Special Reference to a Group of Recent European Writers [1937]. 2. Aufl., New York: Free Pr., 1949, S. 731 ff.; ders., The Social System. New York: Free Pr., 1951, und ders. und Edward A. Shils (Hrsg.), Toward a General Theory of Action [1951]. Reprint Cambridge, Mass.: Harvard UP, 1967.

39 So in: Niklas Luhmann, Talcott Parsons – Zur Zukunft eines Theorieprogramms, in: Zeitschrift für Soziologie 9 (1980), S. 5-17, hier: S. 14.

hinreichend scharf zu unterscheiden. Handlungen weisen eine »kommunikative Natur« auf, so formuliert Edward Sapir, denn sie stellen zwischen Individuen einen Bezug her, die Wert darauf legen, sich voneinander zu unterscheiden.[40] Handlungen werden so gewählt, dass sie sich kommunikativ in der Beschreibung und Bestätigung der Rolle des jeweiligen Gegenübers bewähren können, schreibt George Herbert Mead zur Begründung seines Theorems der Kommunikation als »taking the rôle of the other«,[41] um sich anschließend in die Schwierigkeit zu verwickeln, nicht entscheiden zu können, ob sich diese Kommunikation am Selbst der Individuen oder am Selbst des von ihnen in Anspruch genommenen sozialen Sinns orientiert. Er muss eine ideale menschliche Gesellschaft unterstellen, in der diese Schwierigkeit nicht mehr ins Gewicht fällt, weil die beiden Formen des Selbst, darin besteht das Ideal, nicht wirklich divergieren.[42]

Wir optieren im Folgenden etwas anders. Wir greifen den Gedanken von Niklas Luhmann auf, dass Handlungen Zurechnungspunkte von Attributionen sind, die von der Kommunikation vorgenommen werden,[43] und ergänzen diesen Gedanken durch die Überlegung von Jürgen Habermas, dass sich an diese Zurechnung von Handlungen Geltungsansprüche knüpfen lassen, mit deren Hilfe Individuen sowohl einander (inklusive sich selbst) als auch ihre Kommunikation beobachten können.[44] Zwar betont Luhmann eher die Unwahrscheinlichkeit der Kommunikation und Haber-

---

40 Siehe Edward Sapir, Communication, in: Encyclopaedia of the Social Sciences. Bd. 4, New York: MacMillan, 1980, S. 78-81.
41 So in: George Herbert Mead, Mind, Self, and Society from the Standpoint of a Social Behaviorist [1934]. Reprint Chicago: Chicago UP, 1962, S. 73 f. (dt. 1973).
42 Ebd., S. 327.
43 Siehe Niklas Luhmann, Soziale Systeme: Grundriß einer allgemeinen Theorie. Frankfurt am Main: Suhrkamp, 1984, S. 191 ff.
44 Siehe Jürgen Habermas, Die Theorie des kommunikativen Handelns. 2 Bde., Frankfurt am Main: Suhrkamp, 1981, Bd. 1, S. 410 ff.

mas eher die Zumutung der Reflexionsfähigkeit,⁴⁵ aber bei der Verständnis sowohl von Kommunikation als auch von Handlung konvergiert in der Vorstellung der Möglichkeit des Wählens einer Handlung oder aber zumindest der Möglichkeit der Beobachtung einer Handlung unter dem Gesichtspunkt ihrer Wahl.

Das ist der entscheidende Punkt. Handlungen punktieren und interpunktieren die Kommunikation derart, dass die Kommunikation Anhaltspunkte dazu gewinnt, wo sie steht und wie es weitergehen kann.⁴⁶ Sie sind das Produkt einer Zuschreibung von Willkür im philosophischen Sinne, das heißt im eminenten Sinn der Unwahrscheinlichkeit, der Künstlichkeit und der Außerordentlichkeit eines freien Willens im Zusammenhang einer Kommunikation, die immer schon mehr Verstrickung produziert, als jeder Freiheit gut tun kann. Aber genau deswegen braucht man Handlungen, Willkür und sogar die Idee der Freiheit. Sie sind späte Produkte einer Selbstbeobachtung von Kommunikation, die dort Spielräume, Zurechnungen unter der Bedingung ihrer Wählbarkeit, schaffen, wo die Ungewissheit der Kommunikation anders nicht mehr bearbeitet werden kann.

An Handlungen orientiert sich das Selbstverständnis einer Kommunikation im doppelten Sinne der Setzung und Variation ihrer eigenen Bedingungen der Fortsetzung, indem jede Handlung, gerade weil sie festlegt, nachdem sie, beobachtet aus der Perspektive der Kommunikation, statt-

---

45 Siehe Niklas Luhmann, Die Unwahrscheinlichkeit der Kommunikation, in: ders., Soziologische Aufklärung 3: Soziales System, Gesellschaft, Organisation. Opladen: Westdeutscher Verlag, 1981, S. 25-49; ders., Was ist Kommunikation? in: ders., Soziologische Aufklärung 6: Die Soziologie und der Mensch. Opladen: Westdeutscher Verlag, 1995, S. 113-124; Jürgen Habermas, Wahrheit und Rechtfertigung: Philosophische Aufsätze. Erw. Ausg., Frankfurt am Main: Suhrkamp, 2004, S. 102 ff.
46 Siehe zum Konzept der Interpunktion Watzlawick, Beavin und Jackson, Menschliche Kommunikation, a.a.O., S. 57 ff.; und vgl. Anthony Wilden, System and Structure: Essays in Communication and Exchange. London: Tavistock Publ., 1972, S. 111 ff.

gefunden hat, Anknüpfungspunkte für die Wiederauflösung der Festlegung durch eine neue, eine andere Handlung bietet. Und an Handlungen orientiert sich das Selbstverständnis der beteiligten Individuen, weil sie jede Handlung als eine eigene Handlung, dies jedoch unter Bezug auf die Handlungen anderer, interpretieren können. Beides zusammen versorgt die Kommunikation mit jenem Typ von Identitäten, die nur auf Differenzen, nämlich die Divergenz kommunikativer Perspektiven und den Anteil der anderen an der Setzung des eigenen Selbst, zurückzuführen ist.

Entscheidend ist daher, dass Handlungen Selektionen sind, die als diese Selektionen auf den Raum der Redundanz verweisen, in dem sie vorgenommen werden. Daraus resultiert eine Eigenschaft sozialen Handelns, die in jeder sozialen Praxis geläufig ist, der Soziologie jedoch erhebliche Schwierigkeiten bereitet, wenn sie sich nicht in der beschriebenen Tradition des Handlungsbegriffs von Weber über Schütz und Parsons bis zu Luhmann und Habermas darauf einlässt, den kommunikativen Anteil an der Konstitution und Konstruktion von Handlung in Rechnung zu stellen. Diese Eigenschaft ist die geradezu zwangsläufige Ambivalenz sozialen Handelns. Jede Handlung ist das Produkt einer Zuschreibung, einer Attribution, die die Möglichkeit anderer Zuschreibungen zur Vernetzung der Handlung im Raum kommunikativer Möglichkeiten mitführen muss und immer mindestens die Möglichkeit hat, die Selektion einer Handlung entweder einer Person oder der Situation, in der diese Person steckt, zuzurechen.[47] In der Begrifflichkeit von Parsons formuliert, kann sich jederzeit herausstellen, dass andere als die unterstellten Umweltaspekte bearbeitet und eine andere als die erwartete Zukunft in Rechnung gestellt werden müssen. Deswegen muss auch und gerade die Zuschrei-

---

47 Siehe zur Einführung des Attributionsbegriffs Fritz Heider, Social Perception and Phenomenal Causality, in: Psychological Review 51 (1944), S. 358-374; ders., The Psychology of Interpersonal Relations. London: Wiley, 1958 (dt. 1977).

bung auf einen zuschreibungsfesten Punkt gemeinten und beizubehaltenden Sinns im Moment der Zuschreibung quasi noch auf dem Sprung sein, ein gewisses Element quantenmechanischer Unbestimmtheit aufweisen, das erst dann aufgelöst wird, wenn die Beobachter in ihrer Zuschreibung des gemeinten Sinns der Handlung konvergieren. Jederzeit jedoch, dazu haben wir ein Gedächtnis, müssen die Selektivität und damit die Möglichkeit anderer Zuschreibungen in die Zuschreibung wieder reinvestiert werden können.[48]

Die Konversationsanalyse von Harvey Sacks hat diesen Punkt auf unnachahmliche Weise betont.[49] Wie kann man, so fragt Sacks anhand einer Fülle aufschlussreicher Beispiele, so kommunizieren, dass laufend »accounts«, Zuschreibungen eines gemeinten Sinns, vorgeschlagen und eingeladen werden, ohne dass, solange die Konversation offen bleibt, die Möglichkeit aus der Hand gegeben wird, jede Darstellung einer möglichen Intention und der dazu in Anspruch genommenen persönlichen Identität auch wieder zu korrigieren? Eric A. Leifer hat die These aufgestellt, dass man gut verstehen kann, was hier geschieht, wenn man sich das Verhalten von geschickten Schachspielern anschaut. Denn Meister im Schachspiel erkennt man nicht etwa daran, dass sie möglichst viele Züge des Gegners im Voraus zu berechnen versuchen, sondern ganz im Gegenteil daran, dass sie versuchen, möglichst lange eine gleichgewichtige und daher in ihrer Entwicklung ungewisse Situation aufrechtzuerhalten, damit eine Chance besteht, Anfangsfehler zu erkennen und zu korrigieren.[50] Es kommt daher auf Züge beziehungs-

48 Siehe dazu auch Dirk Baecker, Paradoxien des Vergessens, in: ders., Wozu Soziologie? A.a.O., S. 273-290; außerdem im Rahmen einer dazu passenden Gesellschaftstheorie Elena Esposito, Soziales Vergessen: Formen und Medien des Gedächtnisses der Gesellschaft. Frankfurt am Main: Suhrkamp, 2002.
49 Siehe vor allem Harvey Sacks, Lectures on Conversation. 2 Bde., hrsg. von Gail Jefferson, mit einer Einführung von Emmanuel A. Schegloff, Oxford: Blackwell, 1992.
50 Siehe Eric M. Leifer, Actors as Observers: A Theory of Skill in Social Relationships. New York: Garland, 1991, S. 66.

weise auf Handlungen an, die ihr Potential der Festlegung auf eine Interpretation der Situation und ihrer Entwicklung dazu nutzen, um die Ungewissheit nicht etwa zu reduzieren, sondern zu pflegen wenn nicht sogar, bei Bedarf, zu steigern.

Mit Verweis auf spätere Arbeiten von Leifer können wir von zwei »Leifer skills« reden, die beschreiben, wie man unter der Bedingung des Offenhaltens kommunikativer Zuschreibungen so handeln kann, dass Zuschreibungen nahe gelegt werden können, aber nicht entschieden werden müssen. Diese Fähigkeiten bestehen im Aufrechthalten von »target ambiguity« und »content ambiguity«.[51] »Target ambiguity« besteht darin, offen zu halten, wer eigentlich gemeint ist, »content ambiguity« darin, offen zu halten, worum es eigentlich geht. Und beides erfüllt den Sinn, eine soziale Situation hinreichend genau eruieren zu können, um entscheiden zu können, welche Entscheidungen über Inhalt und Adresse attraktiv in der Selbstfestlegung und aussichtsreich im Erreichen eines Gegenübers sind.

Zuzugeben ist allerdings, dass wir uns damit auf die Beschreibung eines kommunikativen Handelns einlassen, das spätestens seit Platons *Sophistes* dem Verdacht uneigentlichen und unaufrichtigen, nur auf Effekte beziehungsweise ihre Korrektur zielenden Redens ausgesetzt ist.[52] Eine genauere Lektüre des Gesprächs zwischen Theaitetos und einem »Fremden«[53] zeigt jedoch, dass das sophistische Re-

---

51 Siehe Eric M. Leifer und Valli Rajah, Getting Observations: Strategic Ambiguities in Social Interaction, in: Soziale Systeme: Zeitschrift für soziologische Theorie 6 (2000), S. 251-267; und ders., Micromoment Management: Jumping at Chances for Status Gain, in: Soziale Systeme: Zeitschrift für soziologische Theorie 8 (2002), S. 165-177; mit Verweis allerdings nicht auf Sacks, sondern auf Elizabeth Thomas, The Hidden Life of Dogs. Boston: Houghton Mifflin, 1993.
52 Siehe Platon, Sophistes. Sämtliche Werke, Bd. 3. Übersetzt von Friedrich Schleiermacher, neu hrsg. von Ursula Wolf, Reinbek bei Hamburg: Rowohlt, 1994, S. 253-335.
53 Denn Sophisten sind als »Fremde ohne politische Rechte und Fachleute ohne religiösen Nimbus« – so Jean Bernhardt, Das vorsokratische Denken: von Thales zu den Sophisten, in: François Châtelet (Hrsg.), Ge-

den nicht nur für die zweifelhafte Kunst der Überredung, sondern auch für die eminent philosophische Kunst der Herstellung eines Zusammenhangs unter der Bedingung des Setzens brauchbarer Unterscheidungen verantwortlich gemacht wird (*Sophistes*, 253c-254b). Die Sophistik ist für die Beschreibung von Kommunikation unter der Bedingung ihrer Zuschreibungsfähigkeit auf Handlungen daher nicht der Grenzfall, sondern der allgemeine Fall, von dem sich der Fall eindeutigen und zweifelsfrei aufrichtigen Redens als Sonderfall, der nur unter starken und damit unwahrscheinlichen Restriktionen zustande kommt, unterscheiden lässt.

Im Übrigen richtet sich der Vorwurf des Sophismus nur deswegen auf die Kommunikation, weil man beobachtet, dass sie die Bedingungen variieren kann, unter denen es zur Auswahl von Handlungen kommt. Was sich dann Rhetorik nennt, zielt darauf, die unzureichenden Gründe des Handelns zu unterstreichen, damit der Handelnde entweder auf das Handeln verzichtet oder die zureichenden Gründe, durchaus angeregt durch den Redner, selber setzt.[54] Die Liebeskunst des Jünglings, die Verkaufskunst des Händlers oder die Wortkunst des Lehrers werden von Platon gleichermaßen als Künste gewürdigt, die die Geliebte, den Käufer, den Schüler dazu verführen, sich selber festzulegen. Dagegen richten sich dann der Versuch der Ontologie, festzuhalten, was wirklich ist, und der Versuch der Orthodoxie, angesichts richtiger Gründe das Dilemma unzureichender Gründe gar nicht erst aufkommen zu lassen. Immerhin haben unzureichende Gründe in den Augen der Orthodoxie das Problem, den Handelnden entdecken zu lassen, dass er

---

schichte der Philosophie: Ideen, Lehren, Bd. 1: Pierre Aubenque, Jean Bernhardt, François Châtelet, Die heidnische Philosophie. Aus dem Französischen von Eva Brückner-Pfaffenberger und Donald Watts Tuckwiller, Frankfurt am Main: Ullstein, 1972, S. 21-66, hier: S. 56 – gleich doppelt verdächtig.

54 So Hans Blumenberg, Anthropologische Annäherung an die Aktualität der Rhetorik [1971], in: ders., Wirklichkeiten, in denen wir leben: Aufsätze und eine Rede. Stuttgart: Reclam, 1981, S. 104-136, insbes. S. 124 f.

die zureichenden Gründe selber setzen kann – oder auch muss.

Seither kreist die Kunst der Kommunikation um den Versuch, jede Festlegung auf ein Handeln als Selbstfestlegung des Handelnden erscheinen zu lassen, und umgekehrt die Kunst der Handlung um den Versuch, diese Selbstfestlegung vorwegzunehmen, um einzuschränken, was danach kommunikativ noch möglich ist.[55] Immer jedoch handelt es sich um Balanceakte zwischen zureichenden und unzureichenden, zwischen starken und schwachen Gründen, die Handlungen mal nahe legen, mal verzögern und so dafür sorgen, dass Restriktionen zugunsten bestimmter Selektionen immer als Restriktionen sichtbar bleiben, auf deren Außenseite andere Möglichkeiten denkbar sind.

Man hat immer wieder versucht, diesen Verdacht gegenüber einem sophistischen und rhetorischen Zugriff auf Kommunikation dergestalt zu zähmen, dass man grundsätzlich verdächtige von eher unverdächtigen Kommunikationsanlässen unterschied, etwa die Liebeskunst und die Verkaufskunst als verdächtig von der Kunst der Lehrer, Priester und Mediziner als unverdächtig. Noch Habermas unterscheidet in diesem Sinne zwischen verdächtigen »Systemen« und unverdächtiger »Lebenswelt«.[56] Aber dieser Versuch ließ sich nicht halten beziehungsweise nur in der institutionellen Form der »Schweigebefehle« halten, wie sie Carl Schmitt für die europäische Geschichte der Neuzeit beschrieben hat, als Schweigebefehl der Juristen an die Theologen nach den konfessionellen Bürgerkriegen des 16. und 17. Jahrhunderts und als Schweigebefehl der Ingenieure an die Juristen im Zuge

---

55 Siehe dazu exemplarisch Sören Kierkegaard, Das Tagebuch des Verführers. München: dtv, 1997; Jean Baudrillard, De la séduction. Paris: Galilée, 1979 (dt. 1992); Thomas C. Schelling, The Strategy of Conflict. Cambridge, Mass.: Harvard UP, 1960.

56 So etwa in Habermas, Theorie des kommunikativen Handelns, a.a.O., Bd. 2: 171 ff.; vgl. derselbe, Arbeit und Interaktion: Bemerkungen zu Hegels Jenenser »Philosophie des Geistes«, in: ders., Technik und Wissenschaft als »Ideologie«. Frankfurt am Main: Suhrkamp, 1968, S. 9-47.

des Erfolgs der Industrialisierung im 19. Jahrhundert.[57] Institutionen und die dazu gehörenden Diskurse können den Verdacht stillstellen, weil sie sichtbar und fühlbar machen, was es kosten würde, wenn man ihn reaktualisiert. Die Kommunikation alleine kann das jedoch nicht. Noch der stärkste Grund wird ihr, sobald sie sich auf ihn verlässt und ihn durch Weiterreden und Nachreden wiederholt, zum »Gerede« im Sinne Martin Heideggers, dem es an jeder »Bodenständigkeit« oder auch am Augenmaß fehlt, das den guten, den mit dem Unzureichenden Kontakt haltenden Grund vom starken Grund unterscheidet.[58]

Zur Differenz von Kommunikation und Handlung ist nicht zuletzt auch festzuhalten, dass die Dramatisierung dieser Differenz bis hin zur Unterscheidung jeweils das eine oder das andere zum Ausgangspunkt nehmender soziologischer Theorien sträflich ausblendet, wie sehr sowohl für die Kommunikation als auch für das Handeln ein Drittes eine Rolle spielt, nämlich das Erleben.[59] Sowohl für das Handeln als auch für die Kommunikation gilt, dass sie ohne die Möglichkeit, ihre jeweilige Selektion dem Erleben einer Situation durch einen Akteur zuzurechnen, nicht geordnet werden könnten. Was wäre ein Handeln, gerade als Artefakt einer Zurechnung durch die Kommunikation, das nur als Produkt einer Zielsetzung, einer Intention, eines Impulses beschrieben wird und nicht auch als das Ergebnis und der Ausdruck des Erlebens einer Situation durch den Handelnden? Was wäre eine Kommunikation, deren Selektion einer Nachricht

---

57 Siehe Carl Schmitt, Ex Captivitate Salus: Erfahrungen der Zeit 1945/47. Köln: Greven, 1950, S. 69 ff.
58 Siehe Martin Heidegger, Sein und Zeit [1926]. 12., unveränd. Aufl. Tübingen: Niemeyer, 1972, § 35; und vgl. Italo Calvino, Sechs Vorschläge für das nächste Jahrtausend: Harvard-Vorlesungen. Aus dem Italienischen von Burkhart Kroeber, München: Hanser, 1991, S. 81 ff. zum Vagen als Voraussetzung jeder Bestimmung
59 Siehe dazu Niklas Luhmann, Erleben und Handeln, in: ders., Soziologische Aufklärung 3: Soziales System, Gesellschaft, Organisation. Opladen: Westdeutscher Verlag, 1981, S. 67-80; ders., Soziale Systeme, a.a.O., S. 124 f.

nur als Mitteilung und nicht auch als Verweis auf den in dieser Nachricht mitrezipierten Redundanzbereich möglicher anderer Nachrichten verstanden werden könnte? Sie wären nichts anderes als Zufälle, für deren Zustandekommen keine andere Restriktion als der Wille und die Intention eines Akteurs in Frage käme. So weit geht jedoch noch nicht einmal die soziologische Akteurstheorie,[60] obwohl es sich zuweilen genauso liest.[61] Selbst der in dieser Theorie eine große Rolle spielende Begriff der »Situation« kann diesen Eindruck nicht wirklich korrigieren, da er dazu dient, Restriktionen des Akteurs zu definieren,[62] aber nicht dazu, Spielräume der Wahrnehmung einer Situation im Erleben eines Akteurs mit ihren eigenen Freiheitsgraden zu beschreiben.[63]

Der entscheidende Punkt jedoch ist, dass man soziologisch weder eine Handlung noch eine Kommunikation erklären kann, wenn man nicht in Rechnung stellt, dass bei der Selektion auch jeweils ermutigen und entmutigen können muss, welches Erleben gesellschaftlicher Situationen einem Individuum sei es zugemutet, sei es konzediert wird. Erleben umfasst die Möglichkeit des Glücks ebenso wie des Leidens. Und beides wird auch und gerade in seiner unvorgänglichen Individualität sozial moderiert, weil auch beim Glück und auch beim Leiden immer auch in Frage steht, wie es anschließend kommunikativ weitergehen kann. Deswe-

---

60 Etwa im Sinne von Uwe Schimank, Handeln und Strukturen: Einführung in eine akteurtheoretische Soziologie. München: Juventa, 2000, 2. Aufl. 2002.
61 Etwa bei Hartmut Esser, Kommunikation und »Handlung«, in: Gebhard Rusch und Siegfried J. Schmidt (Hrsg.), Konstruktivismus und Sozialtheorie: Delfin 1993. Frankfurt am Main: Suhrkamp, 1994, S. 172-204.
62 So im Rahmen einer Rational-choice-Theorie Hartmut Esser, Soziologie: Spezielle Grundlagen, Bd. 1: Situationslogik und Handeln. Frankfurt am Main: Campus, 1999, S. 23 ff.
63 So Talcott Parsons und Edward A. Shils, Categories of the Orientation and Organization of Action, in: dies. (Hrsg.), Toward a General Theory of Action, a.a.O., S. 53-109, hier: S. 76 ff., im Rahmen des Konzepts der »pattern variables«.

gen wäre eine soziologische Kommunikationstheorie unvollständig, die als Adressen der Zurechnung von Kommunikation nur das »aktive« Handeln und nicht auch das »passive« Erleben kennt und die überdies nicht wüsste, dass ein Handeln so passiv in eine Situation verstrickt sein kann wie ein Erleben immer auch aktiv unternommen werden muss.

1.4. Kommunikation und Wahrnehmung

Die möglicherweise größte Schwierigkeit des Kommunikationsbegriffs, mit dem die hier vorgelegte soziologische Theorie der Kommunikation arbeitet, besteht in der Unterscheidung von Kommunikation und Wahrnehmung. Seit die Ästhetik des 18. Jahrhunderts und die Neurophysiologie des 19. Jahrhunderts entdeckt haben, dass Wahrnehmung als Operation eines individuellen Bewusstseins nicht nur individuell konstituiert, sondern überdies kommunikativ unzugänglich ist, stellt sich die zuvor schon von John Locke formulierte und dann von Friedrich Schlegel auf den Punkt gebrachte Frage, wie eine Mitteilung überhaupt möglich ist, wenn die Ideen, auf die sie sich bezieht, in Brust und Kopf der Menschen verschlossen sind.[64] Deswegen erfand der Mensch die Sprache, musste aber feststellen, dass diese äußere Zeichen für innere Zustände liefert, ohne sicherstellen zu können, dass ein anderer als lockerer Zusammenhang zwischen den Zeichen und den Zuständen herrscht. Wer wissen will, warum die Sprache dennoch funktioniert, muss sich an die Artikulation der Worte und Sätze untereinander halten, so Wilhelm von Humboldt, beziehungsweise an die Unterschiede, die Unterschiede machen, so Ferdinand de Saussure.[65] Er findet dann heraus, dass die Sprache nicht

---

64 Siehe John Locke, An Essay Concerning Human Understanding, Hrsg. Alexander Campbell Fraser, 2 Bde., New York: Dover, 1959, Bd 2, S. 8.
65 Siehe Wilhelm von Humboldt, Über die Verschiedenheit des menschlichen Sprachbaues und ihren Einfluß auf die geistige Entwicklung des

trotz ihres nur lockeren Zusammenhangs mit den Dingen der Welt funktioniert, sondern weil sie gegenüber den Dingen der Welt einen Unterschied macht.[66] Deswegen verlässt sich Friedrich Schlegel im Zweifel auf die Unverständlichkeit, um aus der Frage, wie eine Mitteilung von Ideen möglich sei, Hinweise auf eine nur fallweise, so aber verlässliche Bearbeitung der Differenz von Kommunikation und Wahrnehmung zu gewinnen.[67] Und Immanuel Kant erfindet angesichts des Problems nur individuell spezifizierter Geschmacksurteile im Anschluss an Alexander Gottlieb Baumgarten die Kategorie des Schönen, um dem Individuum Anhaltspunkte dafür liefern zu können, welche seiner Geschmacksurteile in welcher Form Anspruch auf »Gemeinsinn« (»sensus communis«) erheben können und welche nicht.[68]

Die Neurophysiologie ergänzt die Differenz zwischen Kommunikation und Bewusstsein um die Differenz zwischen Gehirn und Bewusstsein, seit Johannes Müller Mitte

Menschengeschlechts. Berlin: Königliche Akademie der Wissenschaften, 1836, S. 55; und Ferdinand de Saussure, Cours de linguistique générale [1915]. Hrsg. von Tullio de Mauro, Paris: Payot, 1972, S. 166.
66 So Ludwig Wittgenstein, Philosophische Untersuchungen [1953]. Schriften 1, 4. Aufl., Frankfurt am Main: Suhrkamp, 1980, S. 279-544; und Jacques Derrida, Glas. Paris: Galilée, 1974. Vgl. zur Diskussion entsprechender Auffassungen Sybille Krämer, Sprache, Sprechakt, Kommunikation: Sprachtheoretische Positionen des 20. Jahrhunderts. Frankfurt am Main: Suhrkamp, 2001.
67 So in: Friedrich Schlegel, Über die Unverständlichkeit [1800], in: ders., Charakteristiken und Kritiken I (1796-1801). Kritische Friedrich-Schlegel-Ausgabe, Bd. 2, Paderborn: Schöningh, 1967, S. 363-372.
68 Siehe Immanuel Kant, Kritik der Urteilskraft [1790]. Werke, Bd. V, hrsg. von Wilhelm Weischedel, Frankfurt am Main: Suhrkamp, 1968, B17 ff.; Alexander Gottlieb Baumgarten, Theoretische Ästhetik: Die grundlegenden Abschnitte aus der »Aesthetica« (1750/58), übers. und hrsg. von Hans Rudolf Schweizer. Lateinisch-Deutsch, Hamburg: Meiner, 1983; und vgl. Hans Graubner, »Mitteilbarkeit« und »Lebensgefühl« in Kants ›Kritik der Urteilskraft‹: Zur kommunikativen Bedeutung des Ästhetischen, in: Friedrich A. Kittler und Horst Turk (Hrsg.), Urszenen: Literaturwissenschaft als Diskursanalyse und Diskurskritik, Frankfurt am Main: Suhrkamp, 1977, S. 53-75.

des 19. Jahrhunderts das Prinzip der undifferenzierten Codierung formulierte: Die Nervenzellen unseres Gehirns codieren (das heißt: unterscheiden) nicht die physikalische Natur dessen, was sie erregt, sondern nur, wie sehr sie erregt werden. Den Rest macht das Gehirn selbst. Es konstruiert die Geräusche, die Farben, die Tasteindrücke, die Gerüche, die Lust und den Schmerz, die für uns eine Außenwelt wahrnehmbar machen, während wir den Prozess der Wahrnehmung selber, das heißt die Konstruktion der Wahrnehmung im Vollzug der Wahrnehmung, nicht wahrnehmen.[69]

Friedrich Nietzsche muss um diese Neurophysiologie gewusst haben, als er die Formulierung eines Gedankens wie folgt beschrieb: »Ein Nervenreiz, zuerst übertragen in ein Bild! Erste Metapher. Das Bild wird nachgeformt zu einem Laut! Zweite Metapher. Und jedesmal vollständiges Überspringen der Sphäre, mitten hinein in eine ganz andre und neue.«[70] Er zog auch den einzig angemessenen Schluss, nämlich den, dass zwischen diesen verschiedenen Sphären kein kausales, sondern nur ein »ästhetisches Verhalten« möglich ist, »eine andeutende Übertragung, eine nachstammelnde Übersetzung.«[71]

Seither ist jede Kommunikation mit einem Ungewissheitsindex ausgestattet. Kein Satz, keine Geste, kein Zeichen, keine Mitteilung und keine Nachricht kann eindeutig entweder auf eine Wahrnehmung oder auf einen kommunikativen Anlass zugerechnet werden. Immer spielt beides eine Rolle, der *report* oder Bericht über ein Vorliegendes, wie dies Jürgen Ruesch und Gregory Bateson formulieren,[72] und das *command*, nämlich die Aufforderung, zuzuhören,

---

69 Siehe dazu von Foerster, Über das Konstruieren von Wirklichkeiten, in: ders., Wissen und Gewissen, a.a.O., S. 25-49, und vgl. Johannes Müller, Handbuch der Physiologie des Menschen. Coblenz: Hölscher, 1834.
70 Siehe Friedrich Nietzsche, Über Wahrheit und Lüge im außermoralischen Sinne [1873]. Werke III, hrsg. von Karl Schlechta, 6., durchges. Aufl., Frankfurt am Main: Ullstein, 1969, S. 309-322, hier: S. 312.
71 Ebd., S. 317.
72 Siehe Ruesch und Bateson, Communication, a.a.O., S. 179 f.

entsprechend zu erleben und zu handeln, mitzumachen und vor allem: den Sprecher ernst zu nehmen. Und immer muss man befürchten, dass das eine nur eine Rolle spielt, weil das andere bestärkt werden soll, dass Wahrnehmungen in Anspruch genommen werden, um Kommunikation glaubwürdig zu machen oder zumindest um es schwieriger zu machen, sie zu bestreiten, und dass man sich auf Kommunikation nicht zuletzt auch deswegen verlässt, weil man den eigenen Wahrnehmungen nicht traut. Tatsächlich ist die Anerkennung dieser Ungewissheit die wesentliche Voraussetzung dafür, dass sie bearbeitet und im Wechsel zwischen der Kritik der Wahrnehmung und der Kritik der Kommunikation in eine zwar vorübergehende, aber doch brauchbare Gewissheit transformiert werden kann.[73]

Dennoch wird der Kommunikationsbegriff seither auch für die Bezeichnung einer »Krise« im Verhältnis des Menschen zur Welt in Anspruch genommen, der nur gegengesteuert werden kann, wenn Kommunikation so weit wie möglich als Interaktion zwischen anwesenden Menschen verstanden und der Sinn, den sie vermittelt, so weit wie möglich an die Gegenwart eines Kontaktes gebunden wird.[74] Aber das ist Ideologie, bestenfalls Philosophie. Tatsächlich lebt der Kommunikationsbegriff davon, dass er die ästhetische und neurophysiologische Herausforderung ernst nimmt und sich eine kognitionstheoretische Grundlage gibt.[75] Niklas Luhmann hat diese Herausforderung auf den Punkt gebracht, dass Kommunikation selber nicht wahr-

---

73 Deswegen war für Descartes der *Zweifel* der Ausgangspunkt für die Entwicklung einer *Methode*, siehe René Descartes, Von der Methode des richtigen Vernunftgebrauchs und der wissenschaftlichen Forschung. Französisch-deutsch. Aus dem Französischen von Lüder Gäbe. 2., verb. Aufl., Hamburg: Meiner, 1997.
74 So zum Beispiel John Durham Peters, Speaking into the Air: A History of the Idea of Communication, Chicago: Chicago UP, 1999, explizit S. 245.
75 Siehe zur Geschichte des Kommunikationsbegriffs in dieser Hinsicht Dirk Baecker, Kommunikation. Leipzig: Reclam, 2005.

nehmen kann und nur in der Umwelt wahrnehmungsfähiger Bewusstseinssysteme möglich ist.[76] Dies schließt ein, dass Kommunikation ihrerseits an den Tönen, Gesten, Bildern, Texten, die sie produziert, wahrgenommen werden kann, davon profitiert die Kunst, aber das ändert nichts daran, dass die Kommunikation dieser Wahrnehmung von Kommunikation dann wieder nur unter Ausschluss der Wahrnehmung selber, nämlich nur als Kommunikation möglich ist.

Diese Differenz zwischen wahrnehmbarer Kommunikation und inkommunikabler Wahrnehmung macht den Kommunikationsbegriff, wie wir ihn hier verwenden, intuitiv so schwergängig. An diesen Aspekt einer soziologischen Kommunikationstheorie kann man sich im wahrsten Sinne des Wortes nur gewöhnen, indem man ihn versuchsweise akzeptiert, mit ihm experimentiert, das heißt Beobachtungen auf seiner Grundlage anstellt, und so allmählich ein Gefühl dafür gewinnt, wo er Sinn macht und wo möglicherweise nicht.

Anlass genug dazu haben wir nicht nur theoretisch, sondern auch empirisch, seit sich alle Versuche, menschliche Kommunikation zunächst anthropologisch, dann psychologisch, jüngst sogar biologisch und neurophysiologisch in scheinbar griffigeren Wirklichkeitsbereichen zu verankern und aus ihnen abzuleiten, als unzulänglich erwiesen haben. Diese Versuche haben für die Vielfalt sozialer Formen, die abzuleiten wäre, meist keinen Blick und übersehen außerdem, wie sehr sich die Griffigkeit naturwissenschaftlicher Beschreibungen ihrerseits diskursiven und damit kommunikativen Effekten verdankt, die bei dem, was man tut, zugunsten der »Objektivität« des Gegenstands meist nicht in Rechnung gestellt werden. Doch während sich die einen um eine Reduktion kommunikativen Verhaltens auf anthropologische Konstanten, psychologische Motive, biologische

---

76 Siehe Luhmann, Was ist Kommunikation? A.a.O., S. 115 f.; ausführlicher ders., Die Wissenschaft der Gesellschaft. Frankfurt am Main: Suhrkamp, 1990, Kap. 1.

Restriktionen oder neurophysiologische Mechanismen bemühen,[77] entdecken die anderen, dass sich Totem und Tabus, Bilder von Sündern und Heiligen, Liebesromane, Kinofilme, Fernsehbilder längst so tief in unser bewusstes und unbewusstes Bewusstsein gegraben haben, dass jede Psychologie und Neurophysiologie wenn schon nicht in sich selbst, dann immerhin in ihrem Gegenstand doch wieder auf die Kommunikation stoßen, die sie eigentlich umgehen wollten.[78]

Das Einzige, was hierbei tatsächlich in die Krise gerät, sieht man einmal von den Autoritätsbehauptungen einzelner Wissenschaften ab, ist der Wirklichkeitsbegriff. Was ist noch wirklich, wenn all das, was wirkt, auf biologische und neurophysiologische, psychologische und soziologische Fakten gleichermaßen verweist? Die Erkenntnistheorie des Konstruktivismus hat aus der Dringlichkeit dieser Frage den Schluss gezogen, jede einzelne Wirklichkeit auf einen Beobachter zurückzubeziehen, der für ihre »Erfindung« einzustehen hat.[79] Damit fällt man hinter das idealistische Er-

---

77 Siehe zur Neurophysiologie zuletzt Gerhard Roth, Fühlen, Denken, Handeln. Wie das Gehirn unser Verhalten steuert. Neue, vollst. überarb. Aufl., Frankfurt am Main: Suhrkamp, 2003, insbes. S. 553 ff.; wesentlich vorsichtiger: Wolf Singer, Der Beobachter im Gehirn: Essays zur Hirnforschung. Frankfurt am Main: Suhrkamp, 2002.
78 Siehe exemplarisch Sigmund Freud, Die Traumdeutung [1900]. Frankfurt am Main: Fischer Taschenbuchverl., 1991; Walter Benjamin, Das Kunstwerk im Zeitalter seiner technischen Reproduzierbarkeit [1936]. Gesammelte Schriften, Bd. I, 2, hrsg. von Rolf Tiedemann und Hermann Schweppenhäuser, Frankfurt am Main: Suhrkamp, 1974, S. 471-508; Maurice Merleau-Ponty, Le Cinéma et la Nouvelle Psychologie [1947], in: ders., Sens et Non-Sens. 5. Aufl., Paris: Nagel, 1966, S. 85-106; René Girard, Mensonge romantique et vérité romanesque. Paris: Grasset, 1961; Paul Virilio, Esthéthique de la disparition. Paris: Balland, 1980 (dt. 1986); Niklas Luhmann, Die Gesellschaft der Gesellschaft. Frankfurt am Main: Suhrkamp, 1997, S. 306 ff.; ders., Die Realität der Massenmedien. 2., erw. Aufl., Opladen: Westdeutscher Verlag, 1996.
79 Siehe nur Paul Watzlawick (Hrsg.), Die erfundene Wirklichkeit: Wie wissen wir, was wir zu wissen glauben? Beiträge zum Konstruktivismus, 3. Aufl., München: Piper, 1985; ders. und Peter Krieg (Hrsg.), Das Auge des Betrachters: Beiträge zum Konstruktivismus. München:

kenntnisproblem, das aus der Verantwortung der Vernunft für sich selbst nicht auf »Erfindung«, sondern auf »Kritik« geschlossen hat, zurück. Denn in Frage steht ja, wie der Beobachter, der auch nicht weiß, welche Konstruktionen seiner Wirklichkeit er nun dem Gehirn, dem Bewusstsein oder der Kommunikation zurechnen kann, ein Wirklichkeitsverständnis ausarbeitet, das er Anlass zu haben glaubt nicht nur für seine Erfindung zu halten.[80]

Wirklichkeit ist jetzt nicht mehr das, was man als Evidenzerlebnis einer Welt, die so ist, wie sie ist, voraussetzen kann, während man sich neurophysiologisch, psychisch und kommunikativ von Kontingenz zu Kontingenz hangelt, sondern nur noch das, was sich aus einem Widerstand *gegen* unser Denken und unser Handeln *in* diesem Denken und Handeln als *Restriktion* dieses Denkens und Handelns mal eindeutig, mal eher uneindeutig zu erkennen gibt. Dass ich *nicht* spüre, was ich denke, oder *nicht* meine, was ich sage, sollte mir als Hinweis auf die Wirklichkeit, in der ich mich bewege, zu denken geben. Das macht mich nicht konstruktivistisch zum Erfinder meiner Wirklichkeit und schon gar nicht klassisch zu ihrem Entdecker. Aber es macht mich zum Kritiker meiner selbst zumindest dort, wo ich dies aushalte. Und andere Ansatzpunkte habe ich nicht.

Übrigens kann man auch den Versuch, dort, wo das Bewusstsein als Wirklichkeitsgarant nicht mehr taugt, den Körper, pardon: den Leib, einzusetzen, als gescheitert betrachten. Auch der Körper taugt nur dazu, einen Widerstand

---

Piper, 1991; außerdem Ernst von Glasersfeld, Radical Constructivism: A Way of Knowing and Learning. London: Falmer, 1995 (dt. 1996)
80 Siehe in diesem Sinne anhand eines schwierigen Falles Aaron Wildavsky, Accounting for the Environment, in: Accounting, Organizations and Society 19 (1994), S. 461-481; und vgl. zur kritischen Würdigung des Konstruktivismus Niklas Luhmann, Das Erkenntnisprogramm des Konstruktivismus und die unbekannt bleibende Realität, in: ders. Soziologische Aufklärung 5: Konstruktivistische Perspektiven. Opladen: Westdeutscher Verlag, 1990, S. 31-58; ferner Bruno Latour, Die Versprechen des Konstruktivismus, in: Jörg Huber (Hrsg.), Interventionen 12: Person/Schauplatz. Zürich: Edition Voldemeer, 2003, S. 183-208.

zu vermelden, etwa wenn ich mein Bewusstsein nutze, um an mir herabzuschauen und zu entdecken, wo ich vermutlich eher anfange und wo ich eher aufhöre.[81] Ich kann an meinem Körper studieren, was Bewusstsein und Kommunikation mir antun, und kann das eine vom anderen zu unterscheiden versuchen. Aber das macht meinen Körper nicht wirklicher als mein Bewusstsein und noch nicht einmal wirklicher als die Kommunikation.

Wir stoßen hier an einen Punkt, in dem die Soziologie der Kommunikation ihre Grenzen erkennen muss. Deswegen haben wir dafür Sorge getragen, das Wahrnehmungsproblem bereits in der Einleitung zu diesem Buch zu erwähnen und zu markieren. Tatsächlich müsste man von hier aus eine Kognitionswissenschaft entwerfen, an der Biologie und Neurophysiologie, Psychologie und Soziologie gleichermaßen beteiligt sind. Diese Kognitionswissenschaft hat sich Heinz von Foerster am Biological Computer Laboratory an der University of Illinois, Urbana, schon einmal vorstellen können und Francisco J. Varela hat eine ihrer ersten Programmschriften verfasst,[82] aber dabei ist es bis heute geblieben. Das wird sich jedoch vermutlich ändern. Auch deswegen haben wir in dieser Einleitung so viel Wert auf mathematische Intuitionen gelegt. Sie sind am ehesten geeignet, den Einzelwissenschaften Themen aufzutragen, ohne ihnen damit ihre jeweiligen Problemstellungen zu nehmen. Denn mit einem Thema alleine ist es nicht getan. Seit Max Weber ist bekannt, dass Wissenschaften erst dann erfolgreich werden können, wenn sie zu den Themen auch ihre Problem-

---

81 So mit Verweis auf die Schwierigkeit einer Lokalisierung der »nervösen Substanz«: Maurice Merleau-Ponty, La structure du comportement. Paris: Presses universitaires de France, 1942, zit nach der dt. Übers.: Die Struktur des Verhaltens. Aus dem Französischen von Bernhard Waldenfels, Berlin: de Gruyter, 1976, S. 240.
82 Siehe von Foerster (Hrsg.), Cybernetics of Cybernetics, a.a.O.; Francisco J. Varela, Kognitionswissenschaft – Kognitionstechnik: Eine Skizze aktueller Perspektiven. Aus dem Englischen von Wolfram Karl Köck, Frankfurt am Main: Suhrkamp, 1990.

stellung gefunden haben.[83] Vielleicht ist dies für die Kognitionswissenschaft noch nicht der Fall.

Für die hier vorgelegte soziologische Theorie der Kommunikation jedenfalls verlassen wir uns weitgehend auf die Soziologie und ihre Problemstellung, die in der Frage besteht, wie in der Differenz von Bestimmtheit und Unbestimmtheit menschlichen Verhaltens soziale Ordnung möglich ist.[84] Das Wissen um die Differenz des menschlichen Bewusstseins und um die Differenz der Neurophysiologie von Gehirn und Körper führen wir mit. Doch wir unterlassen jeden Versuch, uns vorab einer menschlichen Wirklichkeit zu vergewissern, um daran zu messen, was als Kommunikation dann scheinbar zusätzlich die Welt belebt. Stattdessen halten wir uns an Warren McCulloch, der seine eigene Biologie, Neurophysiologie und Philosophie auf den Punkt gebracht hat, dass es zur Beschreibung des menschlichen Verhaltens inklusive möglicher ethischer Ansprüche an dieses Verhalten ausreicht anzunehmen, dass auch der Mensch eine Turingmaschine ist, in der allerdings nur zwei Rückkopplungsmechanismen determiniert sind, »a desire to play and a desire to win«.[85]

---

83 Siehe Max Weber, Die »Objektivität« sozialwissenschaftlicher Erkenntnis [1904], Gesammelte Aufsätze zur Wissenschaftslehre. Hrsg. Johannes Winckelmann, Tübingen: Mohr, 1988, S. 146-214, hier: S. 148 ff.
84 Siehe nach wie vor wegweisend, weil ausgehend von der Differenz von Individuum und Gesellschaft, Georg Simmel, Soziologie: Untersuchungen über die Formen der Vergesellschaftung. Hrsg. von Otthein Rammstedt, Frankfurt am Main: Suhrkamp, 1992, S. 42 ff.
85 So in: Warren S. McCulloch, Toward Some Circuitry of Ethical Robots or An Observational Science of the Genesis of Social Evaluation in the Mind-Like Behavior of Artifacts [1956], in: ders., Embodiments of Mind. 2. Aufl., Cambridge, Mass.: MIT Pr., 1989, S. 194-202, hier: S. 200.

2. Ein Modell

2.1. Form

Das Interesse an einem Formbegriff des Sozialen ist nicht neu. Karl Marx teilte es ebenso wie Georg Simmel. Für beide war »Form« zum einen noch immer das Äußerliche, bloß Akzidentelle im Verhältnis zum Gehalt oder Inhalt einer Sache, das heißt das, was sich von einer Materie unterscheiden ließ, die das eigentlich Substantielle, das, wonach wirklich zu fragen wäre, und damit das Wesentliche ausmacht. Zum anderen jedoch ist »Form« das, was einen analytischen Zugang zur Sache ermöglicht, und zwar einen Zugang, der einerseits auf Relationen, auf Beziehungen zu anderem, abstellt und andererseits dazu geeignet ist, zu untersuchen, wie die Elemente eines Phänomens, für das man sich interessiert, von den Relationen, in denen es steht, beeinflusst, geprägt, mitgeformt sind, ja schließlich kaum noch etwas anderes sind als die Relation, in der sie stehen. Beide scheinen sich gegen die Einsicht in den bloß relationalen Charakter der Gegenstände ihres Interesses zu wehren, kommen aber nicht umhin, diesen Relationen ihre eigene Substanz, ihre eigene Wirklichkeit, ihr eigenes Wesentliches zuzuschreiben.

Die Analyse der Wertform der Ware, ihres »Fetischcharakters«, in Marx' *Das Kapital* (1867) bringt dies präzise auf den Punkt. Hier ist die »einfache« Wertform nicht viel mehr als die Erscheinungsform einer Ware, die nicht in ihrem Gebrauchswert aufgeht, sondern diesen in einen Gegensatz zu ihrem Wert, ihrem Tauschwert, stellt. In der »entfalteten« Wertform jedoch ist die Ware »Bürger dieser Welt«, weil ihr Wert sich nicht nur aus dem Verhältnis zum Wert einer anderen Ware, sondern aus dem Verhältnis zur Warenwelt insgesamt bestimmt. Und: »Zugleich liegt in der endlosen Reihe seiner Ausdrücke, dass der Warenwert gleichgültig ist gegen die besondre Form des Gebrauchswerts, worin er erscheint.«[1]

In einer fast identischen Begrifflichkeit unterscheidet Georg Simmel im ersten Kapitel seiner *Soziologie* (1908) unter der Überschrift »Das Problem der Soziologie« zwischen den in »Trieb, Interesse, Zweck, Neigung, psychischer Zuständlichkeit und Bewegung« der Individuen, dem »unmittelbar konkreten Ort aller historischen Wirklichkeit«, bestehenden Inhalt und Materie der Vergesellschaftung auf der einen Seite und den »Formen des Miteinanders und Füreinanders (...), die unter den allgemeinen Begriff der Wechselwirkung gehören«, auf der anderen Seite.[2] Und auch für ihn bestand die Pointe dieser Unterscheidung darin, den Inhalt der Vergesellschaftung und ihre Formen unabhängig voneinander variieren zu können, das heißt, sehen zu können, dass dieselben Inhalte, zum Beispiel wirtschaftliche Interessen, in verschiedenen Formen auftreten, dieselben Formen, zum Beispiel »Über- und Unterordnung, Konkurrenz, Nachahmung, Arbeitsteilung, Parteibildung, Vertretung, Gleichzeitigkeit des Zusammenschlusses nach innen und des Abschlusses nach außen«, jedoch auch verschiedenen Inhalten Raum geben können.[3] Dieser Formbegriff, der auf strukturelle Eigenschaften sozialer Beziehungen abstellt, hat die Soziologie durchaus fasziniert,[4] jedoch bislang nicht zu Bemühungen um einen eigenen Typ von Formtheorie geführt.

Eine solche Formtheorie müsste sich vom Nachklang der Unterscheidung zwischen Form und Inhalt zumindest so

---

1 Siehe Karl Marx, Das Kapital: Kritik der politischen Ökonomie. Erster Band, Berlin: Dietz, 1980, S. 49 ff., beide Zitate hier, S. 77; vgl. dazu Hans-Georg Backhaus, Dialektik der Wertform: Untersuchungen zur marxschen Ökonomiekritik. Freiburg: ça ira, 1997, insbes. S. 41 ff.
2 Siehe Simmel, Soziologie, a.a.O., S. 18.
3 Ebd., S. 20 ff.
4 Siehe vor allem Talcott Parsons, Georg Simmel and Ferdinand Tönnies: Social Relationships and the Elements of Action, in: Teoria Sociologica 1 (Urbino 1993), S. 45-71, hier: S. 50 ff.; ferner etwa Michel Maffesoli, Das ästhetische Paradigma: Soziologie als Kunst, in: Soziale Welt 38 (1987), S. 460-470.

weit lösen, dass die beiden Seiten der Unterscheidung auf beiden Seiten der Unterscheidung wieder vorkommen dürften, das heißt, die Form auch als Inhalte gelten und der Inhalt auf seine Form hin untersucht werden dürfte. Ein solcher Umgang mit Unterscheidungen, der die Voraussetzung dafür ist, Unterscheidungen nicht mit kategorialen Einteilungen der Dinge der Welt zu verwechseln, sondern sie als operative Kategorien ernst zu nehmen, scheint für die Soziologie immerhin nicht untypisch zu sein.[5] Mit Spencer Brown sprechen wir von der Wiedereinführung einer Unterscheidung in den Raum ihrer Unterscheidung. Eine Formtheorie dieses soziologischen Typs würde sich demnach gerade nicht auf die Seite der Form schlagen und von dort aus alles Materielle und Substantielle nur noch mit Fingerspitzen berühren,[6] sondern würde die Operation der Unterscheidung selbst als substantiell, als Konstruktion einer Wirklichkeit, begreifen und dafür mindestens voraussetzen müssen, dass die Unterscheidung zum Ereignis wird.[7] Anders könnte sie nicht auf sich aufmerksam machen.

Für uns liegt der wesentliche Schritt auf dem Weg zu einer möglichen Formtheorie des Sozialen im Angebot und Testen eines Formalismus. Von einem Formalismus spricht man in der Mathematik dann, wenn es darum geht, Strukturen zu untersuchen, die als Relationen zwischen Elementen verstanden werden, wobei Letztere ihrerseits Relationen sein können (so wie die Relationen Elemente der Strukturen sind). Das Unbehagen von Marx und Simmel, es im Umgang mit Formen unter Umständen nur mit den artifiziellen, äußerlichen, akzidentellen Seiten eines Phänomens zu tun zu bekommen, taucht hier in der Gestalt des Abstraktionsproblems wieder auf: Wie viel Abstraktion ist nötig, um Struk-

---

5 So Andrew Abbott, Chaos of Disciplines. Chicago: Chicago UP, 2001, S. 10 ff.
6 So die Kritik von Hans Ulrich Gumbrecht, Form Without Matter vs. Form as Event, in: Modern Language Notes 111 (1996), S. 578-592, hier: S. 580.
7 So der Vorschlag ebd., S. 587.

turen erkennen zu können, ohne dabei aus den Augen zu verlieren, dass Relationen nicht nur konkrete Elemente miteinander verknüpfen, sondern ihrerseits konkrete Bedeutung haben? Strukturen, so sagt Alfred Korzybski,[8] sind das Einzige, worüber die Mathematik behauptet etwas wissen zu können. Aber dieses Wissen führt nur dann nicht in den Wahnsinn einer allzu schlichten Vorstellung von der Ordnung der Welt, wenn es sich seiner Abstraktion bewusst bleibt: Ein Formalismus, so die Konsequenz aus dieser Überlegung, ist nur dann hilfreich, wenn er die wenigen Variablen, auf die er sich konzentriert, in den Kontext eines Bewusstseins um die unendliche Zahl der Variablen der Wirklichkeit stellt.[9]

Unter dieser Voraussetzung jedoch haben Formalismen auch in der soziologischen Forschung den Vorteil, überprüfbare Hypothesen an die Stelle von allzu leichtgängiger und letztlich immer richtigen Post-hoc-Interpretationen der Gegenstände soziologischen Interesses zu setzen.[10] Interessanter als die Frage, ob sich die Soziologie angesichts ihrer wissenschaftlichen Interessen auf die Formulierung von Formalismen einlassen dürfe oder angesichts der von diesem Interesse immer nur partiell erfassten sozialen Wirklichkeit gar nicht erst mit diesem Gedanken spielen darf, ist daher die Frage, mit Formalismen welchen Typs sie experimentiert. Denn es gibt durchaus unterschiedliche Formalismen, solche, die Ursachen und Wirkungen in Beziehung setzen, aber auch solche, in denen es um Nachbarschaft, Gleichzeitigkeit, Verknüpfung oder Ähnlichkeit geht.[11]

Unser Formalismus der Kommunikation schließt an die von Shannon vorgeschlagene Selektions- und Redundanz-

---

8 In: Alfred Korzybski, Science and Sanity: An Introduction to Non-Aristotelian Systems and General Semantics [1933]. 4. Aufl., Lakeville, Conn.: Institute of General Semantics, 1958, S. 247 ff.
9 So ebd., S. 276.
10 So zuletzt Charles Tilly, Observations of Social Processes and their Formal Representations, in: Sociological Theory 22 (2004), S. 594-601.
11 So ebd., S. 595.

theorie der Kommunikation an, führt jedoch ein zusätzliches Element ein, das es erlaubt, die in Shannons Theorie exogen gegebene Prämisse eines determinierten Auswahlbereichs möglicher Nachrichten zu endogenisieren, um dem Sachverhalt Rechnung zu tragen, dass die Kommunikation in der Auseinandersetzung mit all dem, was sie als Anregung und Störung umgibt, ihre eigenen Voraussetzungen selber schafft. In der Kommunikationstheorie von Ruesch und Bateson trägt dieses Element den Namen der Metakommunikation:[12] Kommunikation ist dann möglich, so die Annahme, wenn sie auf sich selbst verweist und sich in der Kombination von Bestimmung und Verunsicherung, die jeder Selbstverweis enthält, verankert. Diese Idee endogenisiert die Voraussetzungen der Kommunikation um den Preis der Unterstellung einer Ebenenunterscheidung, die Bateson hier wie auch sonst im Anschluss an die so genannte Typentheorie von Bertrand Russell und Alfred North Whitehead zwar für unproblematisch hielt,[13] die wir jedoch glauben auflösen zu müssen und auflösen zu können, seit Spencer Browns Formkalkül Möglichkeiten des Einbaus von Selbstreferenz geschaffen hat, die zwar immer noch mit der Möglichkeit des Entstehens von Paradoxien einhergehen, zugleich jedoch auch die Entfaltung solcher Paradoxien auf dem Wege der Einführung (Setzung) von Unterscheidungen nachvollziehbar machen.[14]

[12] Siehe Ruesch und Bateson, Communication, a.a.O., S. 203 ff.
[13] Siehe zum Beispiel Gregory Bateson, Mind and Nature: A Necessary Unity. New York: Dutton, 1979 (dt. 1982), S. 114 ff.; mit Verweis auf Alfred North Whitehead und Bertrand Russell, Principia Mathematica. Cambridge: Cambridge UP, 1910, Reprint 1997.
[14] Siehe speziell hierzu Niklas Luhmann, Die Paradoxie der Form, in: Dirk Baecker (Hrsg.), Kalkül der Form. Frankfurt am Main: Suhrkamp, 1993, S. 197-212; ferner Lars Löfgren, Unfoldment of Self-Reference in Logic and Computer Science, in: Finn V. Jensen, Brian H. Mayoh und Karen K. Møller (Hrsg.), Proceedings from 5th Scandinavian Logic Symposium, Aalborg, 17-19 January 1979. Aalborg: Institut for Elektroniske Systemer, 1979, S. 205-229; und Louis H. Kauffman, Self-Reference and Recursive Forms, in: Journal of Social and Biological Structure 10 (1987), S. 53-72.

Wir schlagen deswegen einen Formalismus vor, der beide Elemente des Shannon'schen Formalismus explizit und damit zum Gegenstand der Operation und Form der Kommunikation macht. Kommunikation kommt dann zustande, wenn Bezeichnungen (Spencer Browns *indications*) im Kontext von Unterscheidungen (Spencer Browns *distinctions*) getroffen werden. Wir formulieren damit sehr nah an den Grundbegriffen des Spencer-Brown'schen Kalküls[15] und bekommen es damit auch mit einem sehr allgemeinen Kommunikationsbegriff zu tun. Aber wir werden sehen, dass dies Distinktheit genug schafft, weil Kommunikation damit von allem unterschieden wird, was nicht in der Lage ist, eine Bezeichnung auf die Unterscheidung hin zu beobachten und zu verarbeiten, die in ihr mitläuft.[16]

Die entsprechende Form notieren wir wie folgt:[17]

Kommunikation = Bezeichnung | Unterscheidung   .

Alternativ können wir ohne Verwendung des re-entry-Hakens auch schreiben:[18]

Kommunikation = Kommunikation Bezeichnung | Unterscheidung   .

---

15 »We take as given the idea of distinction and the idea of indication, and that we cannot make an indication without drawing a distinction. We take, therefore, the form of distinction for the form«, sind die beiden ersten Sätze des 1. Kapitels des Buches von Spencer Brown. Siehe Laws of Form, a.a.O., S. 1.
16 Siehe die von der Unterscheidung zwischen Operation und Medium artikulierte Nachbarschaft des Sinnbegriffs und des Kommunikationsbegriffs bei Niklas Luhmann, Sinn als Grundbegriff der Soziologie, in: Jürgen Habermas und Niklas Luhmann, Theorie der Gesellschaft oder Sozialtechnologie: Was leistet die Systemforschung? Frankfurt am Main: Suhrkamp, 1971, S. 25-100, insbes. S. 42 f.
17 Siehe die Einführung des re-entry-Hakens bei Spencer Brown, Laws of Form, a.a.O., S. 65.
18 Vgl. ebd., S. 56.

An dieser Form erkennt man den selbstreferentiellen Bezug der Kommunikation auf die Kommunikation einer Bezeichnung im Kontext einer Unterscheidung. Diesen selbstreferentiellen Bezug hält auch der re-entry-Haken fest, der dementsprechend hier und im Folgenden als Verweis auf die unendliche Wiederverwendung der Unterscheidung im Kontext der Unterscheidung zu lesen ist.

Statt von einer »Bezeichnung« könnten wir auch von einer »Nachricht« oder einer »Selektion« sprechen. Hier liegt kein Unterschied unseres Formalismus gegenüber der Kommunikationstheorie von Shannon. Die Kommunikation resultiert bei Shannon wie bei uns in der Bestimmung von etwas, was ohne diese Kommunikation nicht bestimmt werden könnte. Der wesentliche Unterschied gegenüber der Theorie Shannons liegt darin, dass wir mit der Einführung des Konzepts der »Unterscheidung« auf ein weiteres aktives und insofern endogenes Element der Kommunikation hinweisen, das darin besteht, dass die Bezeichnung eines Ereignisses, eines Gegenstands oder eines Zustands durch eine Nachricht nur als Selektion in einem Auswahlbereich möglicher anderer Nachrichten zustande kommt, der dadurch bezeichnet wird, dass die Bezeichnung eine Unterscheidung voraussetzt. Einfacher ist es leider nicht zu formulieren, obwohl der Sachverhalt, um den es geht, nicht schwer zu verstehen ist. Die These, die wir mit diesem Formalismus auf den Punkt zu bringen versuchen, lautet, dass Kommunikation irgendeine Art der Unterscheidung, eine Spannung, einen Kontrast, eine Abgrenzung, eine Wiederholung oder Verschiebung, einen Aufschub oder Nachtrag, einen Gegensatz oder Widerstreit,[19] setzt und in Anspruch nimmt, die den Raum der Möglichkeiten bestimmt, in dem die vorgenommene Bezeichnung dann eine Möglichkeit unter ande-

---

19 Die letzten drei Formulierungen sind Anspielungen auf Gilles Deleuze, Différence et répétition. Paris: PUF, 1968 (dt. 1997); Jacques Derrida, La »différance«, in: Bulletin de la Société française de Philosophie 63 (1968), S. 73-120 (dt. 1988); und Lyotard, Le différend, a.a.O.

ren ist. Erst die Bezeichnung im Kontext der Unterscheidung ist die Information, mit der die Kommunikation dann arbeitet. Beides jedoch wird in der allgemeinen Theorie der Kommunikation, die wir hier formulieren, als Variable behandelt, die Bezeichnung ebenso wie die Unterscheidung. Das schließt ein, dass andere Unterscheidungen andere Bezeichnungen nahe legen und dieselbe Bezeichnung im Kontext einer anderen Unterscheidung eine andere Bezeichnung wird. Letzteres ist besonders deutlich im Fall der »antonym substitution«, des Austausches eines Gegenbegriffs: Es macht einen Unterschied, ob man den Menschen vom Tier (erster Gegenbegriff) unterscheidet und für vernunftbegabt hält, von den Göttern (zweiter Gegenbegriff) unterscheidet und seine Sterblichkeit einsieht oder von Maschinen (dritter Gegenbegriff) unterscheidet und nach seiner Lebendigkeit sucht.

Es ist darauf hinzuweisen, dass das Konzept der Unterscheidung hier zwar die Außenseite der Form der Bezeichnung markiert, seinerseits jedoch zum einen eine eigene Außenseite hat (den *unmarked state* rechts des re-entry-Hakens) und zum anderen offen lässt, wie hier was unterschieden wird. Beide Eigenschaften des Konzeptes brauchen wir im Rahmen unseres Formalismus, weil wir anders nicht beschreiben könnten, worauf es uns ankommt, nämlich den Vorgang der Bestimmung des Unbestimmten. Die Unterscheidung, von der wir hier sprechen, bestimmt, indem sie eruiert, erprobt, abtastet, strukturiert und mit alldem das Ungefähre immer mitlaufen lässt. Nur so setzt sie den Rahmen für eine Bezeichnung, die dann sagen und meinen kann, was sie meint und sagt.

Insofern führt dieser Formalismus auch die von Paul Watzlawick, Janet H. Beavin und Don D. Jackson prominent gemachte Unterscheidung analoger und digitaler Aspekte der Kommunikation in den Raum der Unterscheidung wieder ein, von denen man glaubt, dass sie sich für die Kommunikation wesentlich strenger unterscheiden lassen als für

Vorgänge im Organismus oder im Gehirn.[20] Das mag sein, aber wenn, dann auch hier nur im Rahmen eines »analogen« Zusammenhangs des »digital« Unterschiedenen.

Unser Formalismus ist vollständig, wenn wir uns darüber im Klaren sind, wie er zu lesen ist. Wir schlagen vor, die Gleichung, die wir soeben aufgeschrieben haben, als Form zu interpretieren, die Kommunikation als Einführung und Konditionierung von Freiheitsgraden beschreibt. In der Setzung sowohl von Bezeichnungen als auch von Unterscheidungen ist die Kommunikation frei, im Bezug des einen auf das andere jedoch gebunden. Beides gehört jedoch zusammen, so dass wir bei der Betrachtung konkreter Formen von Kommunikation immer wieder feststellen werden, wie Freiheiten nur im Kontext von Bindungen riskiert werden können, andererseits jede Bindung aber auch nur als Bindung von Spielräumen zustande kommt und gehalten werden kann.

Der Begriff des Freiheitsgrades stammt aus der Physik und Technik und erlaubt es, ein System, eine Maschine oder einen anderen Zusammenhang unter dem Gesichtspunkt der Bestimmung von Variablen zu beschreiben, für die abhängig vom Systemzusammenhang gleichzeitig bestimmte Spielräume angegeben werden. Ein Freiheitsgrad bestimmt beides zugleich, eine freie Variable und deren Bestimmungsspielraum.[21] Die Variablen unseres Kommunikationsbegriffs sind die Bezeichnung und die Unterscheidung. Von Freiheitsgraden sprechen wir deswegen, weil es uns darauf ankommt, die These zu prüfen, dass beide nicht unabhängig voneinander und nicht unabhängig von der durch sie bestimmten Form

---

20 Vgl. Watzlawick, Beavin und Jackson, Menschliche Kommunikation, a.a.O., S. 61 ff.; und siehe zu gemischt analogen und digitalen Verfahren John von Neumann, The Computer and the Brain. New Haven: Yale UP, 1958, S. 22 ff.
21 Anschaulich dazu die Gelenkstudien von Hans Bellmer, Die Puppe. Berlin: Gerhardt, 1962 (neu aufgelegt Berlin: Ullstein, 1976). Siehe auch das Bellmer-Kapitel in Pia Müller-Tamm und Katharina Sykora (Hrsg.), Puppen Körper Automaten: Phantasmen der Moderne. Köln: Oktagon, 1999.

der Kommunikation im Raum ihrer eigenen Voraussetzungen bestimmt werden können. In ihren Bezeichnungen und in ihren Unterscheidungen hat die Kommunikation den Spielraum, den sie nutzen kann und nutzen muss, um sich selbst auf ihre eigenen Möglichkeiten festzulegen.

Wir können auch diesen Zusammenhang des Unterschiedenen als Formgleichung notieren:

| Kommunikation = Freiheitsgrad | Konditionierung |

Auch hier haben wir es mit einem Unterschied und mit dem Zusammenhang, den er stiftet, zu tun, das heißt mit zwei Perspektiven auf dieselbe Form. Wir werden noch sehen, dass die Dopplung der Perspektive es ermöglicht, für die jeweilige Form von einer konstanten Unterscheidung zwischen zwei Variablen zu sprechen, die voneinander abhängig sind, aber unabhängig voneinander variiert werden können. Im Übrigen, auch darauf müssen wir aufmerksam machen, gibt es einen gewissen Spielraum in der Entscheidung, welche der beiden Variablen man auf der Innenseite und welche auf der Außenseite der Form notiert. Wir haben es, das macht der re-entry-Haken deutlich, mit einer in den Raum der Unterscheidung wiedereintretenden Form zu tun; und eine Form dieser Art, so Spencer-Brown, beraubt uns des vollständigen Wissen, »of where we are in the form«.[2] Wiedereintretende Formen konfrontieren uns mit der Paradoxie eines Unterschieds, der als Zusammenhang des Unterschiedenen, abhängig von der Perspektive der Beobachtung, auch wieder aufgehoben wird, kaum ist er getroffen. Genau das machen wir uns jedoch für unsere Theorie der Form und Formen der Kommunikation zunutze.

Um die Arbeit mit der Notation des Formkalküls zu erleichtern, halten wir uns im Folgenden weitgehend an die

22 Siehe Laws of Form, a.a.O., S. 58. Vgl. dazu Dirk Baecker, Im Tunnel, in: ders. (Hrsg.), Kalkül der Form. Frankfurt am Main: Suhrkamp, 1993, S. 12-37.

Regel, die Operation auf der Innenseite und den Kontext der Operation auf der Außenseite der Form zu notieren, allgemein:

$$\text{Form} = \boxed{\text{Operation} \mid \text{Kontext}}\quad.$$

Das ändert jedoch nichts daran, dass sich auch der Kontext der Operation eines Beobachters verdankt: er muss aufgerufen oder sonstwie aktualisiert werden, um gelten zu können.

Niklas Luhmann hat den Formalismus (er spricht von einem »Mechanismus«) des Unterscheidens-und-Bezeichnens als Anwendungsfall eines »sehr viel allgemeineren Mechanismus« bezeichnet, den er auf den Begriff der Überschussproduktion-und-Selektion brachte und als Variante des von Alfred Gierer beschriebenen Zusammenhangs von Destabilisierung-und-Inhibition bezeichnete.[23] Man kann sich darüber streiten, was hier die allgemeinere und die weniger allgemeine Formulierung ist. Luhmann hält seine Formulierung für allgemeiner, weil sie komplexitätstheoretisch motiviert ist und somit einen bestimmten Anspruch auf Letztaussagen über Weltzusammenhänge erhebt. Ich würde Spencer Browns Formulierung für allgemeiner halten, weil sie noch nicht einmal einen Zustand der Welt voraussetzt, ihre Komplexität, sondern nur nach dem Typ von Operationen fragt, der geeignet ist, eine Welt hervorzubringen. Wenn wir dies auch für unsere Kommunikationstheorie als die allgemeinere Formulierung akzeptieren, schränken wir diesen Anspruch allerdings nicht unwesentlich ein. Wir reden von Operationen im Medium des Sinns und lassen es damit offen, wie Operationen beschaffen sind, die in einem anderen Medium stattfinden und dann etwa physikalischer, chemischer oder organischer Art sind. Wir halten es nicht für ausgeschlossen, dass auch die Physik, die Chemie und die Bio-

---

23 Siehe Niklas Luhmann, Die Wissenschaft der Gesellschaft. Frankfurt am Main: Suhrkamp, 1990, S. 81; und siehe Alfred Gierer, Die Physik, das Leben und die Seele. München: Piper, 1985, S. 140 f.

logie sinnvoll mit einem Kommunikationsbegriff arbeiten können, der auf Operationen der Bestimmung des Unbestimmten, aber Bestimmbaren, zielt. Aber wir vermögen dies nicht zu entscheiden und setzen daher hier eine Unterscheidung, die weiterer Exploration harrt.

Im Übrigen arbeiten auch andere Sozialtheorien mit einem Formalismus, der mit der Einführung und Konditionierung von Freiheitsgraden arbeitet. Harrison C. Whites Netzwerktheorie zum Beispiel ist ein eindrucksvoller Fall der Arbeit mit einem strukturell ähnlichen Formalismus, der mithilfe des Begriffspaars von Identität und Kontrolle ebenfalls auf die Zweizügigkeit des Zusammenhangs von Spielraum (»Identität«) und Einschränkung (»Kontrolle«) hinweist und auf einen »calculus of trade-offs in uncertainty« hinauswill.[24]

Auch andernorts, zum Beispiel in der Philosophie, kann man die Denkfigur wieder finden, die unserem Formalismus zugrunde liegt. Wenn Kant von der Vernunft – und ihrer Kritik, Hegel von der These – und ihrer Antithese, Heidegger von der Lichtung – und dem Ereignis, Sartre und Lévinas vom Anderen – und seinem Blick, Gadamer von den Vorurteilen – und ihrer Aufklärung und Derrida vom Aufschub – und dessen Nachtrag sprechen, liegt dem dieselbe Idee des Zusammenhangs einer Eröffnung und ihrer Einschränkung zugrunde. Wenn Komponisten komponieren, Maler malen, Literaten schreiben, Regisseure inszenieren und Wissenschaftler forschen, wenn Erzieher lehren und Schüler lernen, Ärzte behandeln und Patienten sich behandeln lassen, Richter verurteilen und Angeklagte das Urteil akzeptieren, Priester beten und Gläubige glauben, Politiker entscheiden und

24 Siehe Harrison C. White, Identity and Control: A Structural Theory of Action. Princeton, NJ: Princeton UP, 1992, insbes. S. 17-19. Vgl. auch ders., Social Networks Can Resolve Actor Paradoxes in Economics and in Psychology, in: Journal of Institutional and Theoretical Economics 151 (1995), S. 58-74, und ders., Network Switchings and Bayesian Forks: Reconstructing the Social and Behavioral Sciences, in: Social Research 62 (1995), S. 1035-1063.

Wähler sie wiederwählen, geschieht jeweils etwas Ähnliches: Es wird ein Raum eröffnet und anschließend eingeschränkt, wobei die Einschränkung genau so lange überzeugt, wie der Raum sichtbar bleibt, in dem sie stattfindet.

Der Formalismus, mit dessen Hilfe wir das Phänomen Kommunikation bestimmen und die Problemstellungen dieses Phänomens identifizieren wollen, setzt eine Interpretation aller Termini beziehungsweise Elemente der oben genannten Gleichung voraus. Die Gleichung

$$\text{Kommunikation} = \overline{\text{Bezeichnung} \,|\, \text{Unterscheidung}}$$

postuliert einen strukturellen Zusammenhang, der aus folgenden Elementen besteht:

a) »Kommunikation«, das zu Bestimmende und sich durch den Terminus rechts des Gleichheitszeichens selbst Bestimmende;

b) »=«, das Gleichheitszeichen, der Verweis darauf, dass auch dieser Formalismus nur eine Setzung, eine Bezeichnung (der Kommunikation) im Kontext einer Unterscheidung (von Bezeichnung und Unterscheidung) ist und insofern auf die Theorie zurückverweist, die ihn begründet und mit seiner Bewährung steht und fällt;

c) »Bezeichnung«, die Selektion einer Nachricht;

d) »Unterscheidung«, die Konstruktion eines in der Selektion einer Nachricht als Voraussetzung der Möglichkeit der Selektion produzierten Auswahlbereichs;

e) » $\,|\,$ «, die Markierung der Unterscheidung der Bezeichnung macht die Einführung des Freiheitsgrads der Auswahl einer Bezeichnung explizit, ohne den die Bezeichnung auch als exogen gegeben, zum Beispiel als motiviert durch die bezeichnete Sache, interpretiert werden könnte;

f) » $\overline{\,|\,}$ «, die Markierung der Unterscheidung und Wiedereinführung der Unterscheidung von Bezeichnung und Unterscheidung in den Raum der Unterscheidung machen die Selbstkonditionierung der durch die Bezeichnung gegebenen Möglichkeiten explizit, indem diese Möglichkeiten ihrerseits nur im Rahmen einer Bezeichnung aktualisiert werden können; und schließlich

g) »⌐«, der unmarked state rechts des re-entry-Hakens, der darauf aufmerksam macht, dass die Konstruktion einer Unterscheidung zwecks Kontextuierung der Auswahl einer Bezeichnung ihrerseits die Außenseite einer Form mitlaufen lässt, die mit beobachtet werden kann, um die Selektivität auch dieser Konstruktion zu reflektieren.

Dieser Formalismus erfüllt unsere beiden oben genannten Bedingungen. Er abstrahiert, führt jedoch ein Bewusstsein seiner Abstraktion mit, indem beide Markierungen der Bezeichnung und der Unterscheidung als Grenzsetzungen beobachtet werden können, die in die entstehende Form wieder einschließen, was sie ausgrenzen. Und er formuliert einen Strukturzusammenhang, der dazu zwingt, Bezeichnungen, Unterscheidungen sowie die Einführung und Konditionierung von Freiheitsgraden zu thematisieren, wenn von Kommunikation die Rede sein soll.

Das ist der Grund, warum wir hier auf Spencer Browns Formbegriff zurückgreifen: Dieser Begriff ist wie kein anderer Begriff in der Lage, eine Unterscheidung als Zusammenhang des Unterschiedenen zu beobachten und die Herstellung dieses Zusammenhangs nicht etwa auf einen schon gegebenen Kosmos, das Schicksal oder die Natur zurückzuführen, sondern auf die kontingente Operation, die Praxis, eines Beobachters, der diesen Unterschied trifft, aber auch einen anderen treffen könnte. Man braucht Zeit, um sich an den Begriff zu gewöhnen. Denn kaum etwas widerspricht unserem an kategorialer Klarheit interessierten europäischen Denken mehr als die Einladung, die Unterscheidung zugleich auf den Unterschied und die von diesem in Anspruch genommene Form, das heißt den Zusammenhang des Unterschiedenen, hin zu denken. Der Formbegriff beschreibt eine unbestimmte Bestimmtheit, in die sich abhängig von der Beobachterperspektive unterschiedliche und unterscheidbare Bestimmungen einzeichnen können. Er ist genau damit ein Relationsbegriff, der alternativ zum Begriff der Kausalität, der Bestimmtes mit Bestimmtem in Verbindung bringt, verstanden werden kann und sich genau deswegen als Folie für die Arbeit an einem Begriff der Kommunikation eignet, an dem wir hier interessiert sind.

Unser Formalismus führt über die dialektische, auf Widersprüche beziehungsweise Wechselwirkungen rekurrierende Verwendung des Formbegriffs bei Marx und Simmel hinaus, indem die Struktur genauer beschrieben wird, die einem Phänomen unterstellt wird. Er nimmt jedoch die bei beiden Autoren vorliegende Intuition des Formbegriffs auf, die darin besteht, dass der Formbegriff es ermöglichen soll, Bezüge zwischen Elementen zu identifizieren, die zum einen selbst Elementstatus haben und zum anderen derart interpretiert werden, dass die Elemente ohne ihre Relationen gar nicht sein könnten, was sie sind. Konsequenterweise löst der Formalismus die Unterscheidung zwischen Element und Relation, die älteren Systemtheorien zugrunde lag, auf und setzt einen operativen Kalkül, einen rechnenden Formalismus, an ihre Stelle. Elemente werden dann ebenso wie Relationen als Operationen verstanden, die zunächst einmal stattfinden müssen, um anschließend von einem Beobachter möglicherweise nach Element und Relation unterschieden werden zu können. Dies läuft darauf hinaus, auch für die Unterscheidung zwischen Element und Relation nach einem ausgeschlossenen Dritten suchen zu müssen,[25] in dem sich in unserem Falle die Kommunikation selber versteckt, entfaltet in die Termini unseres Formalismus.

---

25 So Archie J. Bahm, Systems Theory: Hocus Pocus or Holistic Science? in: General Systems 14 (1969), S. 175-177.

2.2. Spiel

In einem wesentlichen Punkt berührt sich der Formalismus unserer Kommunikationstheorie mit einer Intuition der mathematischen Spieltheorie, wie sie von John von Neumann und Oskar Morgenstern formuliert worden ist. Hier sind Spiele als Lösungen des Gleichgewichtsproblems rationaler Verhaltensstrategien maximierender Individuen eingeführt worden. Spiele wurden als jene »standards of behavior« beziehungsweise »established orders of society« verstanden, die dann für ein Gleichgewicht sorgen, wenn es die Interdependenz des Verhaltens der Individuen ausschließt, dass jedes einzelne die Variablen kontrolliert, die es in seiner Verhaltensfunktion maximieren will.[26]

Die Spieltheorie gibt dem methodologischen Individualismus der ökonomischen Theorie die interessante Wendung, die Maximierungskalküle von Individuen an die Verfolgung von Strategien zu binden, die ohne die Kenntnis sozial bewährter Verhaltensstandards und gesellschaftlicher Ordnungen nicht zu denken sind. Denn diese Standards und Ordnungen springen da ein, wo jedes einzelne Individuum zur Kenntnis nehmen muss, dass es nicht in einer Robinson-Crusoe-Wirtschaft lebt, sondern wesentliche Variablen der eigenen Verhaltensfunktion von anderen Individuen kontrolliert werden. Sobald es nicht mehr Robinson Crusoe mit der Wildnis, sondern Cru mit Soe zu tun hat, wie John G. Gurley und Edward S. Shaw das Problem auf den Punkt bringen,[27] wird es ungewiss, welches Verhalten zu welchen Ergebnissen führt. Es wird daher nicht nur praktisch und empirisch, sondern auf der Ebene einer theoretischen Begründung von Gleichgewichtslösungen erforderlich, dass zusätzliche Vari-

---

26 Siehe John von Neumann und Oskar Morgenstern, Theory of Games and Economic Behavior [1944]. Reprint Princeton: Princeton UP, 1972 (dt. 1967), S. 40 f., und vgl. S. 11 ff. und 31 ff.
27 Siehe John G. Gurley und Edward S. Shaw, Money in a Theory of Finance. Washington, DC: Brookings Institution, 1960, S. 141 f.

ablen eingeführt werden, die die Ungewissheit absorbieren, indem sie absehbar weder von Cru noch von Soe beeinflusst werden können. Dem methodologischen Individualismus tritt ein methodologischer Kollektivismus zur Seite, wenn »Kollektivismus« hier heißen darf, dass Variablen in Rechnung gestellt werden, die aus der Interdependenz individuellen Verhaltens, das heißt aus dem Faktum des Sozialen, resultieren. Der Begriff der Strategie fängt diese Problemstellung ein, indem er es erlaubt, mit Blick auf die Interdependenz individuellen Verhaltens Vorteile aus der Selbstfestlegung, das heißt der Konditionierung eingeführter Freiheitsgrade, abzuleiten. Präzise formuliert dies Schelling für eine Theorie strategischen Verhaltens in der Politik. Der ökonomischen Theorie fällt es schwer, den Faktor der Interdependenz nicht nur für die Resultate strategischen Verhaltens, sondern bereits für die Problemstellung der Strategie in Anspruch zu nehmen, wie vor allem die Erkundungen möglicher Lösungen des Gefangenendilemmas bei Robert Axelrod dokumentieren.[28]

Für uns ist jedoch eine andere Intuition von von Neumann und Morgenstern wichtiger. Aus der Beschreibung der Interdependenz individuellen Verhaltens leiten sie explizit einen komplexitätstheoretischen Zugang zu ihrer Problemstellung ab, der es ausschließt, sich zur Beschreibung dieses Verhaltens auf die Differentialgleichungen der mathematischen Physik zu verlassen; stattdessen biete es sich an, mit der Kombinatorik und mit der Mengentheorie zu arbeiten.[29] Es mag sein, dass die mathematische Forschung seither durch den Ausbau des Umgangs mit nichtlinearen Gleichungen und insbesondere mit rekursiven Funktionen optimistischer im Hinblick auf die Bewältigung komplexer, das

---

[28] Siehe Schelling, The Strategy of Conflict, a.a.O.; und Robert Axelrod, The Evolution of Cooperation. New York: Basic Books, 1984. Siehe auch den in diesem Punkt nicht eindeutigen Strategiebegriff von von Neumann und Morgenstern, Theory of Games and Economic Behavior, a.a.O., S. 79.
[29] Ebd., S. 45.

heißt weder mit kausalen noch mit statistischen Beschreibungen einzufangenden Problemstellungen geworden ist.[30] Das können wir hier auf sich beruhen lassen. Interessant ist für uns, dass die Mengentheorie für von Neumann und Morgenstern attraktiv ist, weil sie es erlaubt, Verhaltensfunktionen zu entwickeln, die systematisch mit begrenzten Informationen, mit Nichtwissen, arbeiten und daraus die Verankerung der sozialen, mit dem anderen und gegen den anderen rechnenden Orientierung des Verhaltens in den Strategien individuellen Verhaltens ableiten. Wenn man weiß, dass man Entscheidendes nicht weiß, kommt man nicht darum herum, das Verhalten anderer daraufhin zu beobachten, was dieses über das, was man nicht weiß, unter Umständen auszusagen vermag.

Die Art und Weise, wie von Neumann und Morgenstern den Gedanken des Nichtwissens einführen, ist selbst eine Überlegung wert, weil sie es möglicherweise erlaubt, eine Brücke zu schlagen von der Marx'schen Analyse der Warenform zu Luhmanns Version des Konstruktivismus. Denn das entscheidende Konzept für von Neumann und Morgenstern ist eine Version der Mengentheorie, die sie *theory of partitions* nennen, eine Theorie der Teilung oder Trennung von Mengen, die Informationen enthalten, die sich wechselseitig ausschließen. Das erinnert an die Dialektik des Gegensatzes oder auch Widerspruchs zwischen Tauschwert und Gebrauchswert, auf der die Warenformanalyse von Marx beruht, der diese Gegensätze oder Widersprüche formtheoretisch exakt dazu benutzt, die wechselseitige Verschränkung des Gegensätzlichen zur einen Form der Ware zu untersuchen. Und das erinnert an Niklas Luhmanns Vorschlag, im Anschluss an die Epistemologie des Konstrukti-

---

30 Siehe zu diesem Komplexitätsbegriff Warren Weaver, Science and Complexity, in: American Scientist 36 (1948), S. 536-544; außerdem Edgar Morin, Complexity, in: International Social Science Journal 26 (1974), S. 555-582; und zum Stand der Komplexitätsforschung M. Mitchell Waldrop, Complexity: The Emerging Science at the Edge of Order and Chaos. New York, NY: Simon & Schuster, 1992.

vismus einen Wirklichkeitsbegriff zu formulieren, der diese nicht vorkantianisch mit Fiktion und Erfindung gleichsetzt, sondern sie kantianisch aus einem Vorgang der Kritik und kritischen Korrektur, nämlich aus dem Widerstand interner Operationen gegen interne Operationen, hervorgehen lässt.[31] Wirklichkeit sei nicht mehr das, was sich als Außenwelt am Widerstand gegen die Erkenntnis zu erkennen gibt, sondern Wirklichkeit sei nur das, was sich an der widersprüchlichen Erkenntnis selber, das heißt strikt intern, zu erkennen gibt.

Denselben Gedanken, ohne ihn dialektisch oder erkenntnistheoretisch verstehen zu wollen, formulieren auch von Neumann und Morgenstern. Eine *partition* ist eine Unterscheidung, die zwischen Mengen unterscheidet, die gegensätzliche Informationen enthalten: »A partition is a system of pairwise mutually exclusive bodies of information – concerning an unknown element of Ω [einer bestimmten Menge, db] – none of which is absurd [das heißt eine leere Menge, $\emptyset$, db] in itself. In other words: A partition is a preliminary announcement which states how much information will be given later concerning an – otherwise unknown – element of Ω; i. e. to what extent the range of possibilities for this element will be narrowed later. But the actual information is not given by the partition (...).«[32] Mit anderen Worten, partitions, Teilungen zwischen Mengen gegensätzlicher Informationen, setzen einen Gegensatz an die Stelle einer (noch) unbekannten Information.

In einer weiteren Hinsicht sind partitions für uns auf-

---

[31] Siehe die beiden Beiträge »Die Behandlung von Irritationen: Abweichung oder Neuheit?« und »Die Soziologie des Wissens: Probleme ihrer theoretischen Konstruktion« in: ders., Gesellschaftsstruktur und Semantik: Studien zur Wissenssoziologie der modernen Gesellschaft. Bd. 4, Frankfurt am Main: Suhrkamp, 1995, S. 55-100, hier: S. 96, und S. 151-180, hier: S. 168 f.

[32] So von Neumann und Morgenstern, Theory of Games and Economic Behavior, a.a.O., S. 67. Für eine hilfreiche Diskussion dieser Stelle danke ich Athanasios Karafillidis.

schlussreich. Mathematisch stehen sie für ein grundlegend additives Verständnis eines Dekompositionsprozesses.[33] Das heißt, sie erlauben es, eine Unterscheidung und Kaskaden weiterer Unterscheidungen im Hinblick auf den Zugewinn an Aspekten zu betrachten, die sie kombinieren.[34]

Auch eine Unterscheidung, erkennbar an ihrer Zweiseitenform von marked state und unmarked state, trifft dort eine Bestimmung, wo Unbestimmtes als Korrelat der Bestimmung immer schon mitzudenken ist. Insofern ist die Spencer-Brown'sche Unterscheidung der allgemeine Fall zu von Neumanns und Morgensterns spezifischem Fall der partition: Denn dort, wo die partition mit einer späteren, sich mit dem Spielverlauf ergebenden Information bereits jetzt rechnet, produziert die Unterscheidung das Unbekannte und Unbestimmte allererst, wegen dessen, so muss man annehmen, es sich dann auch zu spielen lohnt, man allerdings auch spielen muss. Die mathematische Spieltheorie verlässt sich auf die Sequentialität der Züge, in denen die Ungewissheit des Ausgangs Zug um Zug abgearbeitet wird, eine Kommunikationstheorie hingegen auf das aus der Unterscheidung stammende, generierende Moment des Spieles selbst, das die Ungewissheit produziert, wegen der es sich zu spielen lohnt.[35]

Wir greifen den Spielbegriff auf und bauen ihn in unser Modell der Kommunikation mit ein. Kommunikation soll heißen, Spielzüge (*moves*) vorzunehmen, die jeweils in einem individuellen Interesse liegen, strategisch auf die Notwendigkeit des Einbezugs der Perspektiven und Interessen anderer Individuen bezogen sind und dies in einem Kontext stattfinden lassen, der in dem Sinne heuristischer Natur ist,

---

33 So George E. Andrews, The Theory of Partitions. Reading, Mass.: Addison-Wesley, 1976, hier: S. 1.
34 Zu einer dazu möglicherweise passenden mathematischen Knotentheorie im Anschluss an Spencer Brown siehe Louis H. Kauffman, Knot Logics, in: ders. (Hrsg.), Knots and Applications. Singapore: World Scientific Publ., 1995, S. 1-110.
35 So auch Leifer, Actors as Observers, a.a.O.

dass er damit rechnet, die für die Bestimmung individuellen Verhaltens erforderlichen Informationen auf dem Wege der Konstruktion von Gegensätzen im Besonderen und Unterscheidungen im Allgemeinen herausfinden zu können, aber nicht bereits kennen zu müssen. Die Unbekanntheit der Zukunft, die allenfalls partielle Erschließbarkeit der Perspektiven anderer Teilnehmer, die Überraschungen des Sachverhalts und nicht zuletzt die im Zuge der Kommunikation selbst produzierten Unsicherheiten sind das Material, aus dem die Möglichkeit der Kommunikation auf der Grundlage von Unterscheidungen Zug um Zug laufend neu gewonnen werden muss und anders nicht gewonnen werden kann.

Der Spielbegriff formuliert denselben Zusammenhang wie das Konzept der Einführung und Konditionierung von Freiheitsgraden, unterstreicht jedoch zusätzlich, dass die Konditionierung nicht mit einer vollständigen Determination der Situation der Kommunikation verwechselt werden darf. Das Spiel wäre zu Ende, wenn nicht in jedem seiner Züge die bereits eingeführten Freiheitsgrade neu bestätigt oder neue Freiheitsgrade gefunden würden. Und trotzdem und nur so bleibt es bei der Gleichgewichtslösung des Spiels und in diesem Sinne bei der Fortsetzbarkeit der Kommunikation.

Wir halten diese Idee des Spiels fest, indem wir eine weitere Unterscheidung einführen, die über den konzeptionellen Rahmen der mathematischen Spieltheorie hinausgeht, jedoch mit ihrer ursprünglichen Einsicht durchaus kompatibel ist, die Unterscheidung zwischen Beobachtung erster und Beobachtung zweiter Ordnung. Beobachtung erster Ordnung ist das Treffen von Unterscheidungen zur Bezeichnung von Sachverhalten, seien es Objekte, Personen mit ihren Namen oder auch Zeithorizonte inklusive der Unterstellung, dass die Vergangenheit bekannt, die Zukunft unbekannt und die Gegenwart jetzt ist. Und Beobachtung zweiter Ordnung ist die Beobachtung von Unterscheidungen im Hinblick darauf, dass diese eine Zweiseitenform haben, also einschließen, was sie ausgrenzen. Beobachtung zweiter Ordnung ist damit gleichzeitig die Beobachtung von Beobachtern, denn Unterscheidungen gibt es nur, insofern sie getroffen werden, wie vor allem Gregory Bateson betont hat.[36] Dies ist eine Einsicht, die nicht zuletzt auch dazu führt, dem Menschen und seinem Bewusstsein seine allenfalls von Göttern, Engeln und Geistern in Frage gestellte privilegierte Position des Beobachters von Welt zu nehmen und überall dort von Beobachtungen zu sprechen, wo Unterschiede getroffen werden, sei es in und von Organismen, in und von Maschinen oder in und von sozialen Systemen.

Unser Formalismus läuft darauf hinaus, Kommunikation als Verschränkung von Beobachtungen erster und Beobachtungen zweiter Ordnung zu denken. Die Beobachtung erster Ordnung nutzt die Freiheitsgrade der Bezeichnung aus, die die Beobachtung zweiter Ordnung von Unterscheidungen einführt. Der Spielbegriff erlaubt es dann, die These zu formulieren, dass Kommunikation nicht als irgendwie bestimmte Wechselwirkung der Beobachter erster Ordnung, sondern nur als Spiel der Beobachtung zweiter Ordnung Stabilität, das heißt Robustheit unter wechselnden Umständen und Reproduzierbarkeit im Zeitablauf, gewinnen kann. Denn es ist die Beobachtung zweiter Ordnung, die mit der Interdependenz der Beobachter rechnet und aus den Unterscheidungen der Beobachter im Kontext des in diesen Unterscheidungen mitlaufenden Nichtwissens ihre Schlüsse zieht.

Mithilfe dieses Verweises auf die Unterscheidung zwischen Beobachtungen erster und zweiter Ordnung ist es möglich, den mathematischen Spielbegriff mit einem konstruktivistischen Spielbegriff zusammenzudenken, wie er von Gregory Bateson vorgeschlagen worden ist.[37] In diesem

---

36 Bateson, Steps to an Ecology of Mind, a.a.O., S. 451 ff.
37 Siehe ebd., S. 177 ff., und ders., The Message »This is a Play«, in: Bertram Schaffner (Hrsg.), Group Processes: Transactions of the Second Conference, October 1955, Princeton. New York: Josia Macy, jr.,

Spielbegriff kommt es darauf an, die alle Kommunikation begleitende Metakommunikation im Hinblick darauf zu beschreiben, dass alle Grenzen, die die jeweilige Kommunikation akzeptiert, mehr oder minder beiläufig laufend getestet werden, und dies, wie das bei Grenzen nicht anders möglich ist, von beiden Seiten. Es kommt laufend zu kleinen oder auch größeren Überschreitungen und Beschreitungen, die begangen und im Rahmen der mitlaufenden Fehlerkorrektur sanktioniert werden und erst in dieser Form Situation und Rahmen der Situation auf eine für alle Beteiligten verlässliche Art und Weise zu bestimmen erlauben. Nach diesem Begriff machen Spiele den Rahmen einer Situation in der Situation verfügbar. In der Begrifflichkeit von Spencer Brown kann man sagen, dass sie die Unterscheidung, die eine Situation bezeichnet, mit ihren beiden Seiten, also mit dem, was sie bezeichnet, und dem, was sie als Ausgegrenztes einschließt, in der Situation für die Situation verfügbar machen. Dieser Gedanke trifft sich mit dem Spielbegriff von von Neumann und Morgenstern immerhin insofern, als diese Wiedereinführung des Rahmens der Situation auf dem Wege des Testens der beiden Seiten des Rahmens die Voraussetzung für das Sichtbarwerden jenes »pattern of information« ist, auf das von Neumann und Morgenstern mit ihrem Begriff der *partition* und wir mit unserem Begriff der Form der Unterscheidung zielen.[38]

Spiele sind jene Ebene der Konditionierung von Freiheitsgraden, auf die unser Modell hinauswill. Sie sind dies jedoch nur deswegen, weil in ihnen Beobachter zweiter Ordnung sich miteinander auf Beobachtungen erster Ordnung verständigen, im Einverständnis ebenso wie im Streit,[39] die

---

Foundation, 1956, S. 145-242; vgl. Stephen Miller, Ends, Means, and Galumphing: Some Leitmotifs of Play, in: American Anthropologist 75 (1973), S. 87-98; Dirk Baecker, Das Spiel mit der Form, in: ders. (Hrsg.), Probleme der Form. Frankfurt am Main: Suhrkamp, 1993, S. 148-158.
38 A.a.O., S. 67.
39 Im Sinne von Alois Hahn, Verständigung als Strategie, in: Max Haller, Hans-Joachim Hoffmann-Nowotny und Wolfgang Zapf (Hrsg.), Kul-

dann anschließend als Gegenstand und Material der Kommunikation gelten können.

2.3. Raum

Niklas Luhmann hat in seinem Buch *Die Gesellschaft der Gesellschaft* (1997) Bedingungen formuliert, denen ein Modell der Kommunikation genügen muss.

Zum einen müsse der Kommunikationsbegriff als ein Formbegriff formuliert werden, um beobachten zu können, dass jede Kommunikation sich in einer eigentümlichen Gemengelage von Wissen und Nichtwissen bewegt und als Nichtgesagtes, aber Mitreflektiertes, einschließt, was sie ausschließt. Andernfalls könne man nicht berücksichtigen, dass »Kommunikation (…) ihren Anlass ja typisch im Nichtwissen (findet)«,[40] also in dem, was man selbst oder der andere noch nicht weiß, in dem, was man zwar herausfinden, aber nicht thematisieren möchte, in dem, was man als Befürchtung zerstreuen möchte, während man über etwas anderes spricht, in dem, was anschließend möglich sein soll, während es zunächst einmal um etwas anderes geht, und so weiter.

Und zum anderen müsse man, wenn man denn überhaupt an eine Modellbildung denke (immerhin laufe eine Modellbildung immer darauf hinaus, den Gegenstand des Modells als stabil zu unterstellen), ein Modell so konstruieren, dass der Gegenstand, hier die Kommunikation, in seiner operativen Wirklichkeit, und damit in seiner Komplexität und Fluidität, »vor allem auch: im Reichtum (der) *übergangenen* Möglichkeiten«, aufgezeigt werden kann.[41]

Unser Modell misst sich an beiden Ansprüchen. In seinem Mittelpunkt steht ein Formalismus, der die Bedingungen an-

tur und Gesellschaft. Verhandlungen des 24. Deutschen Soziologentags, Zürich 1988. Frankfurt am Main: Campus, 1989, S. 346-359.
40 Die Gesellschaft der Gesellschaft, a.a.O., S. 40, und vgl. S. 36 ff.
41 Ebd., S. 74, Anm. 95.

gibt, unter denen von einer Form der Kommunikation die Rede sein soll. Und seine Grundlage ist ein Formbegriff, der auf die Dynamik des Einschlusses des Ausgeschlossenen abstellt. Wir werden den Beleg für diese Behauptung im Folgenden zu liefern versuchen, indem wir nicht nur von der Form (im Singular), sondern auch von den Formen (im Plural) der Kommunikation sprechen. Wir entfalten, übersetzen, riskieren unseren Formalismus in einer Fülle unterschiedlicher Formen der Kommunikation, in denen die in unserem Modell identifizierte Struktur der Kommunikation, eine Bezeichnung im Kontext einer Unterscheidung, konstant bleibt, während sowohl die Bezeichnung als auch die sie kontextuierende Unterscheidung variabel gesetzt werden.

Wir behaupten damit, dass unser Formalismus der Kommunikation auch als ein Algorithmus funktioniert,[42] das heißt als ein eindeutiges bestimmtes Verfahren zur schematischen Lösung nicht nur einer Aufgabe: »Was ist Kommunikation?«, sondern einer ganzen Klasse von Aufgaben: »Wie funktioniert Kommunikation im Kontext von Interaktion, Organisation, Protestbewegung und Gesellschaft? Welche Rolle spielen die Sinnfunktionen System, Person, Medium, Netzwerk, Evolution? Und wie lässt sich Kommunikation gestalten?«[43]

Spencer Browns Formbegriff kommt der Einlösung dieser Ansprüche auf zwei Ebenen entgegen. Zunächst und für alles Weitere entscheidend ist sein Verständnis der Arithmetik und Algebra seines Formkalküls. Die Arithmetik, notiert mithilfe der Haken, die als Hinweise auf die getroffenen Unterscheidungen verstanden werden, beschäftigt sich mit den *Konstanten* einer Form, die Algebra, notiert mit-

---

42 Siehe zu den Anforderungen an einen Algorithmus im Zusammenhang einer Theorie der Kommunikation auch Heinz von Foerster, Computing in the Semantic Domain, in: Annals of the New York Academy of Sciences 184 (1971), S. 239-241.

43 So die Leitfragen von Kap. 3, 4 und 5 des vorliegenden Buches.

hilfe von Buchstaben beziehungsweise Termini, die in die von den Unterscheidungen markierten Zustände hineingeschrieben werden, beschäftigt sich mit den *Variablen* einer Form.[44] Wir interpretieren daher jedes Auftauchen einer Form,

$$\text{Form} = \sqsupset$$

als Hinweis auf die Realisierung einer Kommunikation, um uns anschließend mit Blick auf die Besetzung der Variablen der Form anzusehen, mit welcher spezifischen Form, einer jener »forms taken out of the form«,[45] wir es jeweils zu tun haben.

Wir gehen damit, wie bereits gesagt, das Risiko ein, den allgemeinen mathematischen Formkalkül von Spencer Brown allzu spezifisch als einen Formalismus der Kommunikation zu interpretieren, begegnen diesem Risiko jedoch, indem wir unser Vorgehen mit der These rechtfertigen, dass das mathematische Formkalkül von Spencer Brown eine der vielen Gestalten ist, in denen im 20. Jahrhundert der Sachverhalt und die Problemstellung der Kommunikation entdeckt worden ist, ohne ihn zwangsläufig auch als einen solchen zu bezeichnen. Andere Gestalten, unter denen Sachverhalt und Problemstellung der Kommunikation entdeckt worden sind, sind die Kybernetik, die Systemtheorie und der Konstruktivismus, hier explizit, sowie die Semiotik, der Strukturalismus und die Dekonstruktion, hier eher implizit. Wir markieren diese These hier nur, ohne sie anders begründen zu können denn durch ihre exemplarische Durchführung im Rahmen dieses Buches.

---

44 So George Spencer Brown auf der American University of Masters Conference, Esalen Institute, Big Sur, Calif., March 19-20, 1973, 2. Sitzung, http://www.lawsofform.org/aum/index.html. Vgl. dazu Tatjana Schönwälder, Katrin Wille und Thomas Hölscher, George Spencer Brown: Eine Einführung in die »Laws of Form«. Wiesbaden: VS Verlag für Sozialwissenschaften, 2004, S. 136 f.

45 Laws of Form, a.a.O., S. 3 ff.

Entscheidend ist jedenfalls, dass dieses Verhältnis von Konstanten und Variablen auf der Ebene der Arithmetik und Algebra der Form die Voraussetzung für ein operatives, dynamisches und komplexes Verständnis des Modells der Kommunikation ist, weil wir auf der Grundlage dieses Verständnisses die Einheit des Modells in die Vielfalt der mit ihm zu erfassenden Phänomene entfalten können. Dabei stehen Einheit und Vielfalt, wie es sich im Rahmen einer Komplexitätstheorie gehört, ihrerseits in einer determinierten Beziehung, die man sich in den letzten Jahren als Beziehung der Selbstähnlichkeit zu formulieren angewöhnt hat.[46] Die soziologische Theorie interpretiert diese Beziehung der Selbstähnlichkeit bereits im besten Sinne formtheoretisch, indem sie sie aus der Selbstanwendung, das heißt aus der Rekursion, Iteration und dem Wiedereintritt von Unterscheidungen ableitet, auch wenn sie dafür nicht auf Spencer Browns Mathematik zurückgreift.[47]

Die zweite Ebene, auf der Spencer Browns Formbegriff unseren Modellansprüchen entgegenkommt, ist sein Verständnis des »Raums« der Unterscheidung. Unter diesem Raum ist wie in der jüngeren philosophischen Tradition und in der Auseinandersetzung mit der modernen Physik nicht mehr der extern gegebene, absolute Raum zu verstehen, sondern ein aus konkreten Operationen der Unterscheidung (Heideggers Ent-fernung und Ausrichtung, Derridas Einschreibung) allererst entstehender Raum.[48] Ein Raum ent-

---

46 Siehe vor allem Benoit B. Mandelbrot, The Many Faces of Scaling: Fractals, Geometry of Nature, and Economics, in: William C. Schieve und Peter M. Allen (Hrsg.), Self-Organization and Dissipative Structures: Applications in the Physical and Social Sciences. Austin: Texas UP, 1982, S. 91-109; ders., The Fractal Geometry of Nature. Aktualisierte und erw. Aufl., New York: Freeman & Co., 1983 (dt. 1987).

47 Siehe etwa Abbott, Chaos of Disciplines, a.a.O. (2001), S. 10 ff. und 157 ff.; Stephan Fuchs, Against Essentialism: A Theory of Culture and Society. Cambridge, Mass.: Harvard UP, 2001, S. 251 ff.

48 Siehe Hermann Minkowski, Raum und Zeit [1908], in: C. F. Grauß, B. Riemann und H. Minkowski, Gaußsche Flächentheorie, Riemannsche Räume und Minkowski-Welt. Hrsg. von J. Böhm und H. Reichardt,

steht, wenn eine Unterscheidung getroffen wird. Allerdings, und dies ist ein Hauptgrund dafür, warum es sinnvoll ist, den Begriff der Unterscheidung als Formbegriff zu formulieren, entsteht dieser Raum nicht etwa als der abgegrenzte Raum der Unterscheidung, sondern als diese Abgrenzung *und* die Voraussetzung dieser Abgrenzung. Ein Raum ist immer schon ein Raum in Räumen, doch die Orientierung in diesen Räumen ist nur möglich aus jeweils einem Raum heraus. Das ist die Bedingung dafür, zum einen jede Unterscheidung als Grenze denken und im Hinblick auf ihre beiden Seiten beobachten zu können, dabei zum anderen jedoch nie übersehen zu können, dass man diese Beobachtung nur vornehmen kann, wenn man (ein Bewusstsein, eine Kommunikation, ein Organismus) seinerseits eine Unterscheidung trifft, das heißt einen Raum abgrenzt und besetzt. Auch die Beobachtung einer Vielfalt von Perspektiven ist nur aus einer Perspektive möglich.

Wir sprechen daher in unserem Modell der Kommunikation von einem Formalismus, der den Raum kommunikativer Möglichkeiten bestimmt, indem er ihn anhand der Selektion von Bezeichnungen immer wieder neu abgrenzt, erweitert, einschränkt und auf diese Art und Weise je nach Reichweite der verwendeten Unterscheidungen expandieren und kontrahieren lässt.

Unter der Überschrift der Formen (im Plural) der Kommunikation werden wir eine Vielzahl von Möglichkeiten der Einführung und Konditionierung von Freiheitsgraden studieren. Doch dabei ist immer zu bedenken, dass diese Ein-

---

Leipzig: Teubner, 1984, S. 100-113; Albert Einstein, The Meaning of Relativity: Including the Relativistic Theory of the Non-Symmetric Field [1921]. 5. Aufl., Princeton, NJ: Princeton UP, 1956, S. 3 ff.; Martin Heidegger, Sein und Zeit [1927]. 12., unveränd. Aufl., Tübingen: Niemeyer, 1972, §§ 23, 24 und 70; Jacques Derrida, Chôra, in: Centre de Recherches Comparées sur les Sociétés Anciennes (Hrsg.), Poikilia: Études offertes à Jean-Pierre Vernant. Paris: École des Hautes Études en Sciences Sociales, 1987, S. 265-296; und vgl. Dirk Baecker, A Note on Space, in: German Law Journal 6, no. 1 (2005), S. 65-69.

führung und Konditionierung von Freiheitsgraden selbst ein Vorgang der Kommunikation ist. In der Begrifflichkeit des Formkalküls von Spencer Brown kommt dies in den beiden Termini der Transmission und der Subversion zum Ausdruck. »Transmission« soll heißen, dass jede Variable einer Form auf eine nur durch den Kalkül zu beschreibende Art und Weise mit jeder anderen Variablen in zum Teil offen liegenden, zum Teil verborgenen Beziehungen steht.[49] Genau darauf soll die Unterscheidung als Beschreibung eines Zusammenhangs ja aufmerksam machen. Und »Subversion« soll heißen, dass Formen des Wiedereintritts einer Unterscheidung in den Raum der Unterscheidung vorstellbar sind, die in einer partiellen Destruktion der Unterscheidungsmerkmale der Konstanten resultieren.[50] Diese Subversion geschieht von außen nach innen, das heißt, sie blendet ausgegrenzte Möglichkeiten der Kommunikation in die abgegrenzten Zustände der Kommunikation hinein und gefährdet dadurch, wenn man den Zusammenhang der beiden Seiten der Unterscheidung nicht als Produkt einer Unterscheidung bedenkt, die Unterscheidung selbst.

Möglicherweise ist Spencer Browns Kalkül ja tatsächlich der Kalkül der Kommunikation, auf den wir seit Karl Marx' Kapitalismustheorie, Sigmund Freuds Psychoanalyse und Claude Lévi-Strauss' strukturaler Anthropologie warten, um einer Komplexität »kommunizierender Röhren« auf die Spur zu kommen, die auf immer wieder verwirrende Art und Weise Trennung und Bezug in eins setzt.[51] Das würde unter anderem bedeuten, dass wir den Rechenmöglichkeiten, auf die der Kalkül zielt, im vorliegenden Buch nur allererste Schritte abgewonnen haben. Genau genommen rechnen wir sogar noch nicht einmal, sondern schauen nur, mit

49 Laws of Form, a.a.O., S. 59; vgl. Schönwälder, Wille und Hölscher, George Spencer Brown, a.a.O., S. 178 ff.
50 Laws of Form, a.a.O., S. 62.
51 Siehe zu einer Traumtheorie, die das Prinzip der Kausalität mit Blick auf das Prinzip der Kommunikation in Frage stellt, auch André Breton, Les vases communicants [1932]. Paris: Gallimard, 1955.

welchen Konstanten und Variablen wir zu rechnen hätten, sobald wir uns mit dem hier vorgestellten Formalismus und der ihn begleitenden Modellbegrifflichkeit besser auskennen.

3. In Gesellschaft

3.1. Erwartungserwartungen

Soziologisch ist der vielleicht auffälligste Tatbestand im Zusammenhang mit dem Phänomen der Kommunikation, dass man nicht nur um der Kommunikation willen kommunizieren kann. Es gilt zwar der von Watzlawick, Beavin und Jackson formulierte Grundsatz, dass man, sobald man es mit zwei Organismen in ihren Umwelten in einer aufeinander bezogenen Form, das heißt mit wechselseitiger Wahrnehmung, zu tun hat, nicht *nicht* kommunizieren kann.[1] Aber ebenso gilt, dass man nicht nur kommunizieren kann; man muss zugleich *über etwas* kommunizieren. Selbstverständlich gibt es elaborierte Techniken des nur die Kommunikation Kommunizierens, wie sie vor allem in der Gruppentherapie entwickelt worden sind. Aber das sind ebenso wie im Fall des Meditierens, einer Form des Bewusstseins, in der das Bewusstsein nur das Bewusstsein wahrnimmt, virtuose Veranstaltungen, die ihren Sinn unter anderem darin haben, dass sie den Normalfall sichtbar machen, indem sie auf die Außenseite der Form gehen und das Gegenteil proben. Allgemein gilt, dass man, in der Tradition der Kybernetik formuliert, nicht kommunizieren kann, ohne nicht zugleich zu kommunizieren, dass man kontrolliert, indem man kommuniziert (mit entsprechend überraschenden Konsequenzen), beziehungsweise, in der Begrifflichkeit unseres Modells formuliert, dass man Freiheitsgrade nicht konditionieren kann, wenn man sie nicht zunächst einmal einführt.

Der Schritt vom allgemeinen Modell der Kommunikation zu seiner soziologischen Anwendung und Erprobung ist daher zugleich ein Schritt vom Singular der Form der Kommunikation zum Plural ihrer Formen. Sobald man kommuni-

[1] So Watzlawick, Beavin und Jackson, Menschliche Kommunikation, a.a.O., S. 53.

ziert, sieht man sich in besondere Formen der Kommunikation verwickelt, deren Besonderheit ungleich auffälliger ist als die Allgemeinheit der Form, so dass es entsprechend schwierig ist, Kommunikation als solche zu beobachten beziehungsweise neben den Umständen, mit denen man es jeweils zu tun hat, auch noch zu bemerken, dass man es mit Kommunikation zu tun hat.

Dennoch sind die Formen, um die es im Folgenden gehen soll, Formen innerhalb der Form der Kommunikation beziehungsweise »forms taken out of the form«, wie George Spencer Brown für den Fall seines allgemeinen Kalküls formuliert. Wir haben es, welche konkrete Form auch immer im Folgenden interessiert, grundsätzlich mit einer Form der Einführung und Konditionierung von Freiheitsgraden im Kontext eines Zusammenhangs von Bezeichnung und Unterscheidung zu tun. Wir werden sehen, dass die Form der Kommunikation mit unterschiedlichen Möglichkeiten der Fokussierung eher der Betonung von Freiheitsspielräumen oder alternativ eher der Betonung der Konditionierung spielt und insofern eine große Bandbreite zwischen der Betonung von Spontaneität auf der einen Seite und Ritualisierung auf der anderen Seite anbietet. Es handelt sich jedoch bei jeder einzelnen Form immer um beides, um die Einführung und um die Konditionierung von Freiheitsgraden, so dass das Ergebnis des Sich-Einlassens auf eine Form immer eine Verknotung des einen mit dem anderen im Sinne von Ronald D. Laings punktgenauen Parabeln ist.[2] Wer an Kommunikation teilnimmt, vergesellschaftet sich, gleichgültig ob durch flüchtige wechselseitige Wahrnehmungen an der Straßenbahnhaltestelle, kollegialen Austausch bei der Arbeit, Fernsehen im Familienkreis oder einsame Lektüre von Gedichten.

Die erste der Formen, die wir hier vorstellen wollen, dient der Überbrückung zwischen der allgemeinen Form der Kommunikation und ihren konkreten Formen. Sie ist

---

2 Siehe R. D. Laing, Knots. New York: Vintage Books, 1970.

gleichsam die Struktur schlechthin, die auf konkrete Strukturen, also einzelne Themen der Kommunikation zielt, in ihrer Allgemeinheit jedoch sicherstellt, dass jede konkrete Struktur gegen eine andere konkrete Struktur, abhängig von der Geschichte der Kommunikation, ausgewechselt werden kann. Diese erste der aus der Form gewonnenen Formen und allgemeine Struktur ist die Erwartung. Es ist schlechterdings nicht möglich, so lautet die These in diesem Zusammenhang, sich auf Kommunikation einzulassen, ohne eine Erwartung damit zu verbinden, womit man es zu tun bekommt. Schärfer formuliert ist es sogar noch nicht einmal möglich, sich auf Kommunikation einzulassen, ohne bestimmte Erwartungen damit zu verbinden, womit man es zu tun bekommt. Das muss nicht bedeuten, dass man bestimmte Absichten, Ziele und Interessen mit der Kommunikation verbindet, bedeutet aber in jedem Fall, dass man, abhängig von der Kommunikation, eine Vermutung hat, mit welchen Verhaltensangeboten man es zu tun bekommen wird und welches eigene Verhalten opportun ist und welches nicht. Man akzeptiert eine Erwartung, indem man sich auf eine Kommunikation einlässt, und schaut anschließend, was aus ihr wird und wie sehr sie bindet, was in der Auseinandersetzung mit ihr möglich ist. Und von Anfang an ist die Erwartung in einem moderierten Zustand wirksam, sie kann verstärkt und abgeschwächt, betont und geleugnet, auffällig oder unauffällig gewechselt werden und ist auf diese Art und Weise bereits die Konditionierung des Freiheitsgrads, um dessen Einführung es geht.

Das Wirksamwerden einer Erwartung geschieht in der Regel so nebenbei, dass wir es kaum bemerken. Wir betreten eine Kirche und dämpfen unsere Stimme, wir begrüßen unsere Gäste zum Abendessen und werden unwillkürlich eine Idee munterer, wir erreichen unseren Arbeitsplatz und wirken eine Spur entschlossener. Und wenn nicht, kommunizieren wir, dass wir in einer dann genauer zu bestimmenden beziehungsweise herauszufindenden Weise nicht mitmachen.

Wir beschreiben eine Erwartung als Struktur, weil dieser Begriff entsprechend den Überlegungen von Alfred Korzybski darauf abstellt, dass es in der Welt keine isolierten Vorgänge, Ereignisse oder Objekte gibt (wir wüssten dann nichts von ihnen; sie hielten sich in einer anderen Welt auf) und daher jedes dieser Phänomene auf seine möglichen Beziehungen zu einem anderen Phänomen verweist.[3] Die Betrachtung der Struktur von etwas erlaubt es dementsprechend, ein Phänomen auf das hin zu beobachten, was es nicht ist, aber mit anderem gemeinsam hat. Das ist immer nur hypothetisch, tentativ, experimentell und riskant möglich, aber es ist möglich. Wir müssen uns nur, um nicht in die strukturalistische Falle zu tappen, davor hüten, diese Struktur mit dem eigentlichen Grund eines Vorgangs, eines Ereignisses oder eines Objektes zu verwechseln. Der Begriff der Struktur stellt nur darauf ab, dass sich Spuren des einen im anderen finden, wobei das eine und das andere in einem Verhältnis des Spiels steht, wie Jacques Derrida sagt,[4] und nicht etwa im Verhältnis einer wechselseitigen oder gar gerichteten Determination. Dieser Begriff der Struktur korrespondiert hinreichend mit dem Begriff der Form, der es erlaubt, sich die Struktur des einen als Verweis auf Ähnlichkeiten und Unterschiede im Vergleich mit dem anderen unter Rückgriff auf die Unterscheidung des einen vom anderen genauer anzuschauen.

Eine Erwartung steht immer im Kontext der Erwartung ihrer Enttäuschung, wie stark oder schwach dieses Moment im Einzelfall auch ausgeprägt sein mag, und damit, weil man nicht *nicht* erwarten kann, im Kontext ihres Austausches gegen eine andere Erwartung. Eine Erwartung ist eine Struktur auf dem Sprung, aber immerhin eine Struktur. Sie bestimmt sich selbst im Unterschied zu ihrer möglichen Enttäu-

---

3 Korzybski, Science and Sanity, a.a.O., S. 55 ff.
4 Siehe Jacques Derrida, Die Struktur, das Zeichen und das Spiel im Diskurs der Wissenschaften vom Menschen, in: ders., Die Schrift und die Differenz. Frankfurt am Main: Suhrkamp, 1972, S. 422-442.

schung, nutzt jedoch die Enttäuschung nicht etwa dazu, gar nicht mehr zu erwarten, sondern dazu, etwas anderes zu erwarten, inklusive der Möglichkeit, nichts zu erwarten. Die entsprechende Form können wir wie folgt notieren:

$$\text{Erwartung} = \overline{\text{Erwartung} \mid \text{Enttäuschung}} \quad .$$

Damit ist nichts anderes gesagt, als dass die Erwartung sich in einem kommunikativen Zusammenhang selbst bestimmt, indem sie sich von ihrer Enttäuschung unterscheidet und die Reflexion auf diese mögliche Enttäuschung zur Selbstbezeichnung im Unterschied zu sich selbst, das heißt zu möglichen anderen Erwartungen verwendet. Das Rechnen mit der Enttäuschung ist die Unterscheidung, die es erlaubt, eine Erwartung zu bezeichnen.

Brisant wird dies in einem kommunikativen Zusammenhang in mindestens vier Hinsichten.

Erstens dürfen wir die Beobachtung von Erwartungen in der Form der Kommunikation nicht mit ihrer Beobachtung in der Form des Bewusstseins verwechseln. Die Leistung, die Erwartungen in der Form der Kommunikation erfüllen, erfüllt im Bewusstsein vermutlich die Aufmerksamkeit,[5] insofern auch diese eine Struktur ist, die es erlaubt, eine Bestimmung vorzunehmen und zugleich offen zu halten, ob die Bestimmung sich auf beiden Seiten durchhalten lässt, auf der Seite des Bewusstseins, das abgelenkt werden kann und trotzdem, wenn auch zugunsten der Aufmerksamkeit für etwas anderes, weiter denkt, und auf der Seite des Gegenstandes, der so viel Aufmerksamkeit dann doch nicht verdient oder eine andere Aufmerksamkeit, als man gedacht hatte. Welche Rolle Erwartungen für das Bewusstsein spielen, lassen wir daher hier bewusst offen, um stattdessen umso deut-

---

[5] Siehe zum Verhältnis von Intention und Attention Jürgen Markowitz, Verhalten im Systemkontext: Zum Begriff des sozialen Epigramms, diskutiert am Beispiel des Schulunterrichts. Frankfurt am Main: Suhrkamp, 1986, S. 10 f., 61 f. und 110 f.

licher zu unterstreichen, dass die Erwartungsstrukturen, mit denen es die Kommunikation zu tun hat, Erwartungen der Kommunikation sind, die ihre Anhaltspunkte an der Beobachtung des an Kommunikation beteiligten Bewusstseins haben, aber eben nicht identisch sind mit den möglichen Erwartungen beziehungsweise Aufmerksamkeiten dieses Bewusstseins selbst.

Dies zu unterstreichen ist schon deswegen wichtig, weil es zweitens innerhalb der Form der Kommunikation immer um seit Talcott Parsons so genannte komplementäre Erwartungen geht.[6] Kommunikation heißt nicht bloß, dass Teilnehmer sich mit Erwartungen auf die Kommunikation einlassen, sosehr auch das der Fall sein mag. Sondern Kommunikation heißt vor allem, dass jede dieser Erwartungen mit erwartet, was der andere erwartet. Wenn man eine Kirche betritt, erwartet man, dass der Priester erwartet, dass man sich in gewisser Weise gläubig benimmt, so vielfältig, modifizierbar und zivilisierbar dann auch diese vom Priester erwartete Erwartung ausfallen mag. Nicht zuletzt deswegen haben sich ja so zahlreiche Stile des Glaubens ausdifferenziert, die es erlauben, dass der jeweilige Priester jeweils unterschiedliche Projektionsflächen für das Festmachen von Erwartungen, was er wohl erwarten mag, bietet. In einer Schule erwartet der Lehrer, dass die Schüler von ihm erwarten, dass er ihnen etwas beibringt. Nur das befähigt ihn, entsprechend autoritär beziehungsweise antiautoritär aufzutreten und den Schülern Angebote zu machen, die diesen klar machen, was von ihnen erwartet wird. Nicht wenige Lehrer können sich schon kurz nach der Pensionierung nicht mehr vorstellen, wie sie jemals in der Lage waren, zwanzig bis vierzig Schüler zu bändigen und zu faszinieren, denn sie wissen nichts von der Struktur der komplementären Erwartungen, die ihnen kommunikativ zur Hilfe gekommen ist,

---

6 Siehe zum Begriff Talcott Parsons und Edward A. Shils (Hrsg.), Toward a General Theory of Action, a.a.O.; und vgl. die Studien in Talcott Parsons, Social Structure and Personality. New York: Free Pr., 1964.

und haben es zeit ihres Lebens, nicht zuletzt um durchhalten zu können, ihren persönlichen Fähigkeiten zugerechnet, dass sie dazu in der Lage waren. Ein schönes Beispiel, das sich bei Parsons findet,[7] beschreibt die Kommunikation zwischen Arzt und, in diesem Fall, Patientin, die genau wissen müssen, was sie voneinander erwarten, nämlich eine neutrale, sachliche Behandlung und Untersuchung selbst bei intimen Berührungen, um dann in der Lage zu sein, durch minimale Variationen ihres Verhaltens, durch einen etwas stärkeren Druck mit der Hand, einen etwas längeren Blick, zu testen, ob es eventuell aussichtsreich ist, dem anderen auch andere Erwartungen zu unterstellen, die sich etwa zum Wechsel des Kontexts von der medizinischen Behandlung zur sexuellen Affäre ausnutzen lassen.

Kommunikativ erwartet man nicht einfach, dass vielleicht auch etwas anderes möglich ist, sondern man verlässt sich auf Erwartungserwartungen und darauf, dass diese durch das Nahelegen anderer Erwartungen modifizierbar sind. Wenn sich der andere auf die Erwartungen, die zu haben man ihm anbietet, nicht einlässt, zieht man sich wieder zurück und hat im Zweifel gar nicht erwartet, dass der andere etwas erwarten könnte. Dann waren der etwas stärkere Druck mit der Hand, der etwas längere Blick Zufall, eine persönliche Eigenheit des jeweiligen Arztes oder was immer, jedenfalls etwas Unverdächtiges. Wer anderes dabei denkt, hat sich bereits auf die Möglichkeit anderer Erwartungen eingelassen.

Diese Subtilität von Erwartungserwartungen hängt, das ist unsere dritte Hinsicht, damit zusammen, dass sie ohne festen Anhaltspunkt außerhalb der jeweils modifizierbaren Situation auskommen müssen. Zwar sind nicht nur Erwartungen, sondern auch Erwartungserwartungen Strukturen in jenem Sinne, dass sie es ermöglichen, auf etwas zu verwei-

---

[7] In: Talcott Parsons, Some Theoretical Considerations Bearing on the Field of Medical Sociology, in: ders., Social Structure and Personality, a.a.O., S. 325-358, hier: S. 330.

sen, was sie jeweils nicht sind, und insofern eine eigene Ordnung zu erproben, die sich erst noch bewähren muss. Aber all dies müssen sie selber tun, im Rahmen eines eigenen und in der Situation zu verantwortenden Verweises, nicht im Rahmen einer exogenen Garantie, die absichert, was in welcher Situation aus welchen Gründen zu erwarten ist. Deswegen sprechen Soziologen von Institutionen,[8] von Einrichtungen, die es ermöglichen, sich gegenseitig Konsens über bestimmte Verhaltensweisen, Absichten und Rücksichten zu unterstellen, und dann auch so behandelt werden können, als seien sie gegeben. Aber die Kommunikation kann nur in der Situation und nur selber, wenn man so sagen darf, entscheiden, auf welche Institutionen sie sich einlässt.

Eine radikale Formulierung für diese äußere Haltlosigkeit der Kommunikation ist das ebenfalls von Talcott Parsons entwickelte Theorem der doppelten Kontingenz,[9] das bei ihm explizit an die Stelle des dreihundert Jahre früher von Thomas Hobbes im *Leviathan* (1651) formulierten Theorems des Kampfes aller gegen alle tritt. Sozialität, so Hobbes, heißt, mit dem Schlimmsten rechnen zu müssen. Sozialität, so Parsons, heißt, nicht zu wissen, womit man rechnen kann, und sich deswegen auf Kultur verlassen zu müssen. Niklas Luhmann wird dann vorschlagen, den Verweis auf Kultur durch den Verweis auf Zufall und Zeit zu ersetzen.[10]

Gemeint ist jedenfalls Folgendes: Wenn sich zwei Beobachter, Individuen, Personen oder was auch immer (wir

---

8 Siehe Helmut Schelsky (Hrsg.), Zur Theorie der Institution. Düsseldorf: Bertelsmann Universitätsverl., 1970; außerdem John W. Meyer und Brian Rowan, Institutionalized Organizations: Formal Structure as Myth and Ceremony, in: American Journal of Sociology 83 (1977), S. 340-363, mit viel Anschlussliteratur.

9 Siehe vor allem Parsons und Shils (Hrsg.), Toward a General Theory of Action, a.a.O., S. 15 f.; und Parsons, The Structure of Social Action, a.a.O., S. 89 ff.

10 Luhmann, Soziale Systeme, a.a.O., S. 150 f.; vgl. dazu Dirk Baecker, Unbestimmte Kultur, in: ders., Wozu Kultur? 2. Aufl., Berlin: Kulturverlag Kadmos, 2002, S. 133-160.

müssen das hier offen halten, kommen aber darauf zurück) begegnen, sind sie in der Situation, nicht zu wissen, was (inklusive: welche Erwartungen) vom anderen zu erwarten ist. Der eine könnte daraufhin dies tun, aber auch etwas anderes (einfache Kontingenz), der andere könnte jenes tun, aber ebenfalls etwas anderes (doppelte Kontingenz). In dieser Situation wartet der eine darauf, dass der andere etwas tut, mit irgendetwas anfängt, während der andere dasselbe tut. Beide warten, dass der andere sich festlegt und damit eine Unterscheidung öffnet. Nichts geschieht. Beider Verhalten von der Haltung bis zur Blickrichtung ist darauf festgelegt, sich auf nichts festlegen zu lassen. Die Situation wird immer lastender, weil man ja während dieses Wartens nicht etwa auf Kommunikation verzichtet, sondern dies bereits Kommunikation, wechselseitige Wahrnehmung, ist. Man kommuniziert darüber, dass man nicht miteinander kommuniziert, weil keiner der beiden weiß, wie man anfangen könnte. Als dieses Theorem in den 1950er Jahren bekannt wurde, diskutierte man es mit Vorliebe anhand des Beispiels der Kommunikation zweier Fremder in einem Eisenbahnabteil.

Der entscheidende Punkt ist auch hier wieder, dass die Kommunikation nicht durch etwas blockiert wird, sondern sich selber blockiert. Es geschieht nichts, weil darüber kommuniziert wird, dass jeder der beiden auf den anderen wartet, um einen Anhaltspunkt dafür zu haben, was in und von einer Kommunikation zwischen den beiden wohl zu erwarten ist. Das ist gleichsam die Ursituation des Sozialen, »Ursituation« deswegen, weil hier nichts anderes geschieht als das Soziale selbst. Gruppentherapien, insbesondere die so genannte Trainingsgruppe,[11] machen sich dies gerne zunutze, um das Soziale selbst erfahrbar zu machen. Offensichtlich verspricht man sich davon heilsame Effekte. Die Ursituation wird als Problem erfahren, das nach einer Lö-

---

11 Siehe Karl G. Kasenbacher, Gruppen und Systeme: Eine Anleitung zum systemtheoretischen Verständnis der gruppendynamischen Trainingsgruppe. Opladen: Leske & Budrich, 2003, S. 142 ff.

sung verlangt. Deswegen spricht Parsons vom *Problem* der doppelten Kontingenz. Dieses Problem ist identisch mit der Unbestimmtheit der auf sich selbst reflektierenden Kommunikation. Es ist die Unbestimmtheit vor jeder Unterscheidung, die man nicht aushält, die man jedoch auszuhalten lernen muss, wenn man in der Lage sein will, Kommunikation gleichsam pur zu beobachten.

Zugleich ist es nicht etwa so, dass dieses Problem der doppelten Kontingenz nur am Anfang einer Kommunikation auftritt und dann nie wieder. Es scheint im Gegenteil die Regel zu sein, dass man in einer reichhaltig bestimmten Situation miteinander zu kommunizieren beginnt und dann erst Momente auftreten, in denen die bisherigen Erwartungserwartungen erschöpft sind und sich keine neuen einstellen, ohne dass man deswegen schon bereit wäre, die Kommunikation zu beenden und wegzugehen. Davon wissen Situationen, in denen es darum geht, die Schwelle zu einem bestimmten Vertrauen erst noch zu nehmen, etwa bei der Anbahnung von anspruchsvolleren Geschäften, von Intimität oder auch von Glauben, ein Lied zu singen. Das Problem der doppelten Kontingenz ist ein in der Kommunikation mitlaufendes und sie nie verlassendes Problem, das immer wieder und unter Umständen unterschiedlich gelöst werden muss, so sehr dann auch beispielsweise Organisationen, Ehen, Beichtgespräche oder Politikerinterviews Rituale der Lösung des Problems entwickeln, die fast nach Bedarf abgerufen werden können.

Parsons nun meint, es sei die Kultur, verstanden als dem Sozialen äußerlicher Horizont von Wertvorstellungen und entsprechenden Normen des Richtigen und des Falschen, die es ermöglicht, das Problem der doppelten Kontingenz zu lösen. Und in der Tat scheint es das ja auch einmal gegeben zu haben, dass man wusste, wie man sich als Fremder in einem Eisenbahnabteil, als Gatte gegenüber der Gattin auch in aus der Ehe gleichsam herausfallenden Momenten oder als Lehrer gegenüber dem Schüler, bevor dieser mit dem

Lernen anfängt, benimmt. Ebenso sicher ist jedoch, dass sich dieses Wissen um ein situationsadäquates Benehmen, um die richtigen Verhaltensangebote und die falschen Zudringlichkeiten innerhalb der verschiedenen kulturellen Reibungen zwischen den Generationen, den Geschlechtern und den Herkünften eher auflöst, sosehr Fundamentalismen aller Art dem gegenzusteuern versuchen. Sicher ist überdies, dass man in keiner Gesellschaft mehr davon ausgehen kann, sich auf eine dieser Gesellschaft von irgendeinem Horizont her gegebene Kultur verlassen zu können. Jede Gesellschaft lernt im kulturellen Vergleich, dass sie ihre Kultur sich selbst, ihren eigenen Gewohnheiten, Selbstverständlichkeiten und Vorurteilen verdankt und nicht etwa einer wie immer undurchschaubaren Natur der Sache. Mit den Bezeichnungen des richtigen Verhaltens, das ist das eigentliche Drama, lösen sich auch die Unterscheidungen auf, die diesen Bezeichnungen Halt gaben, ohne dass man sie auch nur zu kennen glaubte.[12]

Deswegen kann, so Luhmann, die Lösung des Problems der doppelten Kontingenz nicht schlechterdings mit der Kultur, die in jeder problematischen Situation dann nur abgerufen werden muss, bereits gegeben sein. Kultiviertes Benehmen kann das Problem durchaus verschärfen, ebenso wie ein bewusst lässiger Umgang mit kulturellen Erwartungen. Also muss der Mechanismus, der es erlaubt, das Problem jeweils zu lösen, allgemeiner und zugleich selbstreferentieller, stärker auf die Ressourcen der jeweiligen Situation bezogen sein. Luhmann vermutet, dass der Zufall und die Zeit das Problem lösen. Irgendetwas passiert, am Fenster des Eisenbahnabteils fliegt ein Vogel vorbei, und der eine versucht es daraufhin mit einem freundlichen Lächeln, der andere mit einem Stück Schokolade. Es entsteht eine eigene Interaktionsgeschichte, wie immer minimal diese auch ist,

---

12 Vgl. dazu mit der erforderlichen Sensibilität Clifford Geertz, The Interpretations of Cultures: Selected Essays. New York: Basic Books, 1973 (dt. 1987).

und man gewinnt eine zunehmende Sicherheit darin, mit welchen Erwartungserwartungen man es zu tun hat. Die Enttäuschung möglicher anderer Erwartungen behält man für sich, beziehungsweise man wartet darauf, ob die weitere Interaktionsgeschichte irgendwann Anhaltspunkte dafür bietet, diese anderen Erwartungen über das Nahelegen der jeweils komplementären Erwartung versuchsweise wieder einzusteuern.

Es liegt auf der Hand, dass diese Zufalls- und Eigengeschichtsabhängigkeit der sich interaktiv entwickelnden Kommunikationen die kulturelle Ungewissheit des richtigen und falschen Benehmens eher verstärken als abschwächen, weil man so viel Unterschiedliches erleben kann und zur Pflege der eigenen Ressourcen auch darauf angewiesen ist, eher die Unterschiede als die Ähnlichkeiten für interessant zu halten. Man kann also damit rechnen, dass Situationen der doppelten Kontingenz in Zeiten kultureller Unsicherheit sowohl häufiger bemerkbar sind als auch routinierter überspielt werden – bis man sich fragen kann, ob diese Routinen nicht eine neue Form der Kultur ausmachen. Überlegungen dieses Typs führen dazu, die Lösung von Parsons mit der Lösung von Luhmann zu kombinieren und die Kultur einerseits nach wie vor für eine Lösung des Problems der doppelten Kontingenz zu halten, allerdings andererseits nur für eine Lösung unter anderen und für eine Lösung, die sich nicht auf eine exogen gegebene, sondern auf eine endogen jeweils neu auf dem Spiel stehende Ressource bezieht.

Die vierte und in unserem Zusammenhang letzte Hinsicht schließlich, unter der die Struktur der Erwartungserwartungen in der Kommunikation und für die Kommunikation brisant ist, ist die Möglichkeit, Gefühle als Konstruktionen zu beschreiben, die aus der Amplifikation von Erwartungen zu Ansprüchen entstehen, und dies sowohl im Fall der Bestätigung als auch im Fall der Enttäuschung von Erwartungen. Während Erwartungen im Normalfall entweder enttäuscht oder bestätigt werden und man sich dann entscheiden kann, ob man aus ihrer Enttäuschung lernt und sie fallen lässt oder ob man an ihnen festhält und sie normativ bekräftigt, können Erwartungen in besonderen Situationen, in denen es um die Mobilisierung von individuellen oder kollektiven Solidaritätseffekten geht, zu Ansprüchen gesteigert werden, die als Gefühle in den beteiligten Individuen verankert werden. So zumindest können wir Ansatzpunkte zu einer Soziologie der Emotion zusammenfassen, die sich bei Talcott Parsons und Niklas Luhmann verschiedentlich finden.[13] Erfüllungsgefühle verdichten bestätigte Erwartungen zu auf weitere Bestätigung dringenden Ansprüchen, Enttäuschungsgefühle halten an Ansprüchen fest, auch wenn die zugrunde liegenden Erwartungen enttäuscht wurden und möglicherweise sogar fallen gelassen wurden.

Interessant ist, dass Gefühle diese Steigerung von Erwartungen zu Ansprüchen nur unter zwei Bedingungen erreichen, nämlich zum einen unter der Bedingung des Versuchs der emotionalen Bindung auch der komplementären Erwartung des jeweiligen Gegenübers und zum anderen unter der Bedingung, dass das Gefühl eine unbezweifelbare, weil subjektive Aussage über die objektive Situation trifft, in der man sich befindet. Gefühle sind Kommunikationen, die denjenigen, der sie hat, zur Situation machen, in der er sich befindet. Daraus lassen sich Attributionsambivalenzen gewinnen, die es erlauben, offen zu lassen, ob Anschlusskommunikationen an der Person des anderen oder an seiner Situation anknüpfen. Nur so, so scheint es, kann das jeweilige Gegenüber für das Gefühl gewonnen werden, ohne dass damit zu sehr festliegt, was mit diesem Gewinn gewonnen ist.

---

13 Siehe Talcott Parsons, Social Systems and the Evolution of Action Theory. New York: Free Pr., 1977, S. 218 f. und 247 ff.; Luhmann, Soziale Systeme, a.a.O., S. 363 f. und 370 ff.; vgl. Paul Stenner, Is Autopoietic Systems Theory Alexithymic? Luhmann and the Socio-Psychology of Emotions, in: Soziale Systeme: Zeitschrift für soziologische Theorie 10 (2004), S. 159-185; Dirk Baecker, Wozu Gefühle?, in: Soziale Systeme: Zeitschrift für soziologische Theorie 10 (2004), S. 5-20.

Denn anschließend ist die Situation, die den Hass, die Liebe, die Traurigkeit oder den Übermut hervorruft, ebenso interessant wie die Person, die entsprechend reagiert.

Auf diese Art und Weise treffen Gefühle eine Unterscheidung, die einen anderen Raum öffnet als andere Unterscheidungen. Noch ohne genau zu wissen, was sie bezeichnen, das heißt, welche Erwartungen sie ermöglichen, markieren sie einen unbestimmt bestimmten Umgang mit Enttäuschungen, der es erlaubt, Ressourcen der Situation und Ressourcen der beteiligten Personen so aufeinander zu beziehen, dass beides neu miteinander abgestimmt werden kann. Wenn Gefühle der Solidarisierung dienen, wie Parsons sagt, so gilt dies nicht nur für das Verhältnis zwischen Personen, sondern auch für das Verhältnis zwischen Personen und Situationen. Nur gefühlsmäßig kann man sich abfinden, und nur gefühlsmäßig kann man sich entschließen, etwas Neues zu wagen.[14] Das ist so, weil für die Unterscheidung der Gefühle das eine wie das andere neue Ressourcen ins Spiel bringt, die die gesamte Geschichte der Personen und ihrer Situationen reaktualisieren, ohne sie deswegen auch thematisieren zu müssen. Der intellektuellen Funktion bewussten Denkens ist das unheimlich. Aber auch für dieses Gefühl muss sie sich darauf verlassen.

3.2. Zählen, Ordnen, Rechnen

Erwartungserwartungen sind die Strukturen, vor deren Hintergrund Kommunikationen zu den Ereignissen werden, die sich zählen, das heißt identifizieren und miteinander verknüpfen lassen. An der Bestätigung oder Enttäuschung einer Erwartungserwartung lässt sich jeweils festmachen, dass Kommunikation stattgefunden hat und dass daraufhin

---

[14] Siehe zum »limbischen System« der notwendig emotionalen Bewertung kognitiver Lagen auch Roth, Fühlen, Denken und Handeln, a.a.O., S. 472 ff. und 525 ff.

bestimmte Anschlüsse wahrscheinlicher, andere unwahrscheinlich sind.

Wir sprechen vom Zählen der kommunikativen Ereignisse, weil es eines der Forschungsergebnisse der Kybernetik und Systemtheorie ist, dass die Selbstorganisation eines komplexen Phänomens voraussetzt, dass das Phänomen in der Lage ist, seine eigenen Einheiten zu unterscheiden, zu zählen und dementsprechend zu entscheiden, welche weiteren Operationen möglich und erforderlich sind.[15] Der Kybernetiker Warren McCulloch hat in diesem Sinne davon gesprochen, dass seine Auseinandersetzung mit dem Theorieangebot der Kybernetik im Wesentlichen darin bestand, dass er versucht hat, herauszufinden, wie es einer Muschel gelingt, das Wachstum ihres Gehäuses inklusive der Drehung und des Musters dieses Gehäuses zu steuern, indem sie zählt, in welchem Zustand des Wachstums sie sich jeweils befindet.[16] Kommunikation ist ein Rechenvorgang, der voraussetzt, dass Ereignisse unterschieden werden können, um sie voneinander absetzen und miteinander verknüpfen zu können. Die Bestätigung oder Enttäuschung von Erwartungen liefert die Skandierung oder Punktierung, die in diesem Sinne kommunikative Ereignisse zu profilieren vermag.[17]

Die jeweilige Einheit einer Kommunikation, die als Ereignis gezählt werden kann, hängt von der Erwartungsstruktur ab, vor deren Hintergrund die Kommunikation beobachtet wird. Hier kann man sowohl in großen historischen Zeiträumen als auch im Sekundentakt rechnen, je nachdem, ob es etwa um die imperiale Kommunikation des Römischen Reiches oder um das *micromoment management* einer bestimmten sozialen Interaktionssituation geht.[18]

Mit George Spencer Brown können wir darüber hinaus

---

15 Siehe Baecker, Rechnen lernen, in: ders., Wozu Soziologie?, a.a.O.
16 So in: Warren S. McCulloch, The Beginning of Cybernetics, a.a.O.
17 So noch einmal Watzlawick, Beavin und Jackson, Menschliche Kommunikation, a.a.O., S. 57 ff.; und Wilden, System and Structure, S. 111 ff.
18 Siehe zu Letzterem Leifer, Micromoment Management, a.a.O.

davon sprechen, dass zählbare kommunikative Ereignisse, die bestimmte Unterschiede treffen (etwa: im Imperium zählt nur die Macht des Zentrums), zum einen durch ihre Wiederholung bestätigt werden können (*confirmation*),

zum anderen jedoch auch zu dem Unterschied, den sie machen, zusammengezogen werden können (*condensation*):

Mit diesen beiden Ausdrücken sind im Kalkül von Spencer Brown Rechenvorgänge bezeichnet, die er als Rechenvorgänge der Zahl beschreibt.[19] Gemeint ist damit, dass einmal getroffene Unterscheidungen wiederholt werden können, ohne dass die Wiederholung als solche am Unterschied einen Unterschied machen muss. Man kann immer wieder Fragen stellen, Anweisungen geben, seine Liebe gestehen oder Geld anbieten, ohne dass die Wiederholung als solche am Fragen, am Befehlen, am Lieben oder am Zahlen etwas ändert. Selbstverständlich sind raffiniertere Beobachtungen, die an der Wiederholung eine Differenz festmachen, etwa zunehmende Begeisterung und sich vertiefendes Vertrauen oder auch wachsende Langeweile oder ein allmählich erwachendes Misstrauen, mit diesen Zählvorgängen nicht ausgeschlossen.[20] Aber diese setzen eine Beobachtung der Form voraus, die bereits auf Relationen der Ordnung und nicht nur der Zahl verweist. Mathematik und Soziologie sind sich hier zumindest darin einig, dass nicht nur das Außergewöhnliche und Raffinierte, sondern auch das Gewöhnliche und Selbstverständliches verdienen, festgehalten zu werden.

Die beiden Formen der Bestätigung und der Zusammenfassung gehen auf das erste der beiden Gesetze zurück, die

19 Siehe Laws of Form, a.a.O., S. 10 f.
20 Siehe dazu vor allem Deleuze, Différence et répétition, a.a.O.

Spencer Brown in seinen *Laws of Form* formuliert, nämlich auf das *law of calling*: »The value of a call made again is the value of the call«,[21] beziehungsweise:

Für unsere Überlegungen bedeutet dies, dass Kommunikationen im Hinblick auf die Erwartungen, die sie setzen und bestätigen oder enttäuschen, in ihrem Wert sowohl wiederholt als auch auf ihren Wert hin zusammengefasst werden können. Man kann mehrfach abrufen, was sie bewährt. Man kann aber auch versuchen herauszufinden, worum es eigentlich geht. Man trifft immer wieder bestimmte Freunde zum gemeinsamen Besuch von Konzerten. Irgendwann entdeckt man, dass der gemeinsame Besuch von Konzerten nichts anderes ist als die Feier und Bestätigung der wechselseitigen Freundschaft. Die Unterscheidung ist nicht unwichtig, da sie es unter anderem ermöglicht, die Wahl zu treffen zwischen dem Bedauern, dass ein Freund an einem bestimmten Abend nicht wieder mit ins Konzert geht, auf der einen Seite und dem Verdacht, dass der andere in seiner Freundschaft nachgelassen hat, auf der anderen Seite. Dementsprechend unterschiedlich wird man reagieren und dementsprechend unterschiedlich wird der Freund gut beraten sein, seine Absage zu formulieren.

In der Mathematik Spencer Browns bietet die Beobachtung dieser beiden Formen der Bestätigung und der Zusammenfassung vor dem Hintergrund seines *law of calling* die Möglichkeit, sie von zwei anderen Formen vor dem Hintergrund eines anderen Gesetzes, seines *law of crossing*, zu unterscheiden.

Diese beiden anderen Möglichkeiten nennt er Aufhebung (*cancellation*),

---

21 A.a.O., S. 1.

∏ -> ,

und Kompensation (*compensation*),

-> ∏ .

Aufhebung bedeutet, dass ein Unterschied, der bereits getroffen wurde, durch die Anweisung, die Bezeichnung und Markierung wieder zu streichen, zugunsten des unmarkierten Zustands verlassen werden kann. Kompensation bedeutet umgekehrt, dass der unmarkierte Zustand durch eine sich selbst aufhebende Unterscheidung markiert werden kann. Beide Möglichkeiten beruhen auf dem zweiten der beiden Gesetze der Form, die Spencer Brown seinem Kalkül zugrunde legt, nämlich auf dem *law of crossing*: »The value of a crossing made again is not the value of the crossing«,[22] beziehungsweise:

∏ = .

In der Formulierung dieses zweiten Gesetzes besteht eine der wesentlichen Ideen des Kalküls. Sie macht explizit, was mit dem Begriff der Form gewonnen ist. Der Begriff der Form impliziert ja nichts weniger als die Einführung einer zunächst unbestimmten, aber von einem Beobachter zweiter Ordnung bestimmbaren Außenseite der Unterscheidung und damit die Einführung einer Leerstelle, mit der der Kalkül ebenso rechnet wie mit der bezeichneten und markierten Innenseite der Unterscheidung. Das *law of calling* formuliert, wie diese Leerstelle erreicht werden kann: durch das Kreuzen – oder besser: Zurückkreuzen – einer Unterscheidung. Wenn ich meinem Freund gerade noch gesagt habe, »Ich möchte ins Kino gehen«, und anschließend sage, »Ich

---

22 A.a.O., S. 2, und zu den Ordnungsoperationen *cancellation* und *compensation* ebd., S. 10.

möchte nicht ins Kino gehen«, gewinne ich dadurch die Möglichkeit, nichts zu wollen. Diese Möglichkeit kann kommunikativ ebenso interessant gestaltet werden wie die Möglichkeit, etwas zu wollen. Ich bin auf nichts festgelegt, muss jedoch, wenn ich etwas will, einen neuen Unterschied treffen, und habe bei diesem wiederum die Möglichkeit, ihn anschließend aufzuheben. Ich will nicht ins Kino, nicht ins Konzert und auch nicht zu Hause bleiben: Damit ist der andere aufgerufen, sich dem, der etwas wollen könnte, aber nichts will, zuzuwenden und erst einmal herauszufinden, woher die Unlust kommt, einen der Unterschiede zu treffen, die man bisher so bewährt getroffen hat.

Aber nicht nur das. Man kann nicht nur kreuzen, was sich bisher bewährt hat, sondern man kann auch Formbeobachtungen nahe legen, die die Unterscheidungen, die man durchaus erfolgreich trifft, als Kompensation der Leere zu beobachten erlauben, an deren Stelle sie treten. Und diese Möglichkeit ist immer gegeben, orientiert an jeder Erwartung, die man dazu nutzen mag, eine Kommunikation zu profilieren, gleichgültig, ob es um eine Freundschaft, eine Arbeit, das Vergnügen an der Kunst, die Bewunderung einer Frau oder die Teilnahme an Gesellschaft geht. Man wird Anlässe und Anhaltspunkte, auch komplementäre Erwartungen brauchen, um diese Formbeobachtung anzustellen. Aber wer suchet, der findet. Man denke nur an die Romane Gustave Flauberts, allen voran *L'éducation sentimentale* (1869), in denen eine Gesellschaft vorgeführt wird, die nichts anderes bewegt als die Kompensation der eigenen Leere.

Spencer Brown bringt diese beiden Möglichkeiten der Aufhebung und Kompensation vor dem Hintergrund des *law of calling* auf den Begriff der Ordnung (*order*) im Unterschied zu dem der Zahl (*number*). Beim Zählen geht es darum, herauszufinden, was sich bewährt und woraufhin es sich verdichten lässt, beim Ordnen geht es darum, jeden Unterschied, den man trifft, vor dem Hintergrund der Möglichkeit, ihn auch wieder aufzuheben, zu betrachten. Beide

Begriffe rechnen mit beiden Seiten der Form, denn auch das Zählen funktioniert nur, wenn das Unbestimmte als Außenseite des Bestimmten jeweils mitgeführt wird. Man kann nicht zählen, ohne auf Schnitte zu achten. Aber beim Ordnen wird die Außenseite der Form zu einem seinerseits interessanten Argument, wenn man so sagen darf. Ordnung funktioniert nur, wenn die beiden Möglichkeiten der Bestimmung und des Unbestimmten symmetrisch gehandhabt werden. Denn nur so kann man sich für und gegen eine Ordnung entscheiden. Und nur deswegen ist eine Ordnung eine Ordnung.

Wir haben damit unter der Hand die Prämissen oder Axiome des Kalküls von Spencer Brown eingeführt. Mehr als die beiden genannten Gesetze gibt es nicht. Und mehr als die damit genannten drei Möglichkeiten des Umgangs mit Unterscheidungen: sie zu treffen (*cross*), sie aufzuheben (*cancellation*) und sie in den Raum der Unterscheidung wieder einzuführen (*re-entry*), darauf kommen wir zurück, gibt es auch nicht.

3.3. Formen des Sozialen

Die Gesellschaft ist Zahl, Ordnung und Wiedereintritt der Kommunikation. Sie wiederholt, bestätigt und verdichtet sich (Zahl); sie streicht und setzt sich als alternative Möglichkeit ihrer selbst (Ordnung); und sie erkundet den durch sie selbst geschaffenen Raum ihrer eigenen Möglichkeit (Wiedereintritt). »Gesellschaft« ist ein Titel für diese drei Formen des Umgangs mit Kommunikation. Und jede dieser drei Formen ist eingebettet in die Beobachtung der Freiheitsgrade und ihrer Konditionierung. Immer wieder geht es um die Eröffnung eines Raums der Unterscheidung und die darin möglichen Bezeichnungen. Dementsprechend anspruchsvoll ist die Konstruktion einer Gesellschaftstheorie. Die Gesellschaft kann nicht mehr als Kosmos oder Chaos ihrer kommunikativen Möglichkeiten vorausgesetzt werden, sondern muss aus der Form der Unterscheidung von Kommunikation durch die Beschreibung der Kommunikation als Operation entwickelt werden.

Wir haben die Möglichkeit des Zählens der Kommunikation an den Strukturen komplementären Erwartens festgemacht, die sich an jedem einzelnen kommunikativen Ereignis festmachen lassen und es erlauben, diese Ereignisse ihrerseits voneinander zu unterscheiden. Wir werden den Wiedereintritt der Kommunikation in den Raum der durch sie geschaffenen Gesellschaft im nächsten Kapitel unter dem Stichwort »Sinn« behandeln. In diesem und den beiden folgenden Abschnitten geht es um die Ordnung der Gesellschaft, die wir als eine Ordnung der Differenzierung und der Selbstbeschreibung beschreiben werden. Hierbei geht es uns nicht um die Ausarbeitung einer allgemeinen Gesellschaftstheorie, sondern nur darum, verständlich zu machen, inwiefern die Gesellschaft als Ordnung der Kommunikation verstanden werden kann.

Die Gesellschaft ist nur dann die Ordnung der Kommunikation, wenn sie sich als sich selbst einsetzende und wieder aufhebende Unterscheidung der Kommunikation vollzieht, auf die man sich alternativ zueinander einlassen kann, deren jede einzelne die Möglichkeit aller anderen mit sich führt und die deswegen in einem mehr oder minder strengen Ausschlussverhältnis zueinander stehen. Der Singular dieser Ordnung ist daher als ein Plural ihrer Ordnungen zu verstehen. Gesellschaft tritt immer in Differenz zu sich selbst auf, nicht zuletzt in Differenz zu jener Gemeinschaft, die sie als den Traum von der Festlegung auf ihre eigenen Festlegungen immer mit sich führt.[23] Die Kommunikation ist immer auf dem mehr oder minder lang hinausgezögerten Sprung in eine andere Möglichkeit ihrer selbst.

Die Gesellschaft braucht daher robuste Unterscheidun-

---

23 Vgl. dazu Helmuth Plessner, Grenzen der Gemeinschaft: Eine Kritik des sozialen Radikalismus [1924]. Frankfurt am Main: Suhrkamp, 2002.

gen, die erstens verschiedene Einsatzmöglichkeiten von Kommunikation bezeichnen, zweitens eine hinreichende Anzahl von kommunikativen Ereignissen attrahieren können, um sowohl ihr Profil zu schärfen als auch strukturell reich genug zu werden, um den Blick auf alternative Möglichkeiten mitzuführen, und drittens reflexionsfähig genug sind, um den prekären Grund, auf dem sie operieren, nicht aus den Augen zu verlieren. Die Unterscheidungen müssen robust sein, da sie die Kommunikation im Sinne Jürgen Rueschs und Gregory Batesons wie Metakommunikationen begleiten, die einerseits auf derselben Ebene wie die Themen der Kommunikation mit kommuniziert werden und andererseits die Bedingungen angeben, die beschreiben, wie die Kommunikation fortgesetzt werden kann.[24] Diese Bedingungen reichen über die jeweilige thematische und inhaltliche Attraktivität der Kommunikation hinaus und bezeichnen die jeweilige Form des Sozialen, die von der Kommunikation in Anspruch genommen werden kann und durch die Kommunikation reproduziert wird. Sie treffen eine Unterscheidung, die vorzeichnet, welche Bezeichnungen erwartet werden können.

Wir greifen auf Niklas Luhmanns in dem Buch *Die Gesellschaft der Gesellschaft* (1997) entwickelte Gesellschaftstheorie zurück, um Kandidaten für solche Formen des Sozialen zu nennen. Diese Kandidaten werden hier exemplarisch und ohne Anspruch auf Vollständigkeit angeführt, auch wenn ich gegenwärtig Schwierigkeiten hätte, mir weitere vorzustellen. Diese Kandidaten sind die Interaktion, die Organisation, die Protestbewegung und die Gesellschaft selbst, Letztere noch einmal geordnet in Stämme, Schichten und Funktionssysteme. Folgende Form notiert den Zusammenhang der entsprechenden Unterscheidungen:

---

24 Siehe Ruesch und Bateson, Communication, a.a.O., S. 209 ff.

Gesellschaft = Interaktion | Organisation | Protestbewegung | Gesellschaft

Es ist wichtig, dass die Gesellschaft in ihrer Ordnung selbst noch einmal vorkommt, weil sie andernfalls keine Möglichkeit hätte, sich als das zu unterscheiden und zu beobachten, was sie ist. Interessanter jedoch als die bloße Nennung der Kandidaten ist ihre Beschreibung unter dem Gesichtspunkt der Ordnung von Kommunikation. Wie bewältigen die Interaktion, die Organisation, die Protestbewegung und die Gesellschaft insgesamt die Aufgabe ihrer sich selbst wieder aufhebenden Setzung? Wie gelingt es ihnen, sich als Möglichkeiten der Kommunikation zu profilieren, ohne damit Gefahr zu laufen, sich als die einzige Möglichkeit zu setzen und alle anderen nicht nur auszuschließen (das enthielte ja, wenn auch in der Form der Negation, eine immerhin noch mitlaufende Erinnerung an sie), sondern aus den Augen zu verlieren? Welche Freiheitsgrade setzen sie und wie schränken sie diese wieder ein? Wie ermöglichen sie Bezeichnungen von Ereignissen, Gegenständen und Zuständen, ohne zu versäumen, diese einzubetten in die mitlaufende Beobachtung anderer Möglichkeiten?

Die Interaktion bewältigt diese Aufgabe durch die Unterscheidung von Anwesenheit, die Organisation durch die Unterscheidung von Mitgliedschaft, die soziale Bewegung durch die Unterscheidung von Protest und die Gesellschaft insgesamt durch die Unterscheidung der Kommunikation unter dem Gesichtspunkt ihrer Fortsetzbarkeit. Diese Unterscheidungen sind all das, was wir bereits genannt haben; sie sind Aufschub und Nachtrag (*différance*), sie sind Widerstreit und Gegensatz (*différend*), sie sind Spiel mit einer Teilung (*partition*) und sie sind der Raum, in dem eine Fehlerkorrektur möglich ist. Mit alldem sind sie die Attraktoren oder Eigenwerte der anhand der Bestätigung oder Enttäuschung von Erwartungen zählbaren kommunikativen Ereignisse der Gesellschaft. Die Unterscheidung von Anwesenheit, von Mitgliedschaft, von Protest und der Kommunikation selbst führt die Freiheitsgrade ein, die in der jeweiligen Ordnung ausgenutzt und konditioniert werden.

Die Interaktion ist jene Ordnung von Kommunikation, die bereits dadurch zustande kommt, dass Individuen (und allgemein: Organismen) wahrnehmen, dass sie sich wahrnehmen. Ihre Bedingung ist die Anwesenheit der miteinander kommunizierenden Individuen unter der Bedingung, dass diese Anwesenheit gesetzt, das heißt unterschieden, das heißt gegen die Möglichkeit der Abwesenheit profiliert wird. Auf Interaktionen kann man sich einlassen, wenn und weil man wissen kann, wie man sie auch wieder beenden kann. Nur so kann die Anwesenheit in einer Interaktion unter dem Gesichtspunkt gestaltet werden, dass man in ihr auch abwesend sein könnte, dass der andere Anwesende auch abwesend sein könnte und dass es Abwesende gibt, deren Anwesenheit ausgeschlossen wird, aber in dieser Form des Ausschlusses durchaus mitgeführt werden kann.

Der letzte Gesichtspunkt hat die Sozialtheorie von Georg Simmel bis Michel Serres unter dem Stichwort des so genannten Dritten fasziniert: Wie kann man Interaktionen verstehen und beschreiben, wenn man darauf achtet, dass jeder Einzelne der Anwesenden einen Dritten gleichsam im Nacken hat, der zwar nicht anwesend ist, aber als Abwesender kontrolliert, was in der Interaktion jeweils geschieht.[25] Diese Dritten können Autoritätsfiguren wie Eltern oder Lehrer sein, imaginierte Beobachter wie Geister und Götter oder auch Instanzen wie Ideologien, Moden und Interessen, im Hinblick auf deren Kriterien beurteilt und ausgewählt wird, was jeweils geschieht, beziehungsweise im Hinblick auf deren Macht und Überzeugungskraft man ausprobiert, ob es auch anders geht. Sie erfüllen unsere Bedingung der Setzung und Konditionierung von Freiheitsgraden geradezu sprichwörtlich, indem der Verweis auf sie eine Situation

---

25 Siehe vor allem Michel Serres, Le parasite. Paris: Grasset, 1980 (dt. 1981).

gegenüber anderen Zumutungen autonomisiert, damit jedoch diesen Dritten zugleich unterwirft.²⁶

Nur unter diesem Gesichtspunkt der Unterscheidung von Anwesenheit und Abwesenheit kann die Interaktion ihre kommunikativen Möglichkeiten ordnen, im Guten wie im Schlechten, kann sie kultivieren, was ihr erreichbar ist, und kann sie beschreiben, unter welchen Bedingungen es attraktiv bleibt, trotz anderer Möglichkeiten immer wieder auf sie zurückzukommen. Die Anwesenheit der Interaktionsteilnehmer eröffnet einen Freiheitsspielraum, den man jedoch nur nutzen kann, wenn man klar macht, an welche Bedingungen man sich hält – und wie man über diese Bedingungen mit sich reden lässt. Davon leben die Interaktion in Schulklassen, vor Gericht, in Familien, beim Shopping, auf dem Sportplatz oder in Büro und Werkstatt. Unter dem Gesichtspunkt von Anwesenheit kann vertieft oder auch gelockert werden, was man sich gegenseitig zumutet; und unter dem Gesichtspunkt von Abwesenheit kann man verständlich machen, dass jede Interaktion auch beendet werden kann, und kann deutlich werden, dass auch außerhalb der Interaktion, unter Abwesenden, Gründe gefunden werden können, sich erneut auf die Interaktion einzulassen.

Man stelle sich nur einen Moment vor, man müsse sich auf eine Interaktion, den Kauf eines Fahrscheins, den Besuch einer Oper, die Teilnahme an einem Fußballspiel, einlassen, ohne sich auch seine eigene Abwesenheit bei dieser Interaktion vorstellen zu können, und man wird verstehen, was hier gemeint ist. Aber das gilt für alle Teilnehmer; und daraus, dass sie und wie sie mit dem daraus entstehenden Kontingenzbewusstsein umgeht, bezieht jede einzelne Interaktion das Ausmaß ihrer Attraktion. Jede Interaktion ist in dieser Form verwoben und vernetzt mit dem, was sie nicht ist, und ordnet in dieser Form die Erwartungen, die sich an ihre Kommunikationen richten. Die entsprechende Notation

26 Siehe dazu Jacques Miermont, Les conditions formelles de l'état autonome, in: Revue internationale de systémique 3 (1989), S. 295-314.

macht diesen Punkt der Unterscheidung von Anwesenheit und Abwesenheit und des Hineinspiegelns der Abwesenheit in die Anwesenheit deutlich:

> Interaktion = Anwesenheit | Abwesenheit .

Die Soziologie hat Interaktionssysteme zuweilen als einfache oder sogar als undifferenzierte Systeme beschrieben.[27] Tatsächlich ist nichts an ihnen einfach oder undifferenziert, weil sie jeweils mit bewältigen müssen, was in der Gesellschaft alternativ zu ihnen auch möglich ist, und weil sie mindestens so differenziert sein müssen, dass es ihnen gelingt, die Gründe für die Kommunikation in der Interaktion im Auswahlbereich anderer Möglichkeiten der Interaktion selbst und anderer Möglichkeiten der Gesellschaft zu profilieren.[28] Diese Profilierung, so kann man im Anschluss an die von Erving Goffman entwickelte Soziologie der Interaktion vermuten, setzt mindestens voraus, dass die Teilnehmer an einer Interaktion sowohl die Möglichkeit der Darstellung von etwas haben (*performance*) als auch die Möglichkeit des Zuschauens (*audience*).[29] In jeder Interaktion oszilliert jeder der Teilnehmer in diesen beiden Optionen hin und her, ist mal Darsteller, mal Zuschauer und muss darüber hinaus auch sein Zuschauen darstellen und sich als Darsteller dabei zuschauen, wie lange die anderen wohl noch akzeptieren, was er ihnen bietet.

Diese Oszillation zwischen Darstellung und Zuschauen, die beide Formen der Beobachtung und beide Formen der

[27] So André Kieserling, Kommunikation unter Anwesenden: Studien über Interaktionssysteme. Frankfurt am Main: Suhrkamp, 1999. Vermutlich war der Titel irreführend, denn »einfach« ist die Interaktion allenfalls, aber eigentlich nicht einmal das, im Verhältnis zu »komplizierteren« Sozialsystemen: Niklas Luhmann, Einfache Sozialsysteme, in: ders., Soziologische Aufklärung 2: Aufsätze zur Theorie der Gesellschaft. 2. Aufl., Opladen: Westdeutscher Verlag, 1982, S. 21-38.
[28] Siehe Luhmann, Die Gesellschaft der Gesellschaft, a.a.O., S. 812 ff.
[29] Siehe Erving Goffman, The Presentation of Self in Everyday Life. New York: Anchor Books, 1959.

Beobachtung zweiter Ordnung sind, verleiht der Interaktion über eine zweite Unterscheidung nach der ersten zwischen Anwesenheit und Abwesenheit einen strukturellen Reichtum, der dazu genutzt werden kann, die Bedingungen der Anwesenheit zu kultivieren und die Bedingungen der Abwesenheit zu differenzieren. Man kann die Oszillation zwischen Darstellung und Zuschauen beschleunigen und daraus Formen einer hochkultivierten Geselligkeit gewinnen, die niemandem verständlich sind, der nicht gelernt hat, daran teilzunehmen.[30] Man kann jedoch auch Asymmetrien in die Oszillation einbauen und daraus Autoritätsstrukturen gewinnen, die so tun, als sei nur einer der Beteiligten Darsteller (Machthaber, Lehrer, Künstler) und als seien alle anderen Zuschauer, die stillhalten, solange die Darstellung, erkennbar an bestimmten formalen Zeichen, läuft, aber mindestens darstellen müssen, dass sie stillhalten, und mindestens damit rechnen dürfen, dass der Hauptdarsteller zugleich ein Zuschauer der Darstellung des Zuschauens ist und dementsprechend entscheidet, wie lange er so weitermacht und wie er sicherstellt, dass es attraktiv genug bleibt, was er zu bieten hat.

Man sieht, dass spätestens die Gestaltung der Oszillation dafür sorgt, dass die Außenseite der Interaktion etwa in der Form der Inszenierung von Macht, der Organisation von Schule oder des gesellschaftlichen Interesses an Kunst mitgeführt werden muss, weil die Kultivierung der Interaktion anders gar keine Anhaltspunkte für das hätte, was sie ausprobiert. Aber dann gilt auch umgekehrt, dass die Ordnung von Gesellschaft kommunikativ davon profitiert, was sich interaktiv bewährt, und dann mit Blick auf Macht, Erziehung und Kunst ihre eigenen Erwartungen ganz anders sortiert, als

---

30 Das war die Errungenschaft der höfischen Interaktion. Siehe dazu eine entsprechende Klugheitslehre bei Baltasar Gracián, Handorakel und Kunst der Weltklugheit [1647]. Deutsch von Arthur Schopenhauer. Mit einer Einleitung von Karl Voßler, Stuttgart: Kröner, 1978. Und vgl. Ursula Geitner, Die Sprache der Verstellung: Studien zum rhetorischen und anthropologischen Wissen im 17. und 18. Jahrhundert. Tübingen: Hamburg, 1992.

wenn nirgendwo ausprobiert werden könnte, wie lange Bürger, Schüler und das Kunstpublikum stillzuhalten bereit sind.

All dies macht die Interaktion strukturell so reich, dass sich lange Zeit, in Europa vermutlich bis zur Französischen Revolution, die Auffassung halten konnte, die Gesellschaft sei insgesamt über jene Kommunikationen zu ordnen, die sich interaktiv bewähren. Letztlich, so glaubte man, käme es darauf an, dass man sich in der Familie auf die Bedingungen der Anerkennung von Personen und in der Öffentlichkeit und den auf die Öffentlichkeit bezogenen Kabinetten der Politik auf die Bedingungen der Ordnung der Gesellschaft verständige. Mehr brauche man nicht, um die Gesellschaft »gerecht« (Platon) und im Einklang mit ihren eigenen Möglichkeiten (*télos*) zu gestalten. Die Französische Revolution hat diese schöne Hoffnung endgültig zerstört und, mit Hegel formuliert, das Phänomen der Entzweiung an deren Stelle gesetzt.[31] Denn diese Revolution ließ sich nicht als Verständigung aufgeklärter Aristokraten mit reich gewordenen und als Kreditgebern auftretenden Bürgern und an einem Aufstieg ins Bürgertum interessierten Arbeitern und Bauern durchführen, sondern geriet umso mehr außer Kontrolle, je mehr sie genau dies, als Interaktion unter der Guillotine, versuchte.

Man entdeckte, dass es in der Gesellschaft Ordnungen gibt, die sich anders setzen und wieder aufheben als diejenige der Interaktion. Man entdeckte die Gesellschaft und entwickelte zunächst in Fortschrittstheorien (Auguste Comte), dann in Revolutionstheorien (Karl Marx) und schließlich in Dekadenztheorien (Matthew Arnold) verschiedene Auffassungen von dieser Entität, die eine mehr oder minder große Gefahr liefen, sie zu substantialisieren und an die Stelle der Geister und Götter von ehedem zu setzen. Und man entdeckte die Organisation, die im 19. Jahrhundert als die einzige Rückversicherung der Ordnung gegenüber einer zu-

---

31 Siehe Joachim Ritter, Hegel und die französische Revolution. Frankfurt am Main: Suhrkamp, 1965.

nehmend befreiten, liberalisierten Gesellschaft galt,³² weswegen es nicht nur darauf ankam, die Gesellschaft selbst mehr oder minder technokratisch als »Staat«, sondern auch den Protest gegen diese Gesellschaft mehr oder minder revolutionär als »Bewegung« zu organisieren.

Inzwischen, wiederum und durchaus unglücklich klüger geworden durch die Erfahrungen des 20. Jahrhunderts, haben sich die ideologischen Hoffnungen auf Interaktion, Organisation, Bewegung und Gesellschaft gleichermaßen abgekühlt. Daran hat die Soziologie als Aufklärung im Medium der Unterscheidung von Systemen sicherlich ihren Anteil. Inzwischen ist die Interaktion nicht mehr das Leitbild, an dem man auch die anderen Möglichkeiten der Ordnung der Kommunikation misst, sondern nur eine Möglichkeit unter anderen, allerdings eine mindestens ebenso prominente Möglichkeit.

Was also heißt Organisation, wenn man darunter nicht den Gegensatz zu Freiheit (sei es in der Gestalt des Chaos, sei es in der Gestalt des gleichsam unorganisiert geordneten Kosmos) versteht, sondern eine Ordnung der Kommunikation, die ebenso wie alle anderen Ordnungen Freiheit mit Unfreiheit etwa in der Form von Bestimmtheit und Unbestimmtheit miteinander kombinieren muss? Welche Unterscheidung eröffnet die Möglichkeiten der Organisation? Organisation, so greifen wir die Tradition der Organisationstheorie auf,³³ bedeutet zunächst ganz schlicht und wie-

---

32 Siehe Bertrand Russell, Freedom versus Organization, 1814-1914. New York: W. W. Norton & Co., 1934.
33 Siehe nur Herbert A. Simon, Administrative Behavior: A Study of Decision-Making Processes in Administrative Organization [1947]. 4. Aufl., New York: Free Pr., 1997; James G. March und Herbert A. Simon, Organizations [1958]. 2. Aufl., Cambridge, Mass.: Blackwell, 1993; Niklas Luhmann, Funktionen und Folgen formaler Organisation [1964]. 4. Aufl., mit einem Epilog 1994, Berlin: Duncker & Humblot, 1995; und Karl E. Weick, The Social Psychology of Organizing [1969]. 2. Aufl., Reading, Mass.: Addison-Wesley, 1979 (dt. 1985); und vgl. Dirk Baecker, Der Witz der Organisation, in: ders., Organisation und Management: Aufsätze. Frankfurt am Main: Suhrkamp, 2003, S. 141-151.

derum robust, die Mitglieder einer Organisation von ihren Nicht-Mitgliedern unterscheiden und an die Mitglieder einer Organisation Verhaltenserwartungen adressieren und als Prämisse daraufhin möglicher Entscheidungen behandeln zu können, die außerhalb der Organisation keine Chance hätten:

Organisation = Mitglied | Nicht-Mitglied .

Damit machen wir einen wesentlichen Schritt über die Interaktion hinaus, der auch tangiert, was man sich unter der Form der Kommunikation vorstellen kann. Denn Mitglieder von Nicht-Mitgliedern zu unterscheiden bedeutet, sich auch eine Kommunikation vorstellen zu können, die zwischen Teilnehmern abläuft, die in der jeweiligen Situation nicht anwesend sind, sich jedoch trotzdem erreichen und in diesem Sinne auch wahrnehmen können. Der Raum dieser Unterscheidung überschreitet die Bedingung der Anwesenheit. Man kommuniziert mit und unter Abwesenden. Nichts ist unwahrscheinlicher als dies, aber in dem Maße, in dem Organisation gelingt, gelingt es. Ein ungeahnter, die Gesellschaft faszinierender und erschreckender Freiheitsspielraum öffnet sich, gewinnt jedoch nur in dem Maße seine Form, wie Bedingungen gefunden werden, die es für Mitglieder attraktiv machen, sich auch außerhalb der Kontrolle durch Anwesende an die Organisation gebunden zu fühlen. Es dauert Jahrhunderte, bis diese Ordnungsform überhaupt sichtbar, das heißt beobachtbar und unterscheidbar wird. Bis dahin musste sich die Organisation auf Bindungen an die Evidenz organisierter Interaktionen und die diese Evidenz begleitenden gesellschaftlichen Ideologien verlassen. Erst heute steht jedermann vor Augen, dass der entscheidende Freiheitsgrad der Organisation nicht ihre Ordnung, sondern die Entscheidung über die Mitgliedschaft an dieser Ordnung ist, das heißt eine Kommunikation und nicht eine sachgegebene Notwendigkeit.

Dieser Schritt ist hier auch deswegen zu markieren, weil es im Feld der Kommunikationstheorie bislang vor allem Soziologen sind, die sich diese Möglichkeit der Kommunikation unter Abwesenden vorstellen können. Viele andere haben damit Schwierigkeiten, die jedoch verringert werden können, wenn man sich vorstellt, dass die Abwesenheit erstens etwas ist, was als Vorstellungshorizont durchaus anwesend sein kann, und zweitens sowieso nur in den Hinsichten eine Rolle spielt, in denen Anhaltspunkte vorliegen, also anwesend sind, die es erlauben, sich die Abwesenden vorzustellen, die erreicht werden sollen. In Organisationen spielt deswegen die schriftliche und elektronische Aktenführung eine so zentrale Rolle. Diese Akten, welche Gestalt auch immer sie annehmen, legen die Spur, die man verfolgen kann, um Abwesende zu erreichen. Das eigene Türschild, der eigene Schreibtisch, die eigene Unterschriftsberechtigung zusammen mit fallweisen Arbeitsbesprechungen unter Bedingungen der Anwesenheit reichen dann durchaus aus, um die beteiligten Individuen mit einem hinreichenden Wahrscheinlichkeitsbewusstsein für ihre Möglichkeit der Kommunikation auszustatten.

Auch in Organisationen wird der strukturelle Reichtum nicht daraus gewonnen, dass man die Mitglieder einer Organisation dem Zweck und den Zielen der Organisation unterwirft, entsprechend diszipliniert und motiviert und wieder entlässt, wenn sie sich nicht fügen (obwohl genau das natürlich auch vorkommt), sondern daraus, dass die Möglichkeiten der Mitgliedschaft gegenüber den Möglichkeiten der Nicht-Mitgliedschaft profiliert und kultiviert werden.[34] In einer Organisation steht jede Kommunikation unter der

---

34 Siehe jedoch zu einer nach wie vor relevanten Herrschaftstheorie der Organisation und zu Gehorsam als Mitgliedschaftsbedingung: Weber, Wirtschaft und Gesellschaft, a.a.O., S. 125 ff.; und vgl. Klaus Türk, »Die Organisation der Welt«: Herrschaft durch Organisation in der modernen Gesellschaft. Opladen: Westdeutscher Verlag, 1995; ders., Bilder der Arbeit: Eine ikonographische Anthologie. Wiesbaden: Westdeutscher Verlag, 2000.

Bedingung, Mitglieder finden und binden zu müssen, die einerseits die Organisation wieder verlassen können und sich andererseits von Nicht-Mitgliedern der Organisation auf das hin beobachtet wissen, was sie sich in ihrer Organisation zumuten lassen und was nicht. Deswegen oszilliert die organisierte Kommunikation, wenn auch wiederum im Bereich der Mikromomente, zwischen der Zugehörigkeit und der Nichtzugehörigkeit zur Organisation. Und nur deswegen muss die Kommunikation in der Organisation die Form der Entscheidung, das heißt des doppelten Ausweises eines Absender und eines Adressaten der Kommunikation, annehmen. Denn nur so kann sie auf die Bedingung der Mitgliedschaft auf eine Art und Weise zugespitzt werden, die die Organisation in jedem ihrer Momente als Ordnung, das heißt als Möglichkeit und Unmöglichkeit ihrer selbst, zu profilieren und zu überprüfen erlaubt.

Entscheidungen haben den entscheidenden Vorteil, dass sie den anderen binden sollen und daher vorher austesten müssen, unter welcher Bedingung diese Bindung akzeptiert wird. Unter dem Deckmantel der Einbahnstraße (»meine Entscheidung bindet dich«) pflegt die Organisation eine fast nach Belieben steigerbare Form der rekursiven Rückversicherung von Kommunikation an ihrer eigenen Möglichkeit.[35] Nur deswegen konnte es so scheinen, als sei die Organisation die Ordnung schlechthin: Sie hat im Prozess der rekursiven Kommunikation von Entscheidungen Mittel und Wege gefunden, sich selbst zu binden und auf die wenigen Möglichkeiten festzulegen, die sich unter diesen Bedingungen bewährt haben. Anders gesagt, sie hat überzeugende Gründe gefunden, eine Welt von Möglichkeiten auszuschließen, eine Reihe von dazu passenden Mechanismen (Hierarchie, Arbeitsteilung, Routine, Zwecksetzung) entwickelt, diese Möglichkeiten auch tatsächlich zu inhibieren,

---

35 Siehe hierzu Niklas Luhmann, Organisation und Entscheidung. Opladen: Westdeutscher Verlag, 2000; und vgl. ders., Die Gesellschaft der Gesellschaft, a.a.O., S. 826 ff.

und all dies unter dem Gesichtspunkt legitimiert, dass die wenigen realisierten Möglichkeiten (Zwecke, Ziele, Produkte, Verfahren) für die Mitglieder der Organisation und für die relevanten Nicht-Mitglieder (Auftraggeber, Kunden, Kapitalgeber, Partner) attraktiv genug sind, um beibehalten zu werden – und für den Rest der Welt als rational dargestellt werden können.

Aber Vorsicht: all dies ist nach wie vor nur innerhalb der Form der Kommunikation möglich, das heißt nur innerhalb von Strukturen nicht nur der Konditionierung, sondern auch der Einführung von Freiheitsgraden, nicht nur der Bezeichnung effizient und effektiv zu verfolgender Zwecke, sondern auch der Eröffnung eines Raums der Unterscheidung, der auch andere Zwecke vorstellbar macht.[36] Es lohnt sich daher, sich von den Ordnungsfassaden der Organisation nicht blenden zu lassen und sich in jedem einzelnen Fall, handele es sich um eine Behörde, eine Universität, ein Unternehmen, einen Verein, ein Opernhaus oder ein Parteibüro, anzuschauen, wie die Teilnehmer in ihren jeweiligen, als Organisation spezifizierten Ordnungen miteinander auskommen. Karl E. Weick hat zu diesem Zweck das Konzept des *double interact* vorgestellt, das zu beschreiben erlaubt, dass die Perspektiven der an einer Organisation beteiligten Mitglieder der Organisation noch unter den unwahrscheinlichsten Bedingungen spezifischer Arbeitsvorgänge, artifizieller Hierarchien und bislang unerprobter Zwecksetzungen aufeinander bezogen sein müssen, um nur gemeinsam und nur unter der Anerkennung der zwischen ihnen bestehenden Differenz Sinn machen zu können.[37] Niklas Luh-

---

36 In der Betriebswirtschaftslehre als Organisationslehre des Unternehmens findet man kaum noch einen Sinn für diese Doppelseitigkeit der Organisation. Siehe jedoch die Beschreibung der Unternehmensleitung als gleichsam die Außenseite der Form des Unternehmens abdeckenden »irrationalen« dispositiven Faktor der Organisation bei Erich Gutenberg, Grundlagen der Betriebswirtschaftslehre, Bd. 1: Die Produktion [1951]. 24. Aufl., Berlin: Springer, 1983, S. 6 ff. und 132 ff.
37 In: Weick, The Social Psychology of Organizing, a.a.O., S. 110 ff.

mann hat daraus den Schluss gezogen, dass die Kommunikation in der Ordnung der Organisation im Prinzip jederzeit in der Lage sein müsste, sich für unmöglich, ja geradezu für verrückt zu halten – und sich genau dagegen wiederum mit Erfolg wappnen können muss.[38] Man kann, mit anderen Worten, gar nicht ethnographisch genug, das Fremde akzeptierend, mit Organisationen umgehen, um das Unwahrscheinliche zu würdigen, das sie zu realisieren vermögen.

Die Ordnung der Organisation macht in der Ordnung der Gesellschaft einen Unterschied, der Kommunikationen zu sortieren erlaubt, die sonst nirgendwo vorkommen. Daran sind zwei Punkte bemerkenswert. Erstens muss die Organisation in der Lage sein, ihre Differenz mit Blick auf ihre Mitglieder, die Individuen, die sich an ihr beteiligen, zu motivieren. Und zweitens muss die Ordnung der Gesellschaft, innerhalb deren diese Ordnung der Organisation sich realisiert, ebenso gute Gründe haben, sich damit anzufreunden und es zuzulassen, wie die Interaktion, die natürlich massenhaft auch in der Organisation auftritt.

Interessanterweise werden diese beiden Punkte in der Form einer einzigen Bedingung erfüllt. Die Organisation, und nur die Organisation, erlaubt es, Kommunikation an Zielen zu orientieren, das heißt, eine Zukunft festzulegen und mit Blick auf diese Zukunft Vergangenheiten je gegenwärtig als Möglichkeitenraum für unterschiedliche Optionen zu behandeln.[39] Alle anderen Ordnungen der Gesellschaft müssen stattdessen die Zukunft als offen behandeln. Interaktionen können ebenso wenig festlegen, es sei denn durch Organisation, wer als Anwesender weiterhin genügend Motive hat, an ihnen teilzunehmen, wie Gesellschaften entscheiden und gestalten können, was wohl aus ihnen wird. Auch Protestbewegungen können nicht festlegen, dass ihr

---

38 So unter dem Stichwort eines latenten Mitführens der »Möglichkeit der Psychiatrisierung«: Luhmann, Organisation und Entscheidung, a.a.O., S. 141 ff., Zitat: S. 144.
39 So Luhmann, ebd., Kap. 5.

Protest gehört wird und Missstände wie beabsichtigt behoben werden. Nur Organisationen legen, indem sie sich an Zielen orientieren, ihre Zukunft fest. Sie können dies natürlich nur deswegen, weil auch für sie die Zukunft unbekannt ist und weil sie dank der Engführung ihrer Kommunikation auf Entscheidungen nahezu jederzeit, abhängig von deswegen erfundenen »strategischen« Erwägungen, diese Festlegungen auch wieder aufheben und zugunsten anderer Ziele korrigieren können.

Diese Festlegung der Organisation auf eine Zukunft, die in welcher Gestalt auch immer eine Zukunft ihrer selbst ist, macht die Organisation sowohl für ihre Mitglieder als auch für die beobachtende Gesellschaft attraktiv. Man sucht die Beschäftigung in und durch Organisationen, weil man dadurch Zukunftsungewissheit reduzieren beziehungsweise durch die möglicherweise besser, weil im sich selbst bindenden Kollektiv der Beobachter bearbeitbare Ungewissheit der Zukunft der Organisation ersetzen kann. Und alle Nicht-Mitglieder der Organisation in ihrer gesellschaftlichen Umwelt akzeptieren die Organisation, weil nur so sichergestellt werden kann, dass auch morgen noch Möglichkeiten der Seelsorge durch Kirchen, der Versorgung mit Waren und Dienstleistungen durch Unternehmen, der Krankenversorgung durch Krankenhäuser, der Ausbildung durch Schulen und der kriegerischen Auseinandersetzung durch das Militär gegeben sind. In dieser Form akzeptiert die Gesellschaft die Auffälligkeiten organisierten Verhaltens und in dieser Form ordnet die Organisation nicht zuletzt auch die Gesellschaft selber. Es ist daher auch nicht zu verwundern, dass die Gesellschaft das Ordnungsangebot der Organisation auch in Formen ernst nimmt, die die Organisation überfordern: etwa zur Sicherung von Besteuerbarkeiten, zur Sicherung von Arbeitsplätzen oder zur Sicherung von Chancen der Einkommens- und Vermögenssteigerung, ja sogar für den Traum von einer Planung der Gesellschaft.

Allerdings bedeutet dieser Zugriff der Gesellschaft und

einzelner Interaktionen auf das Ordnungsangebot der Organisation nicht, dass man den Unterschied, den die Organisation in der Gesellschaft und gegenüber der Interaktion macht, aus den Augen verlieren würde. Die Bewunderung ihrer Ordnung und kollektiven Handlungsfähigkeit kann jederzeit in Hierarchiekritik umschlagen. Die Bereitschaft, sich auf ihre Fähigkeit zum Treffen kollektiv bindender Entscheidungen zu verlassen, läuft immer parallel zur Unzufriedenheit mit ihren bürokratischen und undemokratischen Strukturen – so als könne man Entscheidungen auch dann haben, wenn man sie rekursiv nur durch die Sicherstellung der ungebundenen Teilnahme aller bindet.

Nicht zuletzt sorgt vermutlich jede Gesellschaft dafür, dass es soziale Puffer zwischen den Anforderungen der Arbeitswelt an die Typik der Kommunikation und den mit dieser Typik häufig nicht kompatiblen Vorstellungen der Restgesellschaft über akzeptable Kommunikationsformen gibt.[40] In Stammesgesellschaften werden vom blutigen Geschäft der Jagd zurückkehrende Männer außerhalb des Lagers in Quarantänestationen erst einmal abgekühlt, bevor sie wieder in Berührung mit Frauen, Kindern und Alten kommen. In den Arbeitsgesellschaften der Moderne gibt es die Einrichtung des inzwischen zur *blue hour* zivilisierten Kneipengangs, während dessen Männer und zunehmend auch Frauen die Heldengeschichten erzählen können, die sie während ihrer Arbeit gerne erlebt hätten und die ihnen zuhause niemand abnimmt. Und wem auch die Heldengeschichten zu anstrengend werden, der kombiniert seine abendlichen Besorgungen mit einem Einkaufsbummel, der ebenfalls gut

40 So die These von Stanley H. Udy, jr., Organization of Work: A Comparative Analysis of Production among Nonindustrial People. New Haven: Hraf Pr., 1959; ders., Work in Traditional and Modern Society. Englewood Cliffs, NJ: Prentice Hall, 1970; ders., Structural Inconsistency and Management Strategy in Organizations, in: Craig Calhoun, Marshall W. Meyer und W. Richard Scott (Hrsg.), Structures of Power and Constraint: Papers in Honor of Peter M. Blau. New York: Cambridge UP, 1990, S. 217-233.

geeignet ist, sich als jenen Souverän eigener Entscheidungen wiederzuentdecken, den man im Umgang mit den Vorgesetzten aus den Augen verloren hat. Die Verlängerung und Freigabe der Öffnungszeiten der Geschäfte kommt diesem Bedürfnis und der Verwandlung noch des *chill out* in einen Akt des Konsums entgegen.

Die Organisation ist im genannten Sinne Ordnung, nämlich im Sinne der Beobachtung ihrer Selbstsetzung und schon deswegen im Sinne der Möglichkeit ihrer Aufhebung. Allerdings zeigt die Ordnung der Organisation vielleicht im Unterschied zur Ordnung der Interaktion, dass Operationen der Form, die auf Aufhebung oder Kompensation hinauslaufen, nicht etwa im Handstreich, im Rahmen eines Federstrichs zu vollziehen sind. Jeder dieser Ordnungen liegt eine mehr oder minder unüberschaubare Zahl von Kommunikationen zugrunde, die Erwartungsstrukturen begründen und von Erwartungsstrukturen bestätigt werden, die weit über die jeweilige Ordnung hinausgehen, nämlich bis hinein in die Ordnung der Gesellschaft reichen. Deswegen ist die Beobachtung der Kontingenz, des Auch-anders-Möglichseins einer Form das eine, ihre Aufhebung aber etwas anderes. Und deswegen ist auch die Beobachtung der Möglichkeit einer Form, etwa als Gründungsidee einer Organisation, das eine und die Setzung dieser Form etwas anderes. Die Geschichte der Revolutionen ebenso wie der Kapitalmärkte ist auch eine Geschichte der mehr oder minder gelungenen Versuche, Organisationen des Staats beziehungsweise der Privatwirtschaft auch wieder loszuwerden, das heißt, vornehmer ausgedrückt, ihnen Exitoptionen einzuräumen, sobald sie sich einmal eingerichtet haben.[41] Wir kommen auf die Ordnung der Organisation in Kapitel 4.7 noch einmal zurück.

---

41 Siehe zum einen und zum anderen: Philip Selznick, The Organizational Weapon: A Study of Bolshevik Strategy and Tactics. New York: McGraw-Hill, 1952; Michael C. Jensen, The Modern Industrial Revolution, Exit, and the Failure of Internal Control Systems, in: Journal of Finance 48 (1993), S. 831-880.

Die Überforderung der Interaktion durch die Ordnung der Gesellschaft und die mehr oder minder radikale Differenz, die die Ordnung der Organisation zu setzen vermag, mögen bereits genügen, um zu begründen, dass die Gesellschaft Anlass genug hat, gegen sich selbst zu protestieren. Wir sehen daher in der Ordnung der Gesellschaft neben der Interaktion, der Organisation und der Gesellschaft insgesamt (auf sie kommen wir gleich zurück) auch eine Ordnung des Protests vor und sprechen immer dann von einer sozialen Bewegung oder auch von einer Protestbewegung, wenn Kommunikationen auftauchen, denen ein Protest gegen die Gesellschaft ein Profil verleiht, das interessanterweise mindestens voraussetzt, dass dieselbe Gesellschaft als Bedingung der Möglichkeit des Protests gleichzeitig auch akzeptiert wird.

Protestbewegungen in diesem Sinne reichen von Revolten und Bauernaufständen bis zu den klassischen Beispielen der modernen Gesellschaft, nämlich Arbeiterbewegung, Frauenbewegung, Friedensbewegung und ökologische Bewegung, sollten jedoch auch weniger begrüßenswerte Erscheinungen wie rassistische Bewegungen, fundamentalistische Bewegungen oder Bewegungen der Ausländerfeindlichkeit mit einschließen. Neuerdings gibt es sogar Protestbewegungen, die gegen sich selber protestieren: Die Globalisierungsbewegung kann man als eine Bewegung beschreiben, die in den beiden miteinander verfeindeten Formen der Globalisierungskritik und der Reformbewegung auftritt, in beiden Formen jedoch dasselbe will, die demokratisch abgesicherte Ordnung der Weltgesellschaft, von der man nicht genau weiß, ob sie nicht mit der gegenwärtig national verfassten Weltgesellschaft identisch ist.[42]

---

42 Siehe hierzu Jörg Bergstedt, Mythos Attac: Hintergründe, Hoffnungen, Handlungsmöglichkeiten. Frankfurt am Main: Brandes & Apsel, 2004; ferner Wolfgang Abendroth, Sozialgeschichte der europäischen Arbeiterbewegung. Frankfurt am Main: Suhrkamp, 1965; und allgemain Charles Tilly, Social Movements, 1768-2004. Boulder, Col.: Paradigm Publ., 2004.

Ebenso wie die Organisation ist auch die Protestbewegung nicht auf Anwesenheit angewiesen, anders als die Organisation ordnet sie allerdings ihren Zugriff auf Abwesende nicht durch die formale Bedingung der Mitgliedschaft, sondern eher informell durch die Attraktivität des Protestes selbst, das heißt durch eine Skandalisierung der Anlässe, durch die Vision einer besseren Gesellschaft und durch die Gemeinschaftsgefühle, die aus der bereits jetzt vorgreifend inszenierten und ritualisierten Möglichkeit einer besseren Gesellschaft resultieren (inklusive der Inanspruchnahme von Gefühlen, die, wie oben gezeigt, aus der Steigerung von Erwartungen zu Ansprüchen resultieren). Im Protest hat sie ihren Freiheitsgrad, in dessen Begründung ihre Bedingungen. Ebenso wie die Organisation ist die Protestbewegung darauf angewiesen, ihren Zugriff auf Abwesende stigmergetisch zu sichern, das heißt über eine Gestaltung von Umwelt, die hinreichend viele, typischerweise meist unbestimmt viele Individuen dazu reizt, sich den Motiven und den Ausdrucksformen des Protests anzuschließen.[43] Dazu dienen Texte, die man liest, wenn man sich gegen dasselbe wendet, ebenso wie Lichterketten, in die man sich einreihen kann, und Unterstützungszahlungen, die sowohl helfen als auch die eigenen Motive unter Beweis stellen.

Wiederum gilt, dass die Protestbewegung eine Ordnung der Kommunikation durch Gesellschaft ist, in die man einsteigen und aus der man wieder aussteigen kann. In der Regel kümmert man sich parallel zum Protest um seine Kinder oder Eltern, geht seiner Arbeit nach, ernährt sich, reist und liest auch andere Bücher als diejenigen der Bewegung. Die

---

43 Siehe zum Konzept der Stigmergie Pierre-P. Grassé, La Reconstruction du nid et les coordinations inter-individuelles chez *Bellicositermes Natalensis et Cubitermes sp*: La théorie de la stigmergie. Essai d'interprétation du comportement des termites constructeurs, in: Insectes Sociaux 6 (1959), S. 41-82; und vgl. Eric Bonabeau, Marco Dorigo und Guy Theraulaz, Swarm Intelligence: From Natural to Artificial Systems. New York: Oxford UP, 1999.

anderen Möglichkeiten bleiben attraktiv, obwohl sie in der Gesellschaft stattfinden, gegen die man protestiert. Man kann sich dann zwar entscheiden, ob nicht etwa die eigenen Eltern, manche Kollegen, besondere Reiseziele oder Ernährungsformen an genau der Misere partizipieren, gegen die man protestiert, aber in der Regel wird man nicht gegen alles protestieren, und dies schon deswegen nicht, weil man dann auch gegen seinen eigenen Protest protestieren müsste. Wir schlagen deswegen vor, die Form des Protests wie folgt zu notieren:

$$\text{Protestbewegung} = \boxed{\text{Protest} \mid \text{Affirmation}}\quad.$$

Das bedeutet, dass die Gesellschaft, gegen die man protestiert, gleichzeitig als das affirmiert, begrüßt und bestätigt wird, dem man immerhin die eigenen Motive verdankt, die Begegnung mit Gleichgesinnten und die Aussicht auf Besserung.[44] Die Bezeichnung des Protests findet statt in einem Raum, der durch die Anerkennung der eigenen Umstände, zum Beispiel die Beschreibung der Zustände als das, was sie aus der eigenen Perspektive sind, eröffnet wird. Man kommuniziert seinen Protest mit einem Seitenblick auf die Affirmation, die es nicht nur erlaubt, den eigenen Protest gut zu finden, sondern auch die Gesellschaft gut zu finden, die Formen vorsieht, in denen gegen sie protestiert werden kann.

Es mag dann für eine Weile attraktiv werden, nach Formen des Protests zu suchen, die so radikal sind, dass die Außenseite der Affirmation abgedunkelt werden kann (zum Beispiel das Engagement in einer terroristischen Vereinigung), oder auch nach Formen des Protests, die so leicht mit der Affirmation verbunden werden können, dass man ohne

---

44 Die entsprechende Paradoxie ist zumindest für die Kulturkritik bereits vermerkt worden. Siehe Theodor W. Adorno, Kulturkritik und Gesellschaft, in: ders., Prismen: Kulturkritik und Gesellschaft. Frankfurt am Main: Suhrkamp, 1955, S. 7-31.

den ständigen Verdacht, man meine es nicht ernst, mit ihnen leben kann (zum Beispiel Fahrradfahren). In jedem Falle stellt die Form der Protestbewegung sicher, dass der Protest gegen die Gesellschaft in der Gesellschaft stattfindet und somit eine Option zur Ordnung der Gesellschaft selber ist. Der Protest stellt sicher, dass die Gesellschaft vollständig ist, wie Luhmann vermutlich formulieren würde: Sie verfügt nun auch über die Möglichkeit ihrer eigenen Negation.[45] Die Negation muss jedoch ihrerseits kommuniziert werden; sie ist eine Operation von Beobachtern erster Ordnung, die in ihrer Kommunikation mit Beobachtern zweiter Ordnung, Gesinnungsgenossen, Gegnern und Journalisten, rechnen und sich daher genauso vergesellschaften wie alle anderen auch. Aber genau darauf zielt der Protest ja auch: Er protestiert gegen die Gesellschaft, um sie zu verändern, und nicht, um sich aus ihr zu verabschieden.

Schließlich die Ordnung der Gesellschaft selber. Sie ist der Inbegriff der Form des Sozialen und kommt in dieser Form in der Gesellschaft unter den anderen Formen des Sozialen selbst noch einmal vor, weil nur so die Fortsetzungsbedingung der Gesellschaft, des Sozialen, selber formuliert werden kann. In jeder spezifischen Form, in einer Interaktion, einer Organisation oder einer Protestbewegung, läuft, so die These, die Reflexion auf die Möglichkeit der Fortsetzung von Kommunikation unter unspezifischen, das heißt erst noch zu spezifizierenden Bedingungen immer mit. Man beobachtet die Einschränkungen der Kommunikation durch Konstellationen der Anwesenheit und Abwesenheit, durch die Bedingung der Mitgliedschaft oder durch die Scheuklappen des Protests – und wünscht sich, unter anderen Bedin-

---

45 Siehe zur Attraktivität, ja Heiterkeit, der Besetzung der entsprechenden Position auch Walter Benjamin, Der destruktive Charakter [1931], in: ders., Denkbilder. Frankfurt am Main: Suhrkamp, 1974, S. 96-98; und zur Negation als Spezialfall der Generalisierung Niklas Luhmann, Über die Funktion der Negation in sinnkonstituierenden Systemen, in: ders., Soziologische Aufklärung 3: Soziales System, Gesellschaft, Organisation. Opladen: Westdeutscher Verlag, 1981, S. 35-49.

gungen weiter kommunizieren zu können. Und umgekehrt entdeckt man, dass man mit den Anwesenden nicht machen kann, was man will, dass nicht einmal die Mitgliedschaft den vollen Zugriff erlaubt und dass der Protest auf halbem Wege stecken bleibt – und rechnet auf eine Gesellschaft zu, die währenddessen weiterkommuniziert und sich als gleichzeitig mitlaufender Horizont anderer Möglichkeiten nicht einfach negieren lässt.

Die Form der Gesellschaft innerhalb der Ordnung der Gesellschaft ist daher die Markierung der Kommunikation selbst, unterschieden von ihrer unbestimmten Außenseite, die in allen spezifischen Formen des Sozialen nur, aber immerhin, als Außenseite der jeweiligen Zweiseitenform eine Rolle spielt:

Gesellschaft = Kommunikation

In dieser Form wird das Unbestimmte als mitlaufende Außenseite der Kommunikation selbst zum Argument, das heißt selbst zu einer den Auswahlbereich möglicher Kommunikationen absteckenden Beobachtung. Je nach Situation, in der man sich befindet, und je nach dem Gegenüber, mit dem man es zu tun hat, kann dieses Argument faszinieren oder erschrecken. Gesellschaft heißt, im Raum einer Unterscheidung zu operieren, der unbestimmt ist, solange nicht kommuniziert wird. In der Kommunikation tauchen Momente auf, die deutlich machen, dass man kommuniziert, aber es auch lassen könnte, und dass man sich genau deswegen in einem Raum von Möglichkeiten bewegt, die den Raum der Möglichkeiten nicht erschöpfen, sondern als unbestimmte Welt mitlaufen lassen. Erst in diesem Moment, daß heißt erst beim Blick auf eine Gesellschaft, die schon deswegen ebenso unsichtbar wie überwältigend auftritt, wird die Kommunikation sich selbst als Freiheitsgrad sichtbar, von dem niemand weiß, wer ihn eingeführt hat (wie im Fall der Welt und des Lebens handelt es sich auch bei der

Kommunikation um eine Einmalerfindung), aber alle darum streiten, wie er zu konditionieren ist.

Dies ist der Anknüpfungspunkt für Religionen aller Art, die schon wissen, dann aber auch entsprechend bezeichnen müssen, wer den unbestimmten Raum eröffnet beziehungsweise offenbart hat, ohne damit anderes festlegen zu können als Optionen menschlicher Kommunikation, die sich angesichts dieses Unbestimmten immer wieder neu bewähren müssen. Wie man bezeichnen kann, was man zugleich unbestimmt lassen muss, weiß deswegen niemand besser als die Theologen. Je nach Bedarf kann aber auch die Individualität des Individuums, die Intentionalität der Handlung, das Zwischen der Intersubjektivität oder das Risiko der Anerkennung dort eingesetzt werden, wo man eine Art Quell der Kommunikation vermutet, ohne es für möglich zu halten, dass die Unbestimmtheit selber vollkommen ausreicht, die Kommunikation mit Motiven der Bezeichnung der Möglichkeiten ihrer eigenen Fortsetzung zu versorgen.[46] Denn genau dann beobachtet sich die Kommunikation selbst und wird finden, was sie braucht.

In Stammesgesellschaften zieht dieses Unbestimmte Versuche der magischen Beherrschung auf sich, in Hochkulturen wird es zum Anlass utopischer Entwürfe und in der gegenwärtigen Gesellschaft nimmt es die Gestalt der Einsicht in die Unbekanntheit der Zukunft an. Und je nach Situation und Gegenüber kann dieses Argument in größter Distanz auf die Gesellschaft schlechthin oder in größter Nähe auf die Situation und das Gegenüber selber bezogen werden. Man ahnt, dass Argumentationen dieses Typs das klassische Geschäft des Intellektuellen sind, trete er nun als Schamane und Magier, als Humanist und Gelehrter oder als Revolutionär und Trendforscher auf. Jeweils geht es darum, das Unbestimmte der Kommunikation in die Kommunikation hineinzuspiegeln und die Kommunikation durch diese

---

46 Siehe dazu mit zahlreichen Anregungen Bernhard Waldenfels, Antwortregister. Frankfurt am Main: Suhrkamp, 1994.

Verunsicherung mit der blanken Notwendigkeit der Fortsetzung zu konfrontieren.⁴⁷ Wird dann gefragt, wie diese Notwendigkeit denn jeweils bewältigt werden soll, können und müssen bestimmte, spezifische Möglichkeiten genannt werden, die wiederum andere Intellektuelle auf den Plan rufen, die damit unzufrieden sind. Das Unbestimmte ist vielfältig bestimmbar, verliert dabei jedoch nie so ganz den Charakter des Unbestimmten.

Interessant ist nun, dass diese Bestimmung der Gesellschaft als Form des Sozialen schlechthin, als unbestimmte Möglichkeit der Fortsetzung von Kommunikation von Intellektuellen verschiedener Couleur semantisch, zugleich jedoch von der Gesellschaft selber strukturell ausgenutzt wird. Die verunsichernde Argumentation des Intellektuellen hat ihr Pendant in verschiedenen Differenzierungsformen der Gesellschaft, in denen das Unbestimmte als solches akzeptiert, lokalisiert und so oft gespiegelt wird, dass es von jeder strukturell bestimmten Form der Gesellschaft aus erreichbar ist. Die Soziologie hat in den vergangenen Jahrzehnten in verschiedenen Forschungsrichtungen vier solcher Differenzierungsformen beschrieben: die Stammesgesellschaft, das Reich, die Hochkultur und die moderne Gesellschaft.⁴⁸ Im Einzelnen gibt es Überschneidungen zwischen diesen Formen, aber im Hinblick auf die Adressierung und Lokalisierung des Unbestimmten für die Zwecke der Kommunikation lassen sie sich hinreichend genau unterscheiden. Das gilt auch historisch. Eine bestimmte historische Abfolge ist angesichts dieser vier Formen unverkennbar; andererseits jedoch hat sich unser historisches Bewusstsein daran gewöhnt, die Gleichzeitigkeit des Ungleichzeitigen für denkbar und für faktisch zu halten, so dass wir wissen, inwiefern die kom-

47 Siehe zur Standardoperation »crossing« des Intellektuellen auch Steve Fuller, The Intellectual. Cambridge: Icon Books, 2005.
48 Siehe einen Überblick bei Uwe Schimank, Theorien gesellschaftlicher Differenzierung. 2. Aufl., Opladen: Leske & Budrich, 2000; und vgl. zum Folgenden Luhmann, Die Gesellschaft der Gesellschaft, a.a.O., Kap. 4.

munikativen Möglichkeiten der Stammesgesellschaft, des Reiches und der Hochkultur nach wie vor unter uns sind.

In der Stammesgesellschaft ist der eigene Stamm das Bestimmte und sind alle anderen Stämme das Unbestimmte. Man weiß, dass es sie gibt, hält die jeweiligen Lebensformen der anderen Stämme jedoch für barbarisch und jede Form der kriegerischen Auseinandersetzung, der wirtschaftlichen Übervorteilung und des Frauenraubs für gerechtfertigt. Immerhin stammt aus dieser Zeit unser genauestes Wissen über die Gefährlichkeit von Grenzen, die Möglichkeit der Infektion, die Notwendigkeit der Beschwörung und Verstellung und die Brisanz der Markierung von Übergangssituationen und -stationen, die allesamt auf eine Dramaturgie sachlicher, sozialer und zeitlicher Unterschiede hinauslaufen, in der die Kommunikation des voneinander Unterschiedenen weniger verhindert als vielmehr orchestriert wird.[49] Die Bestimmtheit des eigenen Stammes sichert diesen nicht nur, sondern gefährdet ihn auch, weil zu unbestimmt ist, wovon er sich unterscheidet.

In einem Reich, einem Imperium, ist das Zentrum der Macht religiös, wirtschaftlich, politisch und nicht zuletzt bürokratisch bestimmt und wird die Peripherie mit der Chance des Einbaus von Abstufungen inklusive der Möglichkeit der Grenzverschiebung durch weitere Eroberungen umso unbestimmter, je weiter man nach außen geht. Man agiert im vollen Bewusstsein der eigenen Macht und weiß um die Anerkennung dieser Macht im gesamten Reich, geht jedoch auf Seiten der Machthaber wie der Unterworfenen zugleich davon aus, dass die Macht an den Grenzen des Reiches endet, also ohnmächtig wird. In dieser Form kann sie wiederum in das Reich hineingespiegelt werden, um herauszufinden, wie man der Macht ausweichen, wie man sie unterlaufen oder wie man aussichtsreichen Widerstand üben

[49] Siehe dazu Edmund Leach, Culture and Communication: The Logic by which Symbols are Connected. Cambridge: Cambridge UP, 1976 (dt. 1979).

kann und natürlich auch, wie man sie wieder ausbauen kann. Für Letzteres zum Beispiel kann es entscheidend sein, an der Peripherie Adressen zu schaffen, die für die eigenen Kommunikationen in den Dimensionen, die man für wichtig hält, erreichbar sind und ihrerseits die Peripherie mit Blick auf das Zentrum ordnen, von dem sie angesprochen werden.[50]

In der Hochkultur ist aus der Perspektive aller Individuen die jeweils eigene soziale Schicht, die Schicht des Adels, des Klerus und der Bauern, später auch der Bürger bestimmt und aus der Perspektive jeder einzelnen Schicht die jeweils andere Schicht unbestimmt. Man weiß, wie man sich als Adeliger, als Priester oder als Bauer benimmt, beschreibt jedoch das Verhalten der anderen als ebenso auffällig wie unverständlich. Erst die Bürger kommen als in dieser Hinsicht untypische und das Schema und damit die Differenzierungsform der Gesellschaft sprengende Schicht auf die Idee, dass man das Verhalten einer anderen Schicht auch dann imitieren kann, wenn man dies außerhalb der gängigen Praxis, sich über die anderen lustig zu machen, ernst meint. Um individuelle Typik zu erlangen, muss man dann nicht mehr so sein wie die anderen der eigenen Schicht, sondern genügt es, selektiv zu kopieren, was man brauchen kann. Die Bürger beginnen mit der Imitation des Adels, führen aber mit zunehmender Verunsicherung hinsichtlich der Frage der eigenen Bestimmtheit auch die Möglichkeit einer Imitation der Bauern und der Arbeiter ein, mit einem Höhepunkt im biedermeierlichen Idyll, das Verhaltensformen des Adels (Geselligkeit), der Bauern (Erdverbundenheit), des Gewerbes (Bodenständigkeit) und der Arbeiter (Fleiß) zu einer nicht sehr dauerhaften Form amalgamiert.

Soziale Ungleichheit heißt in der Hochkultur der stratifizierten Gesellschaft daher nur, dass man weiß, an welchen

---

50 Siehe in diesem Sinne James Dobbins, Nation-Building: The Inescapable Responsibility of the World's Only Superpower, in: Rand Review (Sommer 2003), S. 17-27; und vgl. Jochen Hippler, Nation-Building: Ein sinnvolles Instrument der Konfliktbearbeitung? Bonn: Dietz, 2004.

Verhaltensformen man sich orientiert und an welchen nicht. Die Kommunikation zwischen den Schichten wird auf einige wenige Formen beschränkt (der Herr und sein Kutscher, die Dame und ihr Gärtner, der Fürst auf der Jagd und das im Wald Pilze sammelnde Mädchen), die bald nicht mehr ausreichen, wenn die Gesellschaft komplexer wird und man wissen muss, wie man mit Lehrern, Richtern, Apothekern und umgekehrt mit Schülern, Angeklagten und Kunden umgehen kann, ohne sie nach den Verhaltensmustern ungleicher Schichten zu behandeln.

Aber natürlich kommuniziert man auch in der Hochkultur über beides, über das Bestimmte der eigenen Schicht und über das Unbestimmte der anderen Schicht, und führt kosmologische Denkfiguren mit, die beschreiben, wie sich das eine zum anderen fügt, sich wechselseitig jedoch unbekannt ist und unbekannt bleiben darf. Die Theorie der kapitalistischen Klassengesellschaft von Karl Marx ist ein merkwürdiger Ableger dieser sozialen Form der Hochkultur, indem sie zwei Klassen unterscheidet, deren Bestimmung hegelianisch aus ihrem jeweiligen Gegenüber gewonnen wird (der Proletarier als Nicht-Kapitalist, der Kapitalist als Nicht-Proletarier), und alle anderen Klassen, vor allem das konsumierende, wählende, leitende und sich bildende Bürgertum, aus den Augen verliert.

Zu notieren ist außerdem, dass die soziale Form der Stadt von Anfang an (Babylon) in gewisser Weise quer zu den großen und dominierenden Differenzierungsformen der Gesellschaft steht, das Schema der Zweiseitenform von Bestimmtheit und Unbestimmtheit jedoch präzise erfüllt. Schon Platon entdeckt in seinem Dialog *Politeia*, dass die empirische Vielfalt (gleich Unbestimmtheit?) sich nur schwer mit der Notwendigkeit verträgt, ihre gerechte Ordnung (»Jedem das Seine!«) normativ zu sichern.[51] Aber erst Max Weber bringt auf den Punkt, dass die Herausforderung, aber auch soziale

---

51 Politeia, 427 ff.

Errungenschaft des städtischen Lebens darin besteht, dass hier ganz im Gegensatz zu den Verhältnissen des Stammes, der Sippe und der feudalen Herrschaftsordnungen Unbekannte miteinander leben können und leben müssen.[52] Und erst das Konzept der Ökologie der Stadt, das die Chicagoer Stadtsoziologie in den 1920er Jahren entwickelt,[53] formuliert, dass die soziale Ordnung der Stadt sich über lokale und funktionale Nachbarschaften, Märkte und Nachrichtennetze (Gerüchte, Geschichten, Massenmedien) definiert, die perfekt damit kombinierbar sind, dass die Ordnung der Stadt als ganze unbestimmt ist.

Auch die Stadt ist daher eine soziale Ordnung, die sich selber setzt und wieder aufhebt. Man lässt sich kommunikativ, das heißt in seinem Verhalten, in seinen Beobachtungen und in seinen Gefühlen, auf sie ein, indem man es aushält, dass und wie man mit Unbekannten zusammenlebt, solange nur bestimmte als zivilisiert beschriebene Formen und Rituale bereitstehen, die es erlauben, mit den Unbekannten bekannt zu werden, aber auch umgekehrt, das gilt dann als besonders kultiviert, Bekannte in spezifischen Hinsichten, zum Beispiel im Hinblick auf ihre politischen Präferenzen, ihr Einkommen, ihren Kunstgeschmack, die Intensität ihres Glaubens und ihre erotischen Neigungen, wieder als unbekannt zu behandeln. Die monotheistischen Religionen werden erfunden, damit Städter unter Ausschluss bestimmter Parias zu Kulthandlungen zusammenkommen können, die nicht an die Götter der Stammesgesellschaft und an die Ahnen der Sippschaften erinnern,[54] und das Schlangestehen

---

52 So in: Weber, Wirtschaft und Gesellschaft, a.a.O., S. 727 ff.
53 Siehe Robert E. Park, Ernest W. Burgess und Roderick D. McKenzie, The City [1925]. Reprint mit einer Einleitung von Morris Janowitz, Chicago: Chicago UP, 1967. Vgl. auch Dirk Baecker, Miteinander leben, ohne sich zu kennen: Die Ökologie der Stadt, in: Soziale Systeme 10 (2004), S. 257-272.
54 So Weber, Wirtschaft und Gesellschaft, a.a.O., S. 746 f., der deswegen konfessionelle Verbände gläubiger Einzelner von rituellen Verbänden von Sippen unterscheidet.

beim Brötchenkauf, an Bushaltestellen und an Kinokassen wird erfunden, damit man es in gemeinsam geteilten Situationen aushält, ohne herausfinden zu müssen, ob der andere Freund oder Feind ist. Es genügt vollkommen, ihn als Fremden behandeln zu können, dessen Herkunft kosmopolitisch unbestimmt und dessen Bedingungen des hier Bleibens bürgerlich (mit liberalen Spielräumen und unter Ausschluss von Randgruppen) bestimmt sind.[55]

Die Stadt ist in ihrer sozialen Form so etwas wie der Wiedereintritt der Form der Gesellschaft in die Gesellschaft. Denn in der Stadt wird unbestimmt, was Stämme, Sippen, Zentren und Schichten gerade noch geordnet haben, während neue Bestimmtheiten gewonnen werden (Handel und Verkehr, Bildung und Kultur, Karriere und Individualität), die sich in der vielleicht auch deswegen so genannten »modernen« Gesellschaft auf die Suche nach ihren unbestimmten Außenseiten machen.[56] Mit der Stadt wird die Zweiseitenform von Bestimmtheit und Unbestimmtheit so sehr zum Fraktal, zur selbstähnlichen und vielfältig skalierbaren Struktur der Gesellschaft, dass Stadt und Gesellschaft sich schließlich selbst als unbestimmt setzen können, obwohl jede einzelne Erwartungserwartung, die ein mögliches kommunikatives Ereignis zu strukturieren, das heißt mit anderem zu verknüpfen vermag, immer und grundsätzlich bestimmt ist. Mit anderen Worten, Stadt und Gesellschaft werden modern, das heißt als jeweils bestimmter Modus ihrer insgesamt unbestimmten Möglichkeiten, behandelt. Jede Kommunikation, jede Interaktion, jede Organisation, jeder Protest beginnen an dieser Moderne zu partizipieren und sie, immer in den spezifischen Grenzen der jeweiligen Form,

---

[55] Siehe dazu Rudolf Stichweh, Der Fremde – Zur Evolution der Weltgesellschaft, in: Rechtshistorisches Journal 11 (1992), S. 295-316.
[56] Siehe zur Form der Spannung zwischen Stadt (*capital*) und Staat (*coercion*) als verschiedenen Formen der Vergesellschaftung Charles Tilly, Coercion, Capital, and European States, AD 990-1992. Cambridge, Mass.: Blackwell, 1992, insbes. S. 54 ff.

als willkommene Ressource einer immer neuen eigenen Bestimmung zu kultivieren.

Kaum etwas könnte jedoch mehr in die Irre führen, als die moderne Gesellschaft deswegen aus ihrem Unterschied etwa zur feudalen oder traditionellen Gesellschaft als unbestimmt, als reines Reservoir der Verwirklichung unbekannter Möglichkeiten, zu verstehen, sosehr Fortschritts- und Dekadenztheorien gerade damit rechnen. Tatsächlich muss auch die moderne Gesellschaft als eine soziale Form verstanden werden, die sich auf beiden Seiten der Form, auf der bestimmten Innenseite und der unbestimmten Außenseite, setzt und wieder aufhebt. Nur tut sie dies anders als die Stammesgesellschaft und anders als die Hochkultur.

Spätestens seit Max Weber wird die moderne Gesellschaft als eine Gesellschaft verstanden, die sich funktional in verschiedene soziale Systeme differenziert, in Politik und Wirtschaft, Wissenschaft und Kunst, Recht und Religion, Erziehung und Massenmedien zum Beispiel, die sich jeweils als bestimmt behandeln und alles andere als aus ihrer Perspektive unbestimmt mitlaufen lassen müssen. Die Möglichkeiten der Bestimmung der sozialen Form der Gesellschaft explodieren und die Gesellschaft wird mit politischen, ökonomischen, wissenschaftlichen (technokratischen), ästhetischen, juristischen, religiösen, pädagogischen und publizistischen Ordnungsangeboten überschwemmt, die jedoch alle irgendwann zur Kenntnis nehmen müssen, dass ihre Außenseite unbestimmt ist und sie sich nur davon überraschen lassen können, wie alle anderen mit ihren Angeboten umgehen, wenn sie sie denn zur Kenntnis nehmen. Positivistisch, wie man dann auch gerne sagt, jagt die Einführung eines Freiheitsgrads die nächste, nur um dann feststellen zu müssen, dass auf der Innenseite der Form die Konditionierungen wie von Geisterhand nachwachsen und auf der Außenseite der Form schon wieder neue Spielräume locken.

Auf die verschiedenen Medien der Kommunikation, die jetzt in die Selektion und Motivation von Kommunikation eingreifen, weil anders die zunehmende Unwahrscheinlichkeit der Kommunikation nicht mehr zu bewältigen ist, kommen wir im nächsten Kapitel zurück. Hier gilt es im Rahmen der Beschreibung der sozialen Form der Gesellschaft nur darauf hinzuweisen, dass es der Gesellschaft jetzt insgesamt so geht wie Jean-Paul Sartre beim Spaziergang durch Venedig: das jeweils lockende Ufer des Kanals ist immer das andere.[57] Jede Bestimmung der Gesellschaft durch eines ihrer Funktionssysteme wird als Kandidat für ihre Bestimmung insgesamt gesehen, während jedes einzelne Funktionssystem weiß, dass es seine Anschlussoperationen der Kommunikation von Entscheidungen, Zahlungen, Erkenntnissen, Kunstwerken, Gerichtsurteilen, Glaubensdogmen, Erziehungsversuchen und Unterhaltungsangeboten nur und ausschließlich aus der Unbekanntheit der eigenen Zukunft gewinnt, an der die Operationen aller anderen Systeme einen entscheidenden Anteil haben.

Im Rahmen der so genannten Postmoderne haben wir es gelernt, die Unbestimmtheit aller anderen Funktionssysteme zum Argument innerhalb der Bestimmung jedes einzelnen Funktionssystems zu machen. Das Stichwort der Beliebigkeit erfreut sich seither großer Beliebtheit. Nichts könnte jedoch irreführender sein. Denn selbstverständlich ist auch die Unbestimmtheit oder Beliebigkeit nur eine Seite einer Zweiseitenform, deren andere Seite die Bestimmtheit ist, und zwar nach wie vor die Bestimmtheit zunehmend raffinierter Sozialkalküle in den einzelnen Funktionssystemen. Dass wir als Beobachter von Funktionssystem zu Funktionssystem springen können, mal hier innehaltend und mal dort, bedeutet nicht, dass jedes einzelne Funktionssystem so sprunghaft operiert wie der Beobachter. Aber es wird schwieriger, es zu beschreiben. So viel ist zuzugeben. Wir gewöhnen es uns langsam und zögerlich ab, die Differenzierung der Gesellschaft in Funktionssysteme mit einer sach-

---

57 Siehe Jean-Paul Sartre, Venise, de ma fenêtre, in: ders., Situations. Bd. IV, Paris: Gallimard, 1964, S. 444-459.

lichen Ordnung der Gesellschaft zu verwechseln, und fangen nicht nur an, die Verschränkung und Verknotung von Sach-, Sozial- und Zeitkalkül in jedem einzelnen Funktionssystem zu begreifen und zu beschreiben, sondern auch, unsere eigene ebenso dekonstruktive wie konstruktivistische Beobachterrolle im Umgang mit den Ordnungsangeboten der Funktionssysteme systematisch in Rechnung zu stellen. Zuweilen vermutet man daher, dass die allzu sachliche Differenzierung der Funktionssysteme in der modernen Gesellschaft inzwischen der Differenzierung der Gesellschaft in Netzwerke Platz gemacht hat. Das wird man sehen müssen. Und man wird herausfinden müssen, was das heißt.

Einstweilen kann man davon ausgehen, dass mit dem Begriff des Netzwerks unterstrichen werden kann, dass die soziale Form der Gesellschaft auf der Grundlage der Differenz von Bestimmtheit und Unbestimmtheit der Kommunikation ihr Pendant, ihr Korrelat und vielleicht sogar ihr Prinzip in der Beschreibung von Beobachterpositionen hat, die, so verschieden sie sind, zunehmend kenntnisreich in Rechnung stellen, dass sie ihre Bestimmtheit nicht aus sich selbst, aus einem eigenen Wesen oder einer eigenen Substanz, gewinnen, sondern aus ihrem jeweiligen Gegenüber, das sie jedoch, einfacher ist es nicht, als ebenso unbestimmt setzen müssen wie sich selbst. In dieser sozialen Form der Gesellschaft kommt der von uns erarbeitete Kommunikationsbegriff als Begriff der Beschreibung einer Relation von Bestimmtheit und Unbestimmtheit zu sich selbst. Ob das etwas und was das für die Zukunft der funktional differenzierten Gesellschaft bedeutet, wird man sehen.

Zu unterstreichen ist jedoch noch einmal, dass es uns in dieser Skizze der sozialen Formen der Kommunikation innerhalb der Ordnung der Gesellschaft nicht um die Ausarbeitung einer Gesellschaftstheorie geht. Vielmehr geht es uns darum, diese Formen als simultane Einstiegs- und Ausstiegsbedingungen der Kommunikation in die Kommunikation und aus der Kommunikation zu beschreiben. Das Unbestimmte muss mitgeführt werden, weil man sich sonst nicht bewegen könnte. Jede Bestimmung ist bereits die Konditionierung eines Freiheitsgrads, dem man seine Setzung allzu rasch oft nicht mehr ansieht. Und jede Bestimmung, diejenige der Interaktion, der Organisation, der Protestbewegung, der Stadt oder der Gesellschaft, ist wie immer sequentiell oder simultan als positiver und als negativer Pol der Attraktion von Kommunikation zu sehen. Hegels unglückliches Bewusstsein ist das Korrelat einer unglücklichen Gesellschaft, für die mit jeder einzelnen geglückten Bestimmung sofort andere mindestens ebenso attraktiv werden. Damit kommt man, auch diese Beobachtung zieht sich durch, nur bewusst, aber nicht kommunikativ zurande. Denn das Lob jeder einzelnen Bestimmung weckt sofort den Verdacht, sie sei möglicherweise nicht ganz so lobenswert, während nur ich, korrigiert durch mein Unbewusstes (wenn ich es nur wüsste), weiß, warum ich mit dem glücklich bin, womit ich glücklich bin.

3.4. Selbstbeschreibung

Selbst auf der allgemeinen Ebene, auf der wir uns im Rahmen einer soziologischen Theorie der Kommunikation bewegen, fällt auf, dass die Begrifflichkeit, die wir hier verwenden, ganz zu schweigen von der Perspektive, aus der wir die Formen der Gesellschaft beobachten, nicht identisch sind mit der Art und Weise, wie sich diese Gesellschaft selbst beschreibt. Selbstverständlich ist es Teil unserer Theorie, dass wir behaupten und auch an Beispielen zu zeigen versuchen, dass sich die Gesellschaft so beobachtet, wie wir es hier mithilfe unserer Begrifflichkeit rekonstruieren. Und es ist Teil unserer Theorie, dass wir behaupten und mithilfe von Beispielen plausibel zu machen versuchen, dass sich diese Selbstbeobachtung der Gesellschaft an der Art und Weise, wie sie ihre Kommunikationen verknüpft, aufzeigen und zur Erklärung der entsprechenden Kommunikationen verwenden lässt. Aber das ändert nichts daran, dass die nachlesbaren Texte, in denen die Gesellschaft außerhalb der Soziologie ihre Selbstbeobachtung zur Selbstbeschreibung ausarbeitet, anders aussehen als die Texte der Soziologie.

Diese Differenz zwischen den Texten der Gesellschaft und den Texten der Soziologie ist selbst dann erklärungsbedürftig, wenn man in Rechnung stellt, dass auch die Texte der Soziologie, da sie im Wissenschaftssystem der Gesellschaft von Soziologen angefertigt werden, Texte der Gesellschaft sind und nicht etwa in einem imaginären Außen zu verorten sind. Dabei muss uns hier nicht unbedingt interessieren, warum sich die Texte der Soziologie anders lesen als andere Texte, in denen sie Gesellschaft über sich selbst Auskunft gibt. Hierzu mag es genügen zu wissen, dass die Soziologie dieselbe Frage über die Möglichkeit der sozialen Ordnung, die die Gesellschaft auf der Ebene des Versuchs von Antworten auf diese Frage bewegt, immer wieder als Frage scharf zu stellen versucht, auf die sich die Antwort eben nicht von selbst versteht.[58] Das entspricht der Funktion der Wissenschaft in der Gesellschaft, die nicht etwa darin besteht, etwas genau und objektiv zu wissen, was andere nur subjektiv und ungenau wissen, sondern darin, etwas als Frage und als Problem zu formulieren, um so die Spannbreite möglicher Antworten und somit das evolutionäre Potential der Gesellschaft zu erweitern. Konträr zu jeder zuweilen an die Wissenschaft adressierten Expertenideologie steigert sie nicht die Gewissheit, sondern die Ungewissheit der Gesellschaft, dies allerdings methodisch, das heißt auf dem Weg der Klärung möglicher Techniken der Suche nach sinnvollen Fragen und denkbaren Antworten, und theoretisch, das heißt auf dem Weg eines parallel zum Interesse an Wahrheit, das heißt an der Ausweitung von Erkenntnis auf andere Gegenstände, mitwachsenden Interesses an Unwahr-

---

58 Siehe etwa Shmuel N. Eisenstadt und M. Curelaru, The Form of Sociology: Paradigms and Crises. New York: Wiley, 1976.

heit, das heißt an gesicherten Möglichkeiten, falsch zu liegen.[59]

Was aber beschreiben die Texte der Gesellschaft, wenn sie die Gesellschaft thematisieren? Und vor allem: Was sind die Texte, in denen die Gesellschaft sich selbst thematisiert? Wo findet die Selbstbeschreibung der Gesellschaft statt, von der wir eingangs in diesem Abschnitt so unbekümmert festgestellt haben, dass sie sich von der Beschreibung durch die Soziologie, zu verstehen als wissenschaftlich elaborierte, nämlich methodisch und theoretisch überprüfte Form der Selbstbeschreibung, unterscheidet? Wo schauen wir hin, wenn wir wissen wollen, wie eine Gesellschaft sich außerhalb ihrer Wissenschaft selbst beschreibt?

Es entbehrt nicht einer gewissen Ironie, dass wir auch zur Antwort auf diese Frage auf Theorie zurückgreifen müssen. Schon das Konzept der Selbstbeschreibung ist ja nicht etwa eines, das sich in der Gesellschaft problemlos identifizieren ließe. Wir müssen auf die Theorie der Gesellschaft zurückgreifen, um auch nur die Annahme formulieren zu können, dass sich die Gesellschaft selbst beschreibt, ganz zu schweigen von der Frage, wo und wie sie das tut.[60] Und wir müssen im Rahmen unserer Theorie eine Annahme einführen, wozu sie das tut.

Selbstbeschreibungen, so nehmen wir an, finden dann statt, wenn die Form der Unterscheidung, innerhalb deren Unterscheidung und Bezeichnung sozialer Formen stattfindet, ihrerseits beschrieben wird. Wir halten, mit anderen Worten, nicht bereits jedes Auftauchen des Wortes »Gesell-

---

59 Siehe zu diesem Verständnis von »Wissenschaft« Luhmann, Die Wissenschaft der Gesellschaft, a.a.O.; und vgl. zu »Methode« Edward de Bono, Lateral Thinking: Creativity Step by Step. New York: Harper & Row, 1970; und zu »Theorie« Jacques Derrida, Some Statements and Truisms about Neologisms, Newisms, Postisms, Parasitisms, and Other Small Seismisms, in: David Carroll (Hrsg.), The States of »Theory«: History, Art, and Critical Discourse. New York: Columbia UP, 1990, 63-94 (dt. 1997).
60 Siehe das Konzept der Selbstbeschreibung bei Luhmann, Die Gesellschaft der Gesellschaft, a.a.O., Kap. 5.

schaft« in Pressetexten, Behördenverlautbarungen, Beichtgesprächen, Partykonversationen oder Künstlerbeschwerden bereits für eine Selbstbeschreibung der Gesellschaft, um dann nur noch auszählen zu müssen, wie oft das in welchen Kontexten und seitens welcher Autoren und mit welchen Adressaten vorkommt. Sondern wir suchen nach einer Thematisierung der Form der Gesellschaft selbst, die sich von der in einem soziologischen Text wie dem vorliegenden in einer angebbaren Weise unterscheidet.

Selbstbeschreibungen, so nehmen wir zweitens an, unterscheiden sich von soziologischen Beschreibungen darin, dass sie die Form der Gesellschaft nicht als kontingent, sondern als notwendig beschreiben. Sie rechnen dort auf eine Identität zu, die als selbstverständlich behauptet wird, wo die Soziologie auf eine Differenz zurechnet, die der Erklärung bedarf.[61] Wir schreiben damit der Selbstbeschreibung der Gesellschaft die Funktion zu, dieselbe Form, die in der Gesellschaft die Gesellschaft immer wieder neu mit Unbestimmtheit, nämlich mit erst noch zu konditionierenden Freiheitsgraden, versorgt, als Ort und Quelle von Bestimmtheit zu bestimmen, zu bestätigen und festzuhalten. Wir schreiben ihr die Funktion zu, den Raum der Unterscheidung nicht zu öffnen, um immer wieder neue Bezeichnungen erproben zu können, sondern abzugrenzen und zu schließen, um zu klären und zu normalisieren, mit welchen Bezeichnungen welcher Sachverhalte, Ereignisse und Zustände sinnvollerweise zu rechnen ist und mit welchen nicht. Die Selbstbeschreibung, wenn wir so paradox formulieren dürfen, ist die Konditionierung ohne die dazugehörenden Freiheitsgrade.

Wie jedoch, so können wir dann präzise fragen, lässt sich die Form einer Unterscheidung als Identität beschreiben und kontrollieren? Die allgemeine Antwort auf diese Frage

61 Vgl. dazu auch Luhmann, Soziale Systeme, a.a.O., S. 623 ff.; und ders., Tautologie und Paradoxie in den Selbstbeschreibungen der modernen Gesellschaft, in: Zeitschrift für Soziologie 16 (1987), S. 161-174.

ist, dass eine Form in dem Moment als Identität bestimmt wird, in dem sie als Innenseite einer neuen, einer weiteren Form bestimmt wird. Das führt uns jedoch nicht weiter, da dies das Spiel der Unbestimmtheit auf einer neuen Ebene, auf der Ebene der Eröffnung eines weiteren Raums der Unterscheidung nur wiederholt und verstärkt. Schauen wir uns daher den konkreten Fall an, mit dem wir es hier zu tun haben. Wie lässt sich die Form der Unterscheidung von Bezeichnung und Unterscheidung, ein denkbar allgemeiner konkreter Fall, als Identität setzen, ohne zu riskieren, neue Unbestimmtheiten einzuführen? Die Antwort kann mathematisch nur lauten, dass man versuchen muss, die Variablen der Gleichung

$$\text{Kommunikation} = \overline{\text{Bezeichnung} \,|\, \text{Unterscheidung}}$$

in Konstante zu transformieren, um Bezeichnungen im Kontext von Bezeichnungen und Unterscheidungen im Kontext von Unterscheidungen zu beobachten und sie so auf der Basis ihrer eigenen Unbestimmtheit, weil Auswechselbarkeit, für bestimmt zu halten.

In der mathematischen Notation des Formkalküls transformiert man Variable in Konstante, indem man sie von sich selbst unterscheidet. Der Unterschied ist dann konstant, während das, was er unterscheidet, nach wie vor variabel ist. Wenn wir Bezeichnungen, die für bestimmt, weil durch sich selbst austauschbar, gehalten werden, und Unterscheidungen finden, für die dasselbe gilt, haben wir es, so die These, mit Selbstbeschreibungen der Gesellschaft zu tun.

Und da findet, wer suchet, fallen uns in der Tat zwei Formen der Selbstbeschreibung auf, für die auf der Ebene der Kommunikation im Allgemeinen gilt, was wir hier annehmen, nämlich die Nachricht, produziert durch die Massenmedien, und der Wert, produziert durch die Kultur. Wir behaupten also, dass die Gesellschaft sich selbst beschreibt, indem sie nicht etwa Nachrichten produziert und an Werte glaubt, das wäre noch viel zu unbestimmt, sondern indem sie die Form der Nachricht und die Form des Wertes, beide jeweils bestimmt durch die Austauschbarkeit der Termini der Unterscheidung, pflegt. Die Kultur und die Massenmedien, zu notieren in den beiden Formen

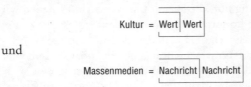

und

halten wir daher für die Formen, in denen die Gesellschaft die Fortsetzungsbedingungen ihrer Kommunikation selber beschreibt, und zwar als mit dieser Gesellschaft identisch und als selbstverständlich, wenn nicht sogar notwendig, beschreibt.

Der Form der Kommunikation ist dies, so behaupten wir weiter, als Selbstbeschreibung angepasst, weil die Kultur es erlaubt, den Raum der Unterscheidungen als mit sich identisch zu setzen, in dem die Kommunikation ihre gesellschaftlich konditionierte Fortsetzung findet, während die Massenmedien es erlauben, alle Bezeichnungen, die in einer Gesellschaft zur Kennzeichnung von Sachverhalten, Ereignissen und Zuständen Verwendung finden, ihrerseits für diesen Sachverhalten, Ereignissen und Zuständen angemessen zu halten. Zugleich erlaubt es die Differenzierung zwischen Kultur und Massenmedien, die in mancher Gesellschaft bis zur Opposition, ja zur wechselseitigen Unverträglichkeit gesteigert werden kann, aus den Augen zu verlieren, dass der Raum der Unterscheidung die Bezeichnungen variabilisiert und die Bezeichnungen den Raum der Unterscheidung erproben. Die Kultur muss es schaffen, soll sie als Selbstbeschreibung funktionieren, sich selbst nicht in der Bezeichnung konkreter Zustände zu riskieren, sondern immer nur im Raum der Werte aufzuhalten, die unbestimmt werden, sobald man sie genauer anschaut, so jedoch nur auf andere Werte verweisen, die man dann zunächst einmal für haltbarer hält, bis man auch sie sich genauer anschaut. Und die Massenmedien müssen es schaffen, Nachrichten zu produzieren, die immer nur im Hinblick auf ein bereits Bestimmtes überraschen, jedoch nie im Hinblick auf ein in ihnen sich zu erkennen gebendes Unbestimmtes. Das heißt, Werte dürfen nicht als Nachrichten und Nachrichten dürfen nicht bewertet erscheinen.

Nachrichten können daher nur an Fakten und Werte nur an Glaubensvorstellungen gebunden sein. In dieser Form beschreiben sie, dass sich die Kommunikation von Bestimmtheit zu Bestimmtheit und von Unbestimmtheit zu Unbestimmtheit hangelt, ohne jemals zu riskieren, das eine für das andere relevant werden zu lassen. Das Spiel dieser Selbstbeschreibung kann man so weit treiben, dass die Massenmedien über die Kultur berichten und die Kultur den Wert der Massenmedien unterstreicht. Aber man riskiert damit, Fakten zu entdecken, die keine Fakten sind, und Werte herauszustellen, die keinen Wert haben.

Geschlossenheit, weswegen man auch von »Programmen« der Kommunikation, also Vorschriften zur Regulierung der Fortsetzung ihrer Operationen sprechen könnte,[62] erreichen diese beiden Formen der Selbstbeschreibung, indem sie dafür Sorge tragen, dass jede von ihnen nur auf sich selbst verweist. Jede Nachricht, darin besteht ihre Form, macht neugierig auf weitere Nachrichten, gleichgültig ob es in den Subprogrammen der Massenmedien um Berichte, Werbung oder um Unterhaltung geht.[63] Nachrichten über Parteitagsbeschlüsse, Steuererhöhungen, Korrekturen von Gewinnerwartungen, Schließungen von Opernhäusern und Gerichtsurteile sind eindeutig im Bezug auf das, was sie berichten, und zugleich eindeutig im Hinblick darauf, dass erst

---

62 Im Sinne von von Foerster, Über das Konstruieren von Wirklichkeiten, a.a.O., S. 45 f.
63 Siehe dazu Luhmann, Die Realität der Massenmedien, a.a.O., S. 53 ff., 85 ff. und 96 ff.

weitere Nachrichten zu bestimmen erlauben, was sie bedeuten. Wird sich die Regierung an die Beschlüsse halten; werden die Steuererhöhungen zur Haushaltssanierung reichen; werden die Arbeitsplätze auch bei den reduzierten Gewinnerwartungen gehalten werden können; werden die Bürger wieder mehr ins Theater gehen; sind die Gerichtsurteile hinreichend begründet, um wieder Rechtssicherheit herzustellen? All dies sind Fragen, die sich nur stellen, weil jede Nachricht als das bestimmt ist, worüber sie berichtet.

Dasselbe gilt für die Werbung und die Unterhaltung. Jede Werbung ist im Hinblick darauf bestimmt, dass sie jetzt Distinktionen für den Konsum von Nahrung, Kleidung, Autos und Reisezielen liefert, die mit Sicherheit bereits morgen durch andere Distinktionen entweder bestätigt und verteidigt oder aber gegen andere Distinktionen ausgetauscht werden müssen. Und jede Unterhaltung schnürt einen Knoten, der seine Spannung daraus bezieht, dass man schon jetzt weiß, dass man, wie immer es ausgeht, unterhalten sein wird. Wenn das misslingt, hat man es nicht mit Werbung und nicht mit Unterhaltung zu tun. So tautologisch muss eine Selbstbeschreibung sein.

Dieselbe Form des Selbstverweises gilt für Werte. Wer einen Wert gesehen hat, hat alle gesehen, was interessanterweise gerade nicht bedeutet, dass sie schlechterdings unverbindlich werden. Werte beziehen ihre Verbindlichkeit aus ihrer Unverbindlichkeit, indem sie sich in dem Maße bewähren, in dem sie unterstellt werden können, ohne auf die Probe gestellt werden zu müssen.[64] Werte dienen dazu, eine Kultur im Sinne einer Präferenzordnung zu strukturieren, damit man weiß, was für wichtig gehalten wird und was nicht, ohne damit jedoch ausschließen zu wollen, fallweise das Unwichtigere für das Wichtigere halten zu können. Auf diese Mobilität und Flexibilität kommt es an, nicht auf die

---

64 So Luhmann, Die Gesellschaft der Gesellschaft, a.a.O., S. 340 ff., im Kontext einer Überlegung, ob Werte als symbolisch generalisiertes Kommunikationsmedium zu bezeichnen sind.

hieb- und stichfeste normative Geltung, die dann von Moral und Ethik um den Preis der Herausarbeitung der Kontingenz der Werte erst eingeklagt werden müssen.

Wer Nachricht sagt, betont die Identität dessen, was in der Kommunikation als bezeichnenswert gelten kann. Deswegen ist in einer Gesellschaft nichts interessanter als das Gerücht, die Geschichte, der Klatsch, die Neuigkeit. Wer sich für diese interessiert, interessiert sich für die Gesellschaft und damit für alle anderen. Wer sich für diese nicht interessiert, muss als Sonderling gelten, markiert damit Grenzen der Kommunikation und wird so als Individuum auffällig, das nur unvollkommen vergesellschaftet ist.

Und wer Wert sagt, betont die Identität dessen, was eine Kommunikation von dem unterscheidet, was andere für selbstverständlich halten. Man weiß deswegen noch nicht, worum es anschließend gehen kann, aber man weiß, mit welchen Gesten der Selbstbehauptung und Verteidigung man rechnen muss. Man weiß, was im Zweifel für richtig und was für falsch gehalten wird.[65] Einer Kultur rechnet man sich zu, indem man sich so verhält, als hielte man ebenfalls für selbstverständlich, was sie für selbstverständlich hält. Wer das Selbstverständliche in Frage stellt, stellt damit in den Augen der Kultur keine Frage, sondern macht sich zum Fremden,[66] denn andere Reaktionen sind im Rahmen von Identitätskonzepten nicht möglich.

---

65 So die Funktionsbestimmung von Kultur letzter Hand bei Talcott Parsons, Culture and Social System Revisited, in: Louis Schneider und Charles M. Bonjean (Hrsg.), The Idea of Culture in the Social Sciences. Cambridge: Cambridge UP, 1973, S. 33-46.
66 Im Sinne von Simmel, Soziologie, a.a.O., S. 764 ff.; und Alfred Schütz, The Stranger: An Essay in Social Psychology, in: American Journal of Sociology 49 (1943/44), S. 499-507.

4. Sinn

4.1. Funktionen

Im vorigen Kapitel ging es um die Strukturen der Kommunikation, in diesem geht es um Funktionen, die sicherstellen, dass die Kommunikation ihre Funktion, die Reproduktion ihrer selbst, erfüllen kann. Während Strukturen Beziehungen zwischen einer Operation und einer anderen herstellen, so dass Gemeinsamkeiten und Unterschiede festgestellt werden können, in jedem Fall jedoch so etwas wie eine Vernetzung hergestellt wird, geht es in Funktionen, wiederum nach Alfred Korzybski, um Beziehungen zwischen Variablen, die jeweils postulieren, dass die Bestimmung einer Variablen, vermittelt über die Funktion, die Bestimmung einer anderen Variablen nach sich zieht.[1] Während die Funktion (im Singular) der Kommunikation auf ihre Reproduktion abstellt, stellen ihre Funktionen (im Plural) somit auf Bestimmungen zweiter Ordnung ab, die jeweils Variablen benennen, aber offen lassen, wie diese Variablen in jedem einzelnen Fall besetzt sind.

Wir verlassen damit die Ebene der Operationen erster Ordnung, die wir im letzten Kapitel bereits durch Überlegungen zu Programmen der Selbstbeschreibung ergänzt hatten, die eine Schließung zweiter Ordnung herstellen, und kommen zur Ebene des Wiedereintritts der Kommunikation in sich selbst, das heißt zu einer Ebene zweiter Ordnung, auf der die Kommunikation ihre eigenen Möglichkeiten zum einen laufend bestätigt, zum anderen jedoch auch erweitert, indem sie ihre bereits gesetzten und erprobten Möglichkeiten und deren Struktur auf mögliche weitere Anschlüsse hin beobachtet. Wir sprechen vom Sinn der Kommunikation, um die Voraussetzung und die Resultate der durch diese

---

[1] Siehe Korzybski, Science and Sanity, a.a.O., S. 133 ff.

Funktionen hergestellten Beziehungen zwischen kommunikativen Ereignissen zu beschreiben. Und wir bleiben dabei, dass auch dieser Sinn jeweils nur operativ, das heißt abhängig von der tatsächlichen Herstellung der jeweiligen Beziehung durch einen Beobachter, der sich von einem anderen Beobachter beobachten lässt, gegeben ist.

Wir haben es auch beim Sinn der Kommunikation, genauso wenig wie bei ihrer primären Funktion oder bei ihren Strukturen, nicht mit Substanzen, Essenzen, Dingen oder Ereignissen zu tun, die ihr vorausliegen, Kommunikabilien im Sinne von Heinz von Foerster, sondern ausschließlich mit Ereignissen, die sie selbst produziert, und mit Dingen, die sich als rekursive Bezugspunkte ihrer selbst als solche bewährt haben.[2] Auch die Rede von Substanzen und Essenzen inklusive ihrer Behauptung als Externalitäten bewährt sich nur kommunikativ und kann daher daraufhin beobachtet werden, in welchen Situationen und mit Verweis auf welche Substanzen und Essenzen sie sich bewährt.

Wir bezeichnen die Voraussetzungen und Resultate des Operierens der Funktionen der Kommunikation deswegen als Sinn, weil wir damit an eine von Edmund Husserl und Alfred Schütz bis zu Niklas Luhmann und Karl E. Weick reichende Tradition anschließen können, die mit der Idee gearbeitet hat, dass jede Kommunikation (und jeder bewusste oder bloß wahrnehmende Gedanke) etwas Bestimmtes im Horizont möglicher Verweisungen auf noch Unbestimmtes, aber Bestimmbares, bezeichnet.[3] Diese Idee ist isomorph zur ursprünglichen Einsicht Shannons, das heißt zur Definition

---

2 Siehe wiederum die Beiträge »Epistemologie der Kommunikation« und »Gegenstände: greifbare Symbole für (Eigen-)Verhalten« in: von Foerster, Wissen und Gewissen, a.a.O.

3 Siehe Husserl, Logische Untersuchungen, a.a.O.; Schütz, Der sinnhafte Aufbau der sozialen Welt, a.a.O.; Luhmann, Sinn als Grundbegriff der Soziologie, a.a.O.; Karl E. Weick, Sensemaking in Organizations. Thousand Oaks: Sage, 1995. Siehe zur Entdeckung der Immanenz des Sinns in der Philosophie Dirk Rustemeyer, Sinnformen: Konstellationen von Sinn, Subjekt, Zeit und Moral. Hamburg: Meiner, 2001.

einer Information als Selektion (und damit Bestimmung) einer Nachricht aus einem Raum möglicher anderer Nachrichten. Sinn ist damit jene Operation, die nicht nur, wie die Erwartung, etwas bestimmt, damit es irgendwie weitergehen kann, sondern darüber hinaus Relationen herstellt, die den Raum des Möglichen zurück auf jede einzelne Möglichkeit und jede Möglichkeit zurück auf den Raum des Möglichen beziehen. Sinn vernetzt das Bestimmte mit dem Unbestimmten auf eine zugleich bestimmte, einzelne Möglichkeiten bezeichnende, und unbestimmte, andere Möglichkeiten in Reichweite rückende Art und Weise. Auf diese Art und Weise ist Sinn die »Ordnungsform menschlichen Erlebens«, wie Niklas Luhmann feststellt;[4] und wir müssen offen lassen, ob das, was wir als Sinnleistung für Kommunikation und Bewusstsein beobachten, strukturell und funktional auch außerhalb dieser menschlichen Welt eine Rolle spielt.

Karl E. Weick hat in seinen Arbeiten zum *Sensemaking in Organizations* und über das *Making Sense of the Organization* gezeigt, wie dieser am Horizont des Möglichen orientierte Sinnbegriff auch für die Beobachtung von Organisationen fruchtbar gemacht werden kann, indem man strikt darauf achtet, wie Kommunikation und Wahrnehmung, Arbeit und Entscheidung sich in einer Welt der Produkte, Technologien und Verfahren bewähren, die selbst nicht sinnhaft verfasst ist und damit außerhalb einer von Kommunikation und Wahrnehmung gezogenen Grenze operiert.[5]

In den Begriffen des Formkalküls liegt der Unterschied zwischen Erwartungsstrukturen und Sinnfunktionen der Kommunikation darin, dass Erwartungsstrukturen sich damit begnügen, den durch eine Unterscheidung eröffneten Raum der Möglichkeiten für einzelne und im Raum dieser Möglichkeiten austauschbare Bezeichnungen zu nutzen, Sinnfunktionen jedoch darüber hinaus die Form dieses

---

4 So in: Luhmann, Sinn als Grundbegriff der Soziologie, a.a.O., S. 31.
5 Siehe Weick, Sensemaking in Organizations, a.a.O.; ders., Making Sense of the Organization. Oxford: Blackwell Business, 2000.

Raums der Möglichkeiten beobachten, das heißt auf den unmarked state auf der Außenseite der durch die Unterscheidung und eine Bezeichnung bezeichneten Form reflektieren. Diese Reflexion wird ihrerseits operativ vollzogen, das heißt, sie findet im Rahmen der gesetzten Unterscheidung und einer Bezeichnung als Markierung der mitlaufenden möglichen Unbestimmtheit dieses Rahmens statt.

Das bedeutet zum einen, dass zusätzliche Unbestimmtheit und Unsicherheit kommunikativ verfügbar werden, heißt dann jedoch zum anderen auch, dass die Kommunikation zusätzliche Techniken der Unsicherheitsabsorption entwickeln muss, die die Kommunikation stabiler in sich verankern, während und indem sie eine größere Instabilität erschließen. Es ist dann unwahrscheinlicher, dass überhaupt etwas geschieht, wenn es jedoch geschieht, hat es aus der Abarbeitung und Überwindung dieser Unwahrscheinlichkeit eine größere Zwangsläufigkeit gewonnen. Wir haben es hier wiederum mit der Denkfigur der Einführung von Freiheitsgraden zwecks Konditionierung der Freiheitsgrade zu tun, ergänzen diese jedoch hier mit der aus der Organisationstheorie bekannten Idee der Unsicherheitsabsorption.[6] Diese Idee verweist darauf, dass Kommunikation ihre eigene Attraktivität inklusive ihrer Verführungskraft und Macht steigern kann, indem sie einen Verweis auf die Unsicherheit mitlaufen lässt, mit der man sich auseinander setzen müsste, wenn man die Kommunikation nicht so akzeptiert, wie sie angeboten wird.

Wir beschreiben in diesem Kapitel fünf Funktionen der

---

6 Zu »uncertainty absorption« siehe March und Simon, Organizations, a.a.O., S. 164 ff. (1993); und vgl. Michel Crozier und Erhard Friedberg, L'acteur et le système: Les contraintes de l'action collective. Paris: Le Seuil, 1977, insbes. S. 78 ff.; sowie im Kontext von Organisation und einer möglichen Generalisierung Luhmann, Organisation und Entscheidung, a.a.O., Kap. 6; ders., Die Politik der Gesellschaft. Hrsg. André Kieserling, Frankfurt am Main: Suhrkamp, 2000, S. 238 ff. und 266 ff.; ders., Die Religion der Gesellschaft. Hrsg. André Kieserling, Frankfurt am Main: Suhrkamp, 2000, S. 234 ff.

Kommunikation, die in diesem Sinne in der Lage sind, Sinn aus der Appräsentation von Unsicherheit und ihrer Absorption zu gewinnen. Es mag sein, dass die Liste dieser fünf Funktionen nicht vollständig ist, aber auch hier kommt es uns nicht auf die Schließung des Modells, sondern auf seine Plausibilisierung im Rahmen seiner Erprobung an. Diese fünf Funktionen sind das System, die Person, die Medien, das Netzwerk und die Evolution, die jeweils als unterschiedliche Formen der Herstellung von Beziehungen zwischen Variablen gesehen werden, in denen die Bestimmung der einen Variablen die Bestimmung einer anderen Variablen nach sich zieht, jedoch unbestimmt und damit bestimmbar bleibt, wie eine Variable im Einzelfall bestimmt wird. Die Systemfunktion relationiert Reproduktion und Störung, die Personenfunktion Attribution und Situation, die Medienfunktion Selektivität und Motivation, die Netzwerkfunktion Identität und Kontrolle und die Evolutionsfunktion Retention, Selektion und Variation. Die Unsicherheit wird jeweils auf Störung, Situation, Motivation, Kontrolle und Variation und ihre Absorption jeweils auf Reproduktion, Attribution, Selektivität, Identität und Retention zugerechnet.

Es ist kein Zufall, dass wir uns gerade diese fünf Funktionen anschauen, und erst recht kein Zufall, dass wir sie so beschreiben, wie gerade geschehen. Wir greifen damit fünf Theorieangebote auf, die Systemtheorie, die Attributionstheorie, die Medientheorie, die Netzwerktheorie und die Evolutionstheorie, die zwar nicht als Thesen zu Funktionen der Kommunikation formuliert worden sind, aber genau darin eine ihrer Pointen haben. Mit anderen Worten, wir vermuten, dass die gegenwärtig wohl prominentesten Theorieangebote im Feld der Sozialwissenschaften ihre Begründung auch darin haben, dass sie auf Phänomene und Ordnungsprobleme der Kommunikation antworten. Unser Modell der Kommunikation liefert damit eine Reinterpretation dieser Theorieangebote und einen Versuch, sie als parallel liegende, sich partiell auch überschneidende, aber nicht aufeinander reduzierbare Formen der Beobachtung von Kommunikation fruchtbar zu machen. Es macht Sinn, sich diese Funktionen im Zusammenhang ihrer Ordnungsleistungen in der Kommunikation anzuschauen, doch macht es ebenso viel Sinn, sie voneinander zu unterscheiden, damit man nicht die Leistung der einen auch von der anderen fordert.

Jede einzelne dieser Funktionen hat die bereits behandelten Strukturen der Kommunikation zur Basis und zum Argument, ohne deswegen daran gebunden zu sein, diese Strukturen so zu bestätigen, wie sie sich bisher bewährt haben. Funktionen stehen in einem Induktions-, Deduktions- und Abduktionsverhältnis zu Strukturen und können somit auch zur Produktion neuer, allerdings in einem bestimmbaren Verhältnis zu den alten stehenden Strukturen führen. In Ludwig Wittgensteins *Tractatus logico-philosophicus* heißt es unter Punkt 5.251: »Eine Funktion kann nicht ihr eigenes Argument sein, wohl aber kann das Resultat einer Operation ihre eigene Basis werden.«[7] Für den Fall der Kommunikation relativieren wir diese Einsicht. Im Kontext der Kommunikation muss eine Funktion als ihr eigenes Argument auftauchen können, weil anders der Rahmen der Unsicherheitsabsorption für jede einzelne Operation nicht aufgespannt werden könnte. Damit wird der Bezug der Funktion auf die Operation, aber auch die Operation der Funktion gesichert, und man kann sich darauf konzentrieren zu beobachten, zu welchen Resultaten ihre Operation führt. Die mathematisch-logische Formulierung dieses Zusammenhangs klingt kompliziert, doch darf man sich darauf verlassen, dass nichts komplizierter sein kann, als es die Kommunikation zulässt. Es geht immer wieder nur darum, sich anschauen zu können, welche Unterscheidungen welche Bezeichnungen, welche Freiheitsgrade ihre Konditionierung und welche Unsicherheit ihre Absorption zulassen.

---

7 Ludwig Wittgenstein, Tractatus logico-philosophicus [1921]. Frankfurt am Main: Suhrkamp, 1963.

4.2. Systeme

Der Systembegriff hat eine lange Geschichte, die, wie Peter Fuchs jüngst noch einmal gezeigt hat,[8] bis auf Hippokrates und dessen Beschreibung des *kósmos* als Umwelt des Menschen zurückgeführt werden kann, im 19. Jahrhundert vom Physiologen Claude Bernard als Korrelat einer Beschreibung der *milieux internes* des Organismus verwendet wurde und seine Karriere im 20. Jahrhundert im Zusammenhang mit dem Postulat der Selbstorganisationsfähigkeit komplexer Phänomene und der Einführung des Computers als neuem Gegenstand der Forschung und neuem Rechenapparat fortsetzt. Darauf müssen wir hier im Einzelnen nicht eingehen.[9]

Wichtig für unsere Zwecke ist, dass der Systembegriff die Reproduktionsfähigkeit eines Phänomens im Kontext der Fähigkeit dieses Phänomens, Störungen zu verarbeiten, beschreibt. Systeme sind grundsätzlich fehlerfreundliche (das heißt Fehler akzeptierende und bewältigende) Funktionen, weil sie in der Lage sind, Fehler zu erkennen, zu beheben und in Zukunft eher zu vermeiden als zu wiederholen. Das muss im Übrigen nicht heißen, dass sie laufend lernen. Es kann auch heißen, dass sie gelernt haben, sich ihre stabile oder für stabil gehaltene Umwelt zu suchen und sich hinfort auf die Kunst, nicht zu lernen, kaprizieren, wie es in einem Buchtitel von Fritz B. Simon heißt.[10]

Die Systemfunktion hat folgende Form:

---

8 Siehe Peter Fuchs, Die Metapher des Systems: Studien zur allgemein leitenden Frage, wie sich der Tänzer vom Tanz unterscheiden lasse. Weilerswist: Velbrück, 2001, S. 61 ff.
9 Siehe jedoch Dirk Baecker (Hrsg.), Schlüsselwerke der Systemtheorie. Wiesbaden: VS Verlag für Sozialwissenschaften, 2005.
10 Nämlich in: Fritz B. Simon, Die Kunst nicht zu lernen: Und andere Paradoxien in Psychotherapie, Management, Politik. Heidelberg: Carl-Auer-Systeme Verlag, 1997. Die Konsequenz kann dann nicht überraschen: ders., Gemeinsam sind wir blöd!? Die Intelligenz von Unternehmen, Managern und Märkten. Heidelberg: Carl-Auer-Systeme, 2004.

System = Reproduktion │ Störung .

Die Zuspitzung der Funktion des Systems auf die Bearbeitung von Störungen ist in der Literatur nicht unumstritten. Vielfach findet man eine Präferenz für ein eher systemisches als systemtheoretisches Denken, unter dem man ein Festhalten an der Vorstellung einer kosmologisch verstandenen Umwelt verstehen kann, die nicht auf ihre Fähigkeit der Störung reduziert werden darf, weil man damit die Ganzheitlichkeit der Welt aus den Augen verliert. Außerdem hat man in der ökologischen Reflexion oft eher den Eindruck, dass die Systeme stören und nicht etwa ihre Umwelt. Diese Vorstellungen respektieren wir, machen jedoch darauf aufmerksam, dass die Wendung des Blicks auf störende Systeme voraussetzt, dass in der Umwelt Systeme identifiziert werden, für die diese Störung einen Unterschied macht – und dann sind wir wieder bei einem eher systemtheoretischen als systemischen Ansatz, für den die Unterscheidung, die Differenz des Zusammenhangs den Ausgangspunkt liefert und nicht die Einheit oder gar Identität des Zusammenhangs. Diese beiden Ansätze laufen in der Literatur auch deswegen durcheinander, weil sie sich in ihrer erkenntnistheoretischen Zuspitzung beide beim selben Denker, nämlich bei Gregory Bateson, finden lassen und es somit nicht immer deutlich ist, dass sie sich auch unterscheiden lassen.[11]

Wir verfolgen im Weiteren wie auch bisher einen differentialistischen Ansatz und lassen ein unseres Erachtens eher ideologisches Interesse am Zurückbuchstabieren jeder Differenz und jeder Form auf die Einheit des Ganzen auf sich beruhen. Für uns ist dieser differentialistische Ansatz auch darin begründet, dass wir anders von Form, von Struktur,

---

[11] Siehe vor allem Bateson, Steps to an Ecology of Mind, a.a.O.; ders., Mind and Nature: A Necessary Unity. New York: Dutton, 1979 (dt. 1982); ders. und Mary Catherine Bateson, Angels Fear: Towards an Epistemology of the Sacred. Toronto: Bantam Books, 1988 (dt. 1993).

von Sinn und von Funktion, ganz zu schweigen von Kommunikation, gar nicht reden könnten. Denn jeder dieser Begriffe setzt voraus, dass in jeder Bestimmung ein Unbestimmtes, aber Bestimmbares mitläuft, dessen Bestimmung einen neuen Unterschied macht, aber nicht etwa die Welt in ihrer Einheit erfasst.[12]

Für die Kommunikation bedeutet die Systemfunktion einen doppelten Bezug zwischen der Unsicherheit jederzeit möglicher Störungen, repräsentiert durch den Begriff der »Umwelt«, einerseits und der in der Bearbeitung dieser Unsicherheit, und nur dort, verankerten Möglichkeit der Reproduktion des Systems andererseits. Gemeint ist damit, dass die Systemfunktion die Reproduktion der Kommunikation unter der Bedingung sicherstellt, dass Störungen dieser Kommunikation sie entweder zerstören (das ist physisch ebenso möglich wie psychisch und sozial) oder von ihr zugunsten ihrer eigenen, wie immer variierten Fortsetzung bewältigt werden.

Ein Beispiel kann deutlich machen, was gemeint ist. Nehmen wir den Touristen, wie er von Dean MacCannell beschrieben worden ist.[13] Touristen kommunizieren untereinander, indem sie die Vielfalt der unbekannten, mehr oder minder exotischen Welt auf eine bestimmte Menge historischer und regionaler Schemata unter den Bedingungen bestimmter Transport-, Hotel- und Gastronomiestandards reduzieren und diese reduzierte Welt mit den Artefakten der Sehenswürdigkeiten und der Souvenirs dann wiederum mehr oder minder reichhaltig ausstaffieren. MacCannell macht darauf aufmerksam, dass dies in der modernen Gesellschaft in zwei Richtungen geschieht, in der touristischen Erschließung des (möglichst südlichen) Landes durch die

12 Siehe an zwei Beispielen Niklas Luhmann, Frederick D. Bunsen und Dirk Baecker, Unbeobachtbare Welt: Über Kunst und Architektur. Bielefeld: Haux, 1990.
13 Siehe Dean MacCannell, The Tourist: A New Theory of the Leisure Class. New York: Schocken, 1976; und ders., Empty Meeting Grounds: The Tourist Papers. London: Routledge, 1992.

(eher nördlichen) Städter in der einen Richtung und der touristischen Erschließung der Zentren der Wohlfahrt und Macht durch Leute aus entfernten Regionen in der anderen Richtung. Wir beziehen uns im Folgenden vor allem auf die erste Richtung. Hier etabliert sich ein in Schemata, Standards und Artefakten, heute zunehmend in Shopping und Wellness thematisch abgesichertes Kommunikationssystem, in dem sich Touristen an bestimmten Merkmalen der Kleidung und des Verhaltens erkennen und gegenseitig kenntlich machen und das man sich daraufhin anschauen kann, ob und wie es mit der Umwelt zugerechneten Störungen zurande kommt, mit schlechten Betten, ungenießbarem Essen, eingerüsteten Baudenkmälern, verschmutzten Stränden, rüdem Verhalten der Einwohner, schlechten Animateuren, terroristischen Anschlägen und nicht zuletzt lautstarkem Verhalten von Touristen aus anderen Heimatregionen. Die Unsicherheit der Reproduktion dieses Systems lässt sich immer wieder auf die Frage zuspitzen, ob man sich unter diesen Bedingungen noch erholen kann (beziehungsweise was unter diesen Bedingungen Erholung noch heißen kann), während die Absorption dieser Unsicherheit im genauen Wissen um die Wahrscheinlichkeit der Störung dann doch wieder auf Merkmale zielt, die das jeweilige Feriengebiet und Hotel von allen anderen Feriengebieten und Hotels unterscheiden.

Die Systemfunktion beschreibt, ob und wie die Störungen aufgegriffen oder ignoriert, reinterpetriert und bewältigt werden, indem der Sinn der touristischen Kommunikation sich auf sie einstellt und man entweder die Reiseziele wechselt oder seinen eigenen Erwartungshaushalt kognitiv umstellt (man findet Gefallen an der Animation) oder normativ stark macht (man prozessiert für die Einhaltung der Standards). Deswegen gehören Gespräche über Urlaubsziele zu Hause, vorher und nachher, ebenso zum Kommunikationssystem Tourismus wie ökologische Anforderungen an die Wasserqualität, ethische Anforderungen an das Verständnis der durch den Tourismus belästigten Einwohner, neue Formen von Reiseliteratur und rechtliche Auseinandersetzungen mit den Reiseveranstaltern. All dies sind einzelne thematische Strukturen der Erprobung und Durchsetzung möglicher Erwartungserwartungen, die die Kommunikation reproduzieren, solange dies möglich ist, und dabei das System in der Auseinandersetzung mit seiner Umwelt laufend ebenso bestätigen wie verändern. Deswegen ist das System als Funktion seiner selbst in der Auseinandersetzung mit einer sich verändernden Umwelt nur dasselbe, indem es nie dasselbe ist.[14]

Die Systemtheorie hat eine eigene Begrifflichkeit entwickelt, um verschiedene Merkmale der Operation dieser Systemfunktion zu beschreiben.[15] Der möglicherweise wichtigste dieser Begriffe ist der Begriff der Grenze. Dieser Begriff macht darauf aufmerksam, dass ein System sich über der Bewältigung seiner Störung nur dann reproduzieren kann, wenn es angesichts jedes kommunikativen Ereignisses erkennt, das heißt unterscheidet, ob dieses kommunikative Ereignis innerhalb der Grenzen oder außerhalb der Grenzen des Systems zu lokalisieren ist. An der Karriere des Shoppings im Tourismus in den letzten Jahrzehnten kann man gut studieren, wie die Versorgung mit Kleidern, Schmuck, Uhren und vor allem und immer wieder T-Shirts (in ihrem Grenzstatus zwischen Kleidung, Souvenir und Gag), die innerhalb der Konsumgesellschaft (ein anderes Beispiel!) zunächst außerhalb der Grenzen des Tourismus verortet worden war, in diesen allmählich hineinwanderte, indem zunächst das Exotische und dann das Luxuriöse und schließlich das Gelegentliche und Typische zum Gegenstand eines touristischen Konsums wurden. Es ist somit ein Kennzeichen der Grenze, dass es sie geben muss, damit sie verschoben, überschritten und beschritten werden kann. Damit ist

---

14 Siehe oben, Abschnitt 1.2.
15 Vgl. hierzu und zum Folgenden Luhmann, Die Gesellschaft der Gesellschaft, a.a.O., S. 92 ff.; außerdem ders., Einführung in die Systemtheorie. Hrsg. Dirk Baecker, Heidelberg: Carl-Auer-Systeme, 2002.

immer ein kleiner oder großer Konflikt verbunden, wie man an der prekären Versöhnung des Konflikts zwischen Umweltschutz und Tourismus in der Institution des Nationalparks oder an der Einigung einer Familie darauf, dass man im Urlaub vielleicht vor dem Abendessen shoppen gehen kann, aber danach nicht mehr (weil die Erholung der einen gefährdet ist, wenn die anderen sich beim Einkaufen erholen), sehen kann. Grenzen ordnen daher nicht etwa eine bereits dinglich gegebene Welt, sondern markieren allererst verschiedene Dinge als das, was dazugehört oder nicht dazugehört.

Ein weiterer Begriff, der die Systemfunktion beschreibt, ist der Begriff der operationalen Schließung, ergänzt durch den Begriff der strukturellen Kopplung, beide vorgeschlagen im Rahmen einer Theorie autopoietischer, sich selbst herstellender (griech. *autós poíesis*) Systeme von den beiden Neurobiologen Humberto R. Maturana und Francisco J. Varela.[16] Hierbei geht es darum, dass Systeme ihre Operationen weder importieren noch exportieren können, so wie, das war hierfür das Paradigma, ein Gehirn oder Bewusstsein nicht aus sich herausdenken und interessanterweise auch keine Gedanken importieren kann, sondern selber denken muss. Wenn es dem Tourismus im Rahmen seiner Schemata, Standards und Artefakte nicht gelingt, sich ein Phänomen operational, das heißt als Unterscheidung im eigenen Sinnhaushalt, zu erschließen, bleibt es draußen, wie sehr auch ein externer Beobachter vermuten mag, dass es touristisch attraktiv sein müsste. Ausflüge auf Bauernhöfe, in Klöster, ins Weltall, in Töpferwerkstätten und in Schönheitskliniken sind touristisch operational erschlossen, während man in Schulen, Gefängnissen, Gerichten, Fabrikhallen und Vor-

---

16 Siehe vor allem Humberto R. Maturana und Francisco J. Varela, Autopoiesis and Cognition: The Realization of the Living. Dordrecht: Reidel, 1980; ferner dies., The Tree of Knowledge: The Biological Roots of Human Understanding. Erg. Aufl., New York: Shambala, 1998 (dt. 1987); Humberto R. Maturana, Biologie der Realität. Aus dem Englischen von Wolfram K. Köck, Frankfurt am Main: Suhrkamp, 2000.

standsetagen keinen Urlaub machen kann, so groß auch immer die allerdings eben nicht touristische Neugier auf sie sein mag.

Der Begriff der operationalen Schließung bedeutet hier, dass man erst dann mit der Möglichkeit des Urlaubs an diesen noch ungewöhnlichen Orten rechnen kann, wenn es gelungen ist, in ihnen Komplementärerwartungen zu etablieren, die es erlauben, den Einwohner und Eingeborenen vom Touristen und Zuschauer zu unterscheiden und auf diesen Unterschied bezogene Kommunikationen zwischen ihnen zu ermöglichen.

Die Bedingung dieser Engführung und Erweiterung der operationalen Schließung beschreibt der Begriff der strukturellen Kopplung. Mithilfe dieses Begriffs schaut man sich an, welche Strukturen das System befähigen, bestimmte Strukturen seiner Umwelt zu verarbeiten, ohne deswegen operativ an die Umwelt anschließen zu müssen (denn das hat der Begriff der operationalen Schließung ja gerade ausgeschlossen). Organismen sind beispielsweise über ihre Nahrungsaufnahme an ihre physische Umwelt strukturell gekoppelt, insofern sie diese Nahrung physisch und energetisch verarbeiten (verdauen) können. Sie sind deswegen jedoch nicht gezwungen, das Leben der von ihnen verspeisten Organismen fortzusetzen, sosehr es dann auch darauf bezogene Vermutungen religiösen Typs geben mag. So sind in unserem Beispiel Hotels, Restaurants, Sehenswürdigkeiten und Souvenirs strukturelle Kopplungen, die es dem Touristen erlauben, seine Kommunikation zu reproduzieren und dabei seine Welt auf die Umwelt des Gastlandes zu beziehen, ohne deswegen das Leben dieses Gastlandes mitleben zu müssen. Er muss nicht so schlafen und nicht so essen wie seine Gastgeber, er kann ihren Denkmälern seine von der Deutung der Gastgeber abweichende, aber diese möglicherweise mitaufnehmende Bedeutung geben; und er kann etwas in die Heimat mitnehmen, ohne den Gastgebern etwas wegnehmen zu müssen, ja er kann den Gastgebern Gelegenheiten wirtschaftlicher Betätigung offerieren, die es diesen wiederum erleichtern, mit ihrer Umwelt der touristischen Erschließung ihres Landes zurande zu kommen.

Ein weiteres Begriffspaar zur Beschreibung der Systemfunktion sind die beiden Begriffe der Ausdifferenzierung und Binnendifferenzierung. Ausdifferenzierung soll heißen, dass ein System unter immer unwahrscheinlicheren Bedingungen mit immer mehr Typen möglicher Störungen auf eine das System reproduzierende Art und Weise fertig wird, während Binnendifferenzierung heißen soll, dass es dazu unter Umständen Subsysteme wiederum ausdifferenziert, die arbeitsteilig auf die von ihnen wahrgenommenen Störungen der Umwelt (eine tautologische Formulierung: denn nicht wahrgenommene Störungen gibt es definitionsgemäß nicht) reagieren. Die Ausdifferenzierung des Tourismus in der modernen Gesellschaft hat zur Folge, dass immer mehr Phänomene touristisch erschlossen werden und dass dies in einer möglicherweise immer mehr störenden Welt gelingt. Die in den Tourismus eingebaute Animationskultur zum Beispiel bedeutet, dass ein nicht unerhebliches Variationspotential (inklusive Redundanzsicherung durch die Markierung der Animation selbst) der Gestaltung von Tagesabläufen gewonnen wird, dessen Lärmentfaltung mit immer mehr andernfalls störenden Lärmfaktoren der Umwelt schon deswegen kompatibel ist, weil es Letztere übertönt. Zugleich ist diese Animationskultur ein Beispiel für gelungene Binnendifferenzierung, weil man sie, sobald sie hinreichend Form angenommen hat, von ruhigeren und selbständigeren Möglichkeiten der Urlaubsgestaltung unterscheiden kann, so dass man die Wahl zwischen Hotels mit und Hotels ohne Animation hat.

Zwei letzte Beispiele für Begriffe, mit deren Hilfe die Systemfunktion beschrieben werden kann, sind die Begriffe der Komplexität und der Rationalität. Komplexität soll heißen, dass der Sinn einer Kommunikation auch dann reproduziert werden kann, wenn man zur Kenntnis nehmen muss, dass er hochgradig selektiv ist und somit nur mit einer sehr begrenzten Vielfalt anderer Möglichkeiten kombiniert werden kann. Komplexität heißt somit, dass man sich nicht mehr dadurch gestört fühlt, dass man die jeweils realisierte Kommunikation mit nur wenigen anderen Kommunikationen in Beziehung setzen kann und den unüberschaubaren Rest auf sich beruhen lassen muss. Im Begriff der Komplexität schließt der Beobachter Frieden mit seiner eigenen Überforderung durch eine als komplex beschriebene Welt. Eine der zuweilen als postmodern beschriebenen Formen dieses Friedens ist die Akzeptanz der prinzipiellen Unabschließbarkeit und damit jederzeitigen Ergänzbarkeit und Erweiterbarkeit einer Beschreibung, soweit sie unter der Bedingung einer als komplex verstandenen Welt kommuniziert wird.[17] Damit ist eine erhebliche Ausweitung der Verarbeitung möglicher Störungen verbunden, weil man sich von sehr vielen Sachverhalten, solange sie nicht bestimmte Kriterien der Empfindlichkeit erfüllen, nicht mehr stören lassen muss. Umgekehrt kann man sich relativ geschützt der Arbeit an diesen Kriterien der Empfindlichkeit widmen und sie überall dort erweitern, wo man glaubt, Antworten auf Störungen bereithalten zu können. So kann man, um bei unserem Beispiel zu bleiben, Kriterien der Nachhaltigkeit in einen Tourismus einarbeiten, sobald durchgesetzt ist, dass der Tourismus politisch und wirtschaftlich, rechtlich, religiös und moralisch akzeptiert ist und man deswegen Regionen oder Branchen oder Areale markieren kann, um deren nachhaltige Pflege es geht, ohne deswegen gleich ganze Länder, Sitten und Kulturen thematisieren zu müssen, die bereits erkennbar dem Tourismus zum Opfer gefallen sind.

Interessanterweise ist dieser Begriff der Komplexität dann auch schon eine Einsatzbedingung des Begriffs der Rationalität, insofern Rationalität nach einem Vorschlag von Niklas Luhmann heißen kann, dass ein bestimmtes Kom-

---

17 Vgl. Richard Rorty, Contingency, Irony, and Solidarity. Cambridge: Cambridge UP, 1989 (dt. 1989).

munikationssystem beginnt, nicht nur Störungen aus seiner Umwelt fallweise und gelegenheitsgebunden zu verarbeiten, sondern darüber hinaus sein eigenes Operieren als Grund möglicher Umweltveränderungen, die dann als Störungen auf das System zurückwirken, in Rechnung zu stellen.[18] Das muss nicht unbedingt, wie es diese Formulierungen nahe legen, auf Kausalkonstruktionen der Welt zurückführen, sondern kann auch lose beziehungsweise strukturelle Kopplungen zwischen System und Umwelt unterstellen. Entscheidend ist, dass das System Beobachtungen entwickelt, in denen der Unterschied zwischen System und Umwelt als Maßgabe der Selektion weiterer Operationen reflektiert und mitgeführt wird. Eine Engführung der Systemfunktion auf die Relationierung von Reproduktion und Störung macht im Kontext dieses Rationalitätsbegriffs, der einen Wiedereintritt der Unterscheidung zwischen System und Umwelt in das System formuliert, unmittelbar den Sinn, dass man so die Reproduktionsbedingungen der Umwelt unter der Voraussetzung der Störung dieser Umwelt durch das eigene System beobachten und artikulieren kann, um dann zu prüfen, ob und wie das Störpotential des eigenen Systems verringert werden kann.

So wird der Tourismus in dem Masse rational, wie er nicht nur auf seine eigene Nachhaltigkeit, sondern zudem auf den verantwortungsvollen Umgang mit den Nachhaltigkeitsbedingungen seiner Umwelt reflektiert und gemessen daran nicht etwa alle Störungen unterlässt, sondern nur diejenigen, deren Rückwirkungen er zu befürchten Anlass hat beziehungsweise deren Zuschreibung auf sich er nicht verhindern kann.

Man sieht, dass der im Rahmen der Systemfunktion beschriebene Sinn der Kommunikation alle Anzeichen der Selbstähnlichkeit aufweist, indem es wieder darum geht, das Bestimmte in ein Verhältnis zum Unbestimmten, hier in der

---

18 Siehe Luhmann, Die Gesellschaft der Gesellschaft, a.a.O., S. 171 ff.

Form der Reproduktion im Verhältnis zur Störung, zu setzen. Grenzen, Schließung, Kopplung, Ausdifferenzierung, Binnendifferenzierung, Komplexität und Rationalität sind Ausgestaltungen dieser Systemfunktion, die im Verhältnis von Variablen der Umwelt zu Variablen des Systems immer neue und andere Relationen herzustellen erlaubt. In jedem einzelnen Fall geht es dabei nach wie vor um die Ausnutzung und Konditionierung von Freiheitsgraden, jetzt jedoch erweitert um die Beobachtung eines Spielraums, der durch Bezüge zwischen mehreren Freiheitsgraden eröffnet wird.

4.3. Personen

Wir haben auf die explizite Einführung von Leuten, Menschen, Individuen, Subjekten oder Personen bisher verzichtet, um nicht in die Falle eines bestimmten Humanismus zu laufen, der einem Potential des Menschen zurechnet und dort unbeobachtbar macht, was wir als Leistungen der Kommunikation verstehen und beschreiben wollen. Wir haben stattdessen von Beobachtern gesprochen, um zum einen auch andere komplexe Einheiten als Menschen (gesellige Tiere, verteilte künstliche Intelligenzen, Behörden, Unternehmen, Vereine ...) auf mögliche Kommunikation, das heißt auf die Einführung und Konditionierung von Freiheitsgraden, hin beobachten zu können und um zum anderen gegenüber Leuten, Menschen, Individuen, Subjekten und Personen hinreichend verwunderungsfähig zu sein, um theoretisch gesteuerte Beobachtungen anschließen zu können, die nicht unvermittelt vom gesunden Menschenverstand ausgehen, indem sie die Möglichkeit der Kommunikation schlicht voraussetzen.

Inzwischen wissen wir genug über Kommunikation, um uns vorstellen zu können, dass Menschen zwar eine Begabung zur Kommunikation, vielleicht sogar einen Geselligkeitstrieb, eine bestimmte Sehnsucht, nicht alleine sein zu müssen, wie sie Erwin Moser in seiner Kindergeschichte *Der einsame Frosch* beschreibt,[19] zur Kommunikation mitbringen, deswegen jedoch nicht dafür verantwortlich gemacht werden können, was die Kommunikation in den Verhältnissen der Gesellschaft von ihnen erwartet und verlangt und ihnen als Befähigung zu dieser Kommunikation mehr oder minder erfolgreich unterstellt. Wenn in unserer Gesellschaft zwei Menschen aufeinander treffen, ist individuell und kollektiv, biographisch und gesellschaftlich bereits so viel geschehen, dass die Situationen dieser beiden Menschen eher als Integral von Anforderungen, die von ihnen bewältigt werden müssen, wie lustvoll oder schmerzhaft auch immer, beschrieben werden müssen denn als Ergebnis ihrer bewussten Auseinandersetzung und Entscheidung für eine bestimmte Form des Miteinanders. Wenn Lehrer mit ihren Schülern, Manager mit ihren Mitarbeitern, Mütter mit ihren Babys, Patienten mit ihren Ärzten, Wähler mit ihren Politikern, Fernsehzuschauer mit Fernsehnachrichten, Saxophonspieler mit einem Jazzpublikum und Partygäste mit anderen Partygästen konfrontiert werden, ist bereits so viel geschehen, ist das Spiel bereits so sehr im Gang, dass es keinen Sinn macht, das, was jetzt geschieht, in Bausch und Bogen auf die Intentionen der Akteure zuzurechnen.

Tatsächlich tut das auch kein Mensch. Personen, vor allem von ihnen wollen wir im Folgenden reden, werden eingeführt, um Zurechnungen zu optionalisieren, das heißt, mit Ambivalenzen und damit mit der Möglichkeit des Zögerns ebenso wie der Entscheidung, was in welchem Umfang wie lange worauf und in welcher Form zuzurechnen ist, auszustatten. Das macht schon der Begriff der Person deutlich, der von dem lateinischen Wort *persona*, die Totenmaske, abgeleitet ist und die Masken bezeichnete, mit deren Hilfe römische Patrizier ihre toten Ahnen mit sich führen konnten. An

---

19 Weinheim: Beltz, 1984.

diesem Wort Person gleich Maske schult sich seither ein Typ von Beobachtung, der hinter der Maske etwas vermutet, was sich nur erschließen lässt, und vor der Maske auf eine Situation zurechnet, die offensichtlich motiviert, dass die Person sich so verhält, wie sie sich verhält.[20]

Von Menschen reden wir nach allem, was man weiß, zunächst, um die eigenen Leute des Stammes oder der Sippschaft von den Barbaren zu unterscheiden, mit denen man ab und an zwecks Handel, Krieg und Frauenraub dann doch zusammenkommt. Später, im Zuge der europäischen Aufklärung, redet man von Menschen, um einen Begriff für die Einheit des historisch und regional so verschieden auftretenden Gattungswesens Homo sapiens sapiens zu haben. »Kultur« wird zum Begriff für die Verschiedenheit der verschiedenen Lebensweisen unter der Bedingung, dass sie trotz und wegen ihrer Kontingenz für richtig gehalten werden (und alle anderen zunächst einmal für falsch), »Mensch« zum Begriff für die Einheit dieser untereinander als unvergleichbar verglichenen Lebensweisen unter der zunächst mit Religion, später mit Bildung korrelierten Bedingung, dass Menschen das Potential zum richtigen und dennoch den Hang zum falschen Verhalten haben.

Der Begriff des Individuums, des Unteilbaren, wird ebenfalls in der europäischen Neuzeit aufgewertet, um nicht mehr nur die prekäre Existenz, das bloße Leben, zu bezeichnen, das dann zum Gegenstand souveräner und sakraler Verfügung wird, wie es Giorgio Agamben in *Homo sacer* beschrieben hat,[21] sondern eine in allen sozialen Situationen mitlaufende und in dieser Form in Rechnung zu stellende Referenz auf sich selbst. Als Individuum ist der Mensch er selbst, körperlich, psychisch und sozial, in seinen Gefühlen und Gedanken, in seinen Interessen, Wünschen und Absich-

---

20 Siehe hierzu viel Material bei Richard Weihe, Die Paradoxie der Maske: Geschichte einer Form. München: Fink, 2004.
21 Mit dem Untertitel: Il potere sovrano e la nuda vita. Milano: Einaudi, 1995 (dt. 2002).

ten nur sich selbst bekannt und von allen anderen genau so erst einmal zu akzeptieren, zu pflegen und immer wieder aufzubauen.[22]

Der Begriff des Individuums wird philosophisch im Begriff des Subjekts aufgenommen, das jetzt, in der Aufklärung, nicht mehr nur den Untertan, den Unterworfenen, den zu Führenden und bei alldem der Insubordination Verdächtigen bezeichnet, sondern das allem Denken und Vorstellen Zugrundeliegende und sich als Ich entdeckende und beschreibende Etwas, das sich in seiner Selbstbeobachtung (Immanuel Kants »Kritik«) verankert und genauso immer wieder verliert – wenn es sich nicht an Johann Gottlieb Fichte hält und sich lieber setzt, anstatt sich zu begründen.

Wir erwähnen diese Begrifflichkeiten hier nur, um plausibel zu machen, dass Worte wie Mensch, Individuum, Subjekt und Person bei näherer Betrachtung bereits so gebaut sind, dass sie als Adresse für differenzierte kommunikative Erwartungen, Ansprüche und Zumutungen in Frage kommen, wenn auch als Adresse, die kommunikativ wesentlich auch mit der Fähigkeit des Ablehnens von Kommunikation, des Nichtverstehens, des Nichtmitmachenwollens, der Verweigerung, ja sogar der Unerreichbarkeit ausgestattet ist. Es geht darum, das Individuum als komplexe Einheit zu fassen, nicht etwa darum, sich an Gottes Geschöpf zu erfreuen und es auf sich beruhen zu lassen wie die Blume auf der Wiese. »I would prefer not to«, ist der Satz des Schreibers Bartleby, mit dem Herman Melville in der gleichnamigen Erzählung diese Situation des Individuums als Zurechnungsadresse von Erwartungen auf den Punkt bringt.[23] Würden alle Zurech-

---

22 Siehe dazu Niklas Luhmann, Frühneuzeitliche Anthropologie: Theorietechnische Lösungen für ein Evolutionsproblem der Gesellschaft, in: ders., Gesellschaftsstruktur und Semantik: Studien zur Wissenssoziologie der modernen Gesellschaft. Bd. 1, Frankfurt am Main: Suhrkamp, 1980, S. 162-234.
23 Siehe Herman Melville, Bartleby [1853], in: ders., Billy Budd, Sailor and other Stories. London: Penguin, 1985, S. 57-99.

nungen von Erwartungen auf einen voll ausgestatteten Haushalt an Präferenzen stoßen, wäre die Kommunikation bereits determiniert und damit unmöglich. »Which lake do I prefer?«, ist mit der Frage des Dandys Beau Brummell an seinen Diener angesichts der überwältigenden Schönheit der schottischen Seenlandschaft daher die Einsatzbedingung von Kommunikation. Wer sich anhand seiner Präferenzen beschreibt, wie es das Konzept des bürgerlichen Individuums von diesem verlangt, ist damit schon kein Gesprächspartner mehr – obwohl man dies, siehe Bartleby, natürlich auch nicht übertreiben darf, weil es kommunikativ um die Unbestimmtheit und damit Bestimmbarkeit von Interessen, Präferenzen, Wünschen und Absichten und des sich in diesen beschreibenden Individuums geht, nicht etwa um deren Negation. – Im Übrigen hat man noch zu wenig darüber nachgedacht, dass eine wohlverstandene ökonomische Theorie mit der Annahme gegebener Präferenzen startet, als ginge es dem methodologischen Individualismus nur darum, ein Kalkül des Individuums dort zu fordern, wo es seine Präferenzen zwar hochgradig flexibel, das heißt anschlussfähig für die wechselnden Forderungen von Konsum- und Arbeitsmärkten, in ein Grenznutzengleichgewicht bringen soll, aber über diese Präferenzen nichts zu entscheiden hat.[24]

Wir konzentrieren uns in unserer Beschreibung einer weiteren Sinnfunktion innerhalb der Form der Kommunikation auf den Begriff der Person und fassen diesen im Anschluss an die von Fritz Heider entworfene und von vielen Psychologen weiter ausgearbeitete Attributionstheorie sowie an Kurt Lewins Feldtheorie des die Person und ihre Umwelt umfassenden Lebensraums des Individuums als einen Differenzbegriff, der in dem Sinn, den wir hier brau-

---

24 Siehe hierzu dezidiert George J. Stigler und Gary S. Becker, De Gustibus Non Est Disputandum, in: American Economic Review 67 (1977), S. 76-90; und Gary S. Becker, The Economic Approach to Human Behavior. Chicago: Chicago UP, 1976.

chen, Variablen der Umwelt beziehungsweise der Situation auf Variablen der Person bezieht:[25]

$$\text{Person} = \boxed{\text{Attribution} \mid \text{Situation}}\ .$$

Damit ist gemeint, dass die Person kommunikativ als eine Sinnfunktion in Anspruch genommen wird, die abhängig von der jeweiligen Situation ein Attributionsproblem stellt, dessen Lösung auch klärt, mit einer Situation welchen Typs man es zu tun hat. Die Unbestimmtheit der Situation im Kontext der Außenseite der Form läuft auf eine Unsicherheit hinaus, die dann, wenn Personen im Spiel sind, nur absorbiert werden kann, wenn man im Zuge der Kommunikation entscheidet, wem zur Bestimmung der Situation welche personalen Attribute zugerechnet werden können.

Das erscheint zunächst kontraintuitiv, da Personen vornehmlich als Attraktoren von Zurechnungen auftauchen, nicht etwa als deren Ablenkung. Aber um die Beschreibung dieses Effekts geht es der Attributionstheorie und der Feldtheorie. Die Attributionstheorie beschreibt, dass wir bei jeder Frage nach der Ursache eines Verhaltens die Möglichkeit haben, die Ursache entweder in der Person zu sehen, die will, was sie will, oder in der Situation, die so ist, wie sie ist. Wir haben, mit anderen Worten, in jeder Situation die Möglichkeit, ein Individuum entweder als erlebend oder als handelnd zu beschreiben, entweder als reagierend auf seine von ihm so und nicht anders wahrgenommene Situation oder als sich selbst setzende und behauptende Ursache des eigenen Handelns.

Wenn wir sagen, wir hätten die Wahl, soll das hier heißen: Die Kommunikation hat die Wahl. Denn die einzelnen Indi-

---

[25] Vgl. Fritz Heider, The Psychology of Interpersonal Relations. London: Wiley, 1958 (dt. 1977); Kurt Lewin, Feldtheorie. Kurt-Lewin-Werkausgabe, hrsg. von Carl-Friedrich Graumann, Bd. 4. Bern: Huber, 1982; ders., Resolving Social Conflicts: Selected Papers on Group Dynamics. Hrsg. Gertrud Weiss Lewin, Vorwort von Gordon W. Allport, New York: Harper & Brothers, 1948.

viduen können dies nicht entscheiden, sondern müssen abwarten, ob auf sie und was auf sie zugerechnet wird und ob und wie sich ihre eigenen Zurechnungsanregungen bewähren. Selbstverständlich setzen wir uns auch mit dieser Situation wiederum auseinander und versuchen zu lernen, in welchen Situationen wir wie die Chance steigern können, dass wir als Zurechnungsadresse ins Spiel kommen oder nicht ins Spiel kommen. In Organisationen oder auch in Schulklassen wird viel Kommunikationsgeschick darauf verwendet, sich mögliche Erfolge selber zurechnen zu lassen und mögliche Misserfolge der Situation beziehungsweise ersatzweise und sicherheitshalber anderen Personen. Und auch die Feldtheorie stellt im Rahmen ihrer Beschäftigung mit Gruppendynamiken fest, dass es für die Zündung und Zuspitzung von Konflikten wie auch für deren Abschwächung und Auflösung einen Unterschied macht, ob auf Personen zugerechnet wird oder auf Situationen. Sie führt den Feldbegriff genau deswegen ein: um sichtbar zu machen, in welchem Ausmaß eine Person eben nicht nur das Individuum, sondern zugleich die Situation ist, in der das Individuum steckt. Ein Verhalten V, so Kurt Lewin, ist die Funktion f einer Person P in ihrer Umwelt U, das heißt

$$V = f(P, U).$$

Wir verallgemeinern diese Gleichung mit Blick auf die Attributionstheorie und auf das moderne, auf Selbstreferenz abstellende Individualitätskonzept, indem wir schreiben:

$$P = P(A, S),$$

das heißt, die Person P ist ihre eigene Funktion P von Attributionen A in Situationen S.

Einfacher ist es nicht zu haben, aber in dieser Form macht die Person in der Kommunikation Sinn, was immer das hinter der Maske angenommene Individuum sich dabei und davon vorstellen mag. Der Typ von Beobachtung, der auf diese Sinnfunktion abstellt, ist im Übrigen schon wesentlich älter als die Feldtheorie und die Attributionstheorie und lässt sich vermutlich bis in die antike Rhetorik und den Stoizismus, etwa Epiktets *Handbüchlein der Moral*, mit Sicherheit jedoch bis in die so genannte politische Klugheitslehre des 16. und 17. Jahrhunderts im Anschluss sowohl an Niccolò Machiavellis Fürstenlehre *Il Principe* (1532) wie an Baltasar Graciáns im *Handorakel* (1647) gipfelnde Beobachtungen des Verhaltens am Hofe zurückverfolgen.

Im Prinzip geht es in dieser Sinnfunktion darum, Potentiale des Handelns und Erlebens auszuweisen, die adressiert werden können, wenn man zum einen wissen will, wie eine Situation, die immer eine Situation für jemanden ist, beschaffen ist, und wenn man zum anderen Handlungen erwartet oder beobachtet, Gesten, Mitteilungen, Aufmerksamkeiten, Maßnahmen, die in einer Kommunikation einen bestimmten Unterschied machen oder aber angesichts einer bestimmten Kommunikation eher unterlassen werden und, falls sie doch vorkommen, eher ignoriert werden sollen. Die Person macht Sinn, indem ihre Situation auf sie bezogen wird: Sie erlebt, was sie erlebt, und ohne dieses Erleben wäre die Situation nicht, was sie ist. Und die Person macht Sinn, indem auf sie zugerechnet wird, was man jetzt erwartet, oder auf sie zugerechnet wird, was man jetzt lieber übersieht: Es ist eine Person, die handelt, und damit braucht man sie, wenn man Handlungen braucht, und beobachtet sie ebenfalls, wenn man Handlungen beobachtet, die man jetzt eher nicht braucht. Für Letzteres liefert die von Norbert Elias erzählte Geschichte der »Verhöflichung des Kriegers« zahlreiche Beispiele, indem sie zeigt, wie besonders auffällige Formen körperlichen Verhaltens, das Schneuzen der Nase ohne Taschentuch, das Rülpsen bei Tisch, das Spucken auf den Boden, in einem mühseligen Prozess als persönliche Verhaltensweisen zugerechnet werden, um sie unter der Aufsicht von vermutlich dazu erfundenen Damen unter Kontrolle zu bringen und diskreditieren zu können.[26]

Andere Beispiele liefert die zur Geschichte der Emanzipation der Frau parallel laufende, vielleicht sogar mit ihr identische Geschichte der Nichtwahrnehmung des Geschlechts der Frau (und komplementär des Mannes) in einer Vielzahl von Kommunikationen, um dann umgekehrt umso zielsicherer, wenn auch vielleicht nicht zielführender, auf Sexualität zurechnen zu können, wenn es auf diese ankommt. Letzteres gilt in Intimsituationen, aber auch, wie man aus Forschungen zum so genannten *glass ceiling effect* weiß, der Frauen daran hindert, Spitzenpositionen der Gesellschaft zu erreichen, in hierarchischen Situationen, die in unserer Gesellschaft nach wie vor kulturell als Situationen codiert sind, in denen es vor allem an der Spitze auf eine im Zweifel kriegerisch-männliche Durchsetzungsfähigkeit ankommt.[27]

Und nicht zuletzt kann die Person nur adressiert werden, wenn das Individuum, das in und hinter der Person steckt, als different gegenüber der Adresse erlebt wird und sich selbst erlebt. Deswegen war es, wie Georg Stanitzek gezeigt hat, so wichtig, dem Individuum im 18. Jahrhundert mit dem Konzept der »Blödigkeit« eine Übergangssemantik zur Verfügung zu stellen, die das Individuum zum einen als überfordert darzustellen erlaubt, ihm zum anderen aber auch Zeit gibt, sich in seinem Zögern auf sich zu besinnen und jeweils neu und überraschungsfähig auf das einzustellen, was von ihm erwartet wird, seit es nicht mehr in der Ordnung der Stände lebt, sondern sich in der modernen Gesellschaft individuell in die Pflicht genommen sieht.[28]

Man braucht die Personen für das Erleben und man

---

26 Siehe Norbert Elias, Über den Prozess der Zivilisation: Soziogenetische und psychogenetische Untersuchungen. 2. Aufl., Bern: Francke, 1969, S. 351 ff.
27 Siehe dazu Dirk Baecker, Männer und Frauen im Netzwerk der Hierarchie, in: ders., Wozu Soziologie? a.a.O., S. 236-256.
28 Siehe Georg Stanitzek, Blödigkeit: Beschreibungen des Individuums im 18. Jahrhundert. Tübingen: Niemeyer, 1989.

braucht sie für das Handeln. Ohne ihr Erleben wären kommunikative Konzepte wie Lust und Leid, Freude und Schmerz, Wünsche und Befürchtungen, Wille und Trotz nicht anschlussfähig, das heißt nicht sinnfähig. Mit Verweis auf dieses Erleben sind diese Konzepte sinnfähig, und zwar immer im Hinblick auf die Situation, in der man intellektuell oder emotional, bewusst oder unbewusst so erleben kann, wie man erlebt, und im Hinblick auf die Person, die so erlebt, wie sie erlebt. Und ohne das Handeln der Person wüsste man nicht, an wen man sich wenden sollte, wenn man Handlungen braucht, die ihrerseits dann wieder mit Verweis auf die Person, die so handelt, wie sie handelt, oder mit Verweis auf die Situation, die so behandelt wird, wie sie behandelt wird, motiviert werden können, ihr Erleben eher explizit werden zu lassen oder implizit zu halten.

Auf diese Art und Weise adressiert die Kommunikation das Handeln und das Erleben, das sie braucht, um herauszufinden, was sich gerade abspielt, und das sie braucht, um nahe legen zu können, welches Handeln und welches Erleben gerade opportun sind und welches nicht. Die Individuen hinter den Personen können dagegen opponieren, weil sie sich in der Kommunikation von der Kommunikation verkannt sehen, müssen dann jedoch wiederum abwarten, was die Kommunikation aus dieser Opposition macht. Sie kann sie aufgreifen und für interessant halten, weil sich eine Person neu und anders ins Spiel bringt. Sie kann sie aufgreifen und für interessant halten, weil damit eine möglicherweise zunehmend unerträgliche Situation auf den Punkt gebracht wird. Sie kann sie aber auch abblocken, weil diese Person nur stört (und in dieser Form Sinn macht) oder die Situation in anderer Hinsicht gerade vielversprechend ist. Jede dieser Optionen bezieht Unsicherheit auf eine Möglichkeit ihrer Absorption und macht so Sinn.

Ein Beispiel dafür ist der Umgang mit Gewalt. Gewalt ist eine der wenigen Handlungsformen, in denen ein Individuum zweifelsfrei auf sich aufmerksam machen und unwiderlegbar behaupten kann zu handeln. Wer auf den Tisch haut, schreit, tätlich wird oder zur Waffe greift, kann anschließend nur noch schwer als jemand behandelt werden, der nicht gehandelt hat. Das macht den Rückgriff auf Gewalt gerade dann, wenn man kommunikativ nicht weiterweiß, aber nicht riskieren will, dass die Kommunikation gleichsam an einem vorüberzieht, so attraktiv. Wer gewalttätig wird, bleibt im Spiel und legt fest, dass die nächsten Spielzüge etwas mit ihm zu tun haben. Das machen sich Prügeleien unter Kindern ebenso zunutze wie unter Eheleuten und Nationen.[29] Man beobachtet oder befürchtet eine zunehmende oder dauerhafte Isolation, psychisch, ökonomisch oder politisch, und korrigiert diesen Eindruck durch ein nicht negierbares Kommunikationsangebot, wie Jürgen Ruesch und Gregory Bateson diesen Sachverhalt auf den Punkt bringen.[30]

Diese Möglichkeit ist so attraktiv, dass die Kommunikation eigene Formen entwickeln musste, um sie angesichts ihrer ungewünschten physischen und psychischen Effekte unter Kontrolle halten zu können. Die Gewalt bedroht die Kommunikation, weil sie die Individuen bedroht, die in ihr überleben wollen, und weil sie die Situationen vergiftet, in denen dieses Überleben auf seine Nachhaltigkeit hin überprüft wird. Die Kommunikation reagiert darauf, indem sie der Gewalt einen doppelten Sinn, einen auf sich selbst verweisenden Sinn gibt und die Person dafür verantwortlich macht, diese Spaltung in den doppelten Sinn der Gewalt vorzunehmen. Die Person wird, mit anderen Worten, in die Falle gelockt, an der wiederum offenen Fortsetzung der Kommunikation zu arbeiten, wenn sie sie zu ihren Gunsten schließt.

Ein Beispiel dafür sind die Kneipenrituale auf den Tory-

---

29 Siehe dazu auch Fritz B. Simon, Tödliche Konflikte: Zur Selbstorganisation privater und öffentlicher Kriege. Heidelberg: Carl-Auer-Systeme, 2001.
30 In: Communication, a.a.O., S. 44.

Inseln, die Robin Fox beschrieben hat und die auf Gewalt rekurrieren, um ein Individuum als Person so zu inszenieren, dass niemand an ihm vorbeischauen kann, gleichzeitig jedoch die Kneipensituation als solche männlich besiegeln und feiern, so dass es anschließend weitergehen kann wie immer.[31] Das entscheidende Ritual ist hier, dass jemand, der eine körperliche Auseinandersetzung sucht, dies erst dann zum Ausdruck bringt, wenn er sicher sein kann, dass genügend Umstehende ihn zurückhalten und Mütter und Schwestern sowohl bewundernd zuschauen als auch erschrocken klar machen, dass Gewalt inakzeptabel ist: »Hold me back or I'll kill him«, ist der Satz, der dann regelmäßig fällt und die Situation schon wieder in geregelte Bahnen lenkt.

Ein anderes Beispiel sind die Hahnenkämpfe, die Clifford Geertz auf Bali beobachtet hat und während deren die sonst so friedlichen und lächelnden Inselbewohner zu seiner Überraschung nicht nur ein Blutbad unter den Hähnen, sondern auch ein Blutbad ihres Status und ihrer Ehre anrichten. In seinem Aufsatz *Deep play* beschreibt er, dass die Balinesen die Hahnenkämpfe trotz Verbot der Behörden kultivieren, weil hier für einen Moment und in aller Schärfe erlebt und beobachtet werden kann, wie es Individuen ergeht, die siegen und verlieren.[32] Für einen Moment fällt die Maske des Lächelns. Eine Welt ambivalenter, weil auf das Ich des Individuums, auf seinen Hahn (*cock*, englisch doppeldeutig als Bezeichnung des Hahns wie des Geschlechtsteils des Mannes), ebenso wie auf seine Sippe bezogener Gefühle wird sichtbar und bereits im nächsten Moment wird die Person

---

31 Siehe Robin Fox, The Inherent Rules of Violence, in: Peter Collett (Hrsg.), Social Rules and Social Behaviour. Totowa, NJ: Rowman & Littlefield, 1977, S. 132-149; vgl. ders., The Tory Islanders: A People at the Celtic Fringe. Cambridge: Cambridge UP, 1978.
32 Siehe Clifford Geertz, »Deep play«: Bemerkungen zum balinesischen Hahnenkampf, in: ders., Dichte Beschreibung: Beiträge zum Verstehen kultureller Systeme. Dt. Frankfurt am Main: Suhrkamp, 1987, S. 202-260.

rekonstituiert und man lächelt. Aber wer sehen wollte, konnte sehen. Und zugleich werden die Kollektive, die Familien, Sippen, Stämme, vorgeführt und in ihr Recht eingesetzt, weil sie es sind, nicht die Individuen, die gegeneinander auf den Ausgang der Kämpfe wetten, obwohl jeder einzelne Hahn der Person gehört und mit allen Anzeichen der Fürsorge zwischen den Kämpfen gehegt, gepflegt und gestreichelt und auf die Kämpfe vorbereitet wird.

In dieser Form der doppelten Gewalt, der ritualisierten Gewalt, die die wirkliche Gewalt vorführt und in Schach hält,[33] kann die Zurechnung der Kommunikation auf eine Person in aller Eindeutigkeit zugespitzt und diese Person zugleich als mehr oder minder ritualisiertes Element eines Kollektivs inszeniert und in Anspruch genommen werden. Deutlicher könnte die Sinnfunktion der Person nicht sein. An der Absorption selber wird vorgeführt, welche Unsicherheit sie absorbiert, indem die Person inszeniert wird und sich inszeniert als potentiell gewalttätig, aktuell aber gerade noch zu kontrollieren.

Aber dasselbe gilt in allen Beispielen, in denen die Person einen besonders prominenten Status gewinnt, etwa in der Familie, in der Intimbeziehung, in der charismatischen Führung und nicht zuletzt im religiösen Glauben und in der künstlerischen Genialität. In jedem dieser Beispiele werden Personen in ihrer Individualität ganz in Anspruch genommen; keine Kommunikation kommt an ihnen vorbei, ohne irgendetwas auf sie zuzurechnen, ein Gefühl, eine Idee, einen möglichen Einwand, ein drohendes Desinteresse, eine komplette Wendung der Situation, eine Idiosynkrasie; und doch sind es die Familie, die Intimität, die Hierarchie, die Religion und die Kunst, die davon am meisten profitieren und deswegen die Person als etwas kultivieren, was ihr Handeln und Erleben genau so lange steigern kann, wie es noch in den Bahnen einer kommunikativen Nachvollziehbarkeit

[33] Siehe auch Dirk Baecker, Gewalt im System, in: Soziale Welt 47 (1996), S. 92-109.

bleibt, deren wichtigstes Interpretament wiederum die Person selber ist.

4.4. Medien I

Neben dem Beobachter der Relativitätstheorie und Quantenphysik und der Kommunikation der Kybernetiker und Informatiker gehören Medien zu den großen wissenschaftlichen Entdeckungen des 20. Jahrhunderts. Ihre Entdeckung ist in der Wahrnehmungspsychologie von Fritz Heider, in den spätestens damit wieder prominent gewordenen *humanities* von Harold A. Innis und Marshall McLuhan und in der Soziologie von Talcott Parsons und Niklas Luhmann eindrucksvoll propagiert worden. Medien profitieren von einem dreifachen Interesse, das auf unterschiedlichen Wegen entwickelt worden ist, aber systematische Überschneidungen aufweist.

Das erste dieser Interessen zielt in einem fast vergessenen Aufsatz von Fritz Heider über *Ding und Medium* auf die Frage, was wir über Wahrnehmung und Erkenntnis sagen können, wenn wir annehmen müssen, dass Strukturen der Außenwelt (zum Beispiel Licht, Schall, Luft, das heißt eine gewisse körnige, nicht gleichwahrscheinliche Dinglichkeit) diese Wahrnehmung und Erkenntnis ermöglichen, ohne dass wir sie jeweils mit wahrnehmen?[34]

Das zweite dieser Interessen, auf den Punkt gebracht in den Büchern *The Bias of Communication* von Harold A. Innis und *Understanding Media* von Marshall McLuhan, entzündet sich nicht zuletzt am Auftreten des Computers, stellt jedoch über ihn hinaus die Frage, ob nicht die Art und Weise, wie Medien der Kommunikation wie Schrift, Buchdruck und Elektrizität mit Raum, Zeit und der Aufmerk-

---

34 Siehe Fritz Heider, Ding und Medium, in: Symposion. Philosophische Zeitschrift für Forschung und Aussprache 1, Heft 2 (1926), S. 109-157, siehe jetzt auch die Buchausgabe Berlin: Kulturverlag Kadmos, 2005.

samkeit des Menschen umgehen, selbst bereits ein Inhalt der Kommunikation ist, der weitreichender die Strukturen von Gesellschaft prägt als andere Inhalte wie zum Beispiel Politik und Wirtschaft, Kunst und Religion.[35]

Das dritte dieser Interessen nimmt seinen Ausgangspunkt in Überlegungen von Talcott Parsons, wie Differenz und Zusammenhang (»social structure«) der modernen Gesellschaft gesichert werden können, wenn die Schichtungsstrukturen der älteren Gesellschaft dafür nicht mehr zur Verfügung stehen.[36] Kann man möglicherweise, so Parsons, Medien wie Geld und Macht, aber auch, beeindruckt durch die Studentenbewegung der 1960er Jahre und den Widerstand, den sie hervorgerufen hat, Intelligenz, Einfluss und Emotion als Errungenschaften beschreiben, in denen auf der Höhe der Differenziertheit der modernen Gesellschaft Handlungen voneinander unterschieden und aufeinander bezogen werden können? Niklas Luhmann wird die Überlegungen von Parsons aufgreifen und, abschließend beschrieben in *Die Gesellschaft der Gesellschaft*, eine Theorie der Kommunikationsmedien entwerfen, die Verbreitungsmedien wie Sprache, Schrift, Buchdruck, Fernsehen und Internet von Erfolgsmedien wie Geld, Macht, Wahrheit, Glauben, Recht, Liebe und Kunst unterscheidet.[37]

35 Siehe Harold A. Innis, The Bias of Communication. Toronto: Toronto UP, 1951, Reprint 1991; Karlheinz Barck (Hrsg.), Harold A. Innis – Kreuzwege der Kommunikation: Ausgewählte Texte. Wien: Springer, 1997; Understanding Media. New York: McGraw-Hill, 1964 (dt. 1968); Marshall McLuhan und Quentin Fiore, The Medium is the Massage: An Inventory of Effects [1967]. Reprint Corte Madera, CA: Gingko, 2001.
36 Siehe Talcott Parsons, Social Structure and the Symbolic Media of Interchange, in: ders., Social Systems and the Evolution of Action Theory, New York: Free Pr., 1977, 204-228, insbes. S. 220 ff.; und ders., Zur Theorie der sozialen Interaktionsmedien. Hrsg. Stefan Jensen, Opladen: Westdeutscher Verlag, 1980.
37 Siehe Luhmann, Die Gesellschaft der Gesellschaft, a.a.O., Kap. 2; außerdem ders., Einführende Bemerkungen zu einer Theorie symbolisch generalisierter Kommunikationsmedien, in: ders., Soziologische Aufklärung 2: Aufsätze zur Theorie der Gesellschaft. 2. Aufl., Opladen:

Wir schließen hier an und unterscheiden ebenfalls Verbreitungsmedien und Erfolgsmedien. Zugleich nutzen wir die Überlegungen von Parsons und Luhmann, um Medien als eine weitere Sinnfunktion der Kommunikation zu beschreiben. Parsons und Luhmann stimmen darin überein, dass zumindest die Erfolgsmedien ihre Funktionalität daraus gewinnen, dass sie inmitten einer unübersichtlichen und überfordernden Gesellschaft einzelne Handlungen und Kommunikationen dadurch motivieren können, dass sie ihre Reichweite begrenzen. Luhmanns Formulierung dafür lautet, dass Kommunikationsmedien unwahrscheinliche Kommunikation wahrscheinlich machen. Man gehorcht einem Befehl, weil man die angedrohte Alternative vermeiden und sich dabei immerhin noch sein Teil denken kann. Man mietet eine Wohnung und zahlt seine Miete, weil dies nicht bedeutet, dass man auch in die Familie des Vermieters einheiraten müsste. Man verliebt sich und akzeptiert entsprechende Intimitäten, ohne deswegen seinen Glauben aufgeben zu müssen. Und man interessiert sich für wissenschaftliche Wahrheiten, ohne deswegen sein Leben zu ändern.

Medien schneiden aus der Fülle der kommunikativen Möglichkeiten bestimmte heraus und gestalten sie aus, indem sie sie zum einen attraktiv machen und zum anderen dafür sorgen, dass sie nicht zugleich andere Möglichkeiten, an denen man ebenfalls Interesse hat, in Mitleidenschaft ziehen. Das ist insbesondere im Falle des Geldes sprichwörtlich geworden, dessen Erfolgsgeschichte in der modernen Gesellschaft davon abhängig ist, dass es in der Reformation, in der Romantik und in der Bürokratie wie immer prekär gelungen ist, Fragen des Glaubens, Fragen der Liebe und Fragen der Politik so zu profilieren, dass sie vom Ablasshandel, von der Prostitution und von der Korruption nicht wirklich

Westdeutscher Verlag, 1980, S. 170-192; vgl. zum Folgenden auch Dirk Baecker, Beobachtung mit Medien, in: ders., Wozu Soziologie? a.a.O., S. 257-272.

in Frage gestellt werden können. Wir werden noch sehen, dass dies eine Moral und eine Ethik auf den Plan rief, die die Reichweite jedes einzelnen Mediums kritisch überwachen und ein Auge darauf haben, dass über der Differenz der Medien ihr Zusammenhang in einer Gesellschaft nicht ganz aus den Augen verloren wird.

Luhmann hat vorgeschlagen, die Formel von der durch Medien bearbeiteten Unwahrscheinlichkeit der Kommunikation nicht nur auf Erfolgsmedien, sondern auch auf Verbreitungsmedien zu beziehen. Diesen Vorschlag wollen wir im Folgenden ernst nehmen und auch für Sprache, Bilder, Musik, Buchdruck, Film und Fernsehen, Computer und Internet annehmen, dass ihr kommunikativer Erfolg davon abhängt, dass sie zu ganz bestimmten Kommunikationen jeweils selektiv motivieren. Man spricht, schaut, hört, liest und schreibt, schaut fern, rechnet und surft gleichsam immer und grundsätzlich trotzdem. Das heißt, man tut dies, weil und obwohl man auch anderes tun könnte. Es ist die Selektivität, die motiviert.

Zumindest schlagen wir vor, mediale Kommunikation mithilfe dieser These zu beobachten. Und wir verlassen uns auf das Medium der Schrift, in dem dieser und alle anderen unserer Vorschläge festgehalten werden, um den Vorschlag sowohl zu profilieren als auch seine Reichweite zu begrenzen: Ich verzichte darauf, dieses Buch jemandem vorzusingen; es wird auch einstweilen nicht verfilmt (und wenn, dann anders); ich werde meine Studenten nicht mit schlechten Noten bedrohen, damit sie es lernen; ich werde niemanden bestechen, damit er es rezensiert; und ich gründe keine Kirche, damit sich Leute finden, die an es glauben; ich schreibe es nur auf und setze mit seiner Begrifflichkeit und seinen Referenzen auf eine bestimmte wissenschaftliche Literatur Signale, die es auf einen wissenschaftlichen Diskurs beziehen, der herausfinden wird, wie viel Wahrheit einzelnen Thesen zugeschrieben werden kann, um weitere und andere Thesen anschließen zu können.

Wir können die Medienfunktion der Kommunikation dementsprechend mithilfe folgender Form notieren:

$$\text{Medium} = \boxed{\text{Motivation} \mid \text{Selektivität}}$$

Die Sinnfunktion Medium hat ihre Anhaltspunkte daran, dass es grundsätzlich unwahrscheinlich ist, jemanden zu einer Kommunikation zu motivieren. Die Möglichkeit, auf bestimmte wie unbestimmte Kommunikation zu verzichten, liegt immer näher und ist angesichts der unabsehbaren Konsequenzen jeder Kommunikation (auch hier macht Kommunikation als Differenzbegriff zu Kausalität Sinn) auch immer nur zu gut begründet. Und dennoch fällt genau dies in der Praxis des Sozialen kaum auf, die eher davon ausgeht, dass das Problem nicht in der Unwahrscheinlichkeit der Kommunikation, sondern in der Attraktivität zu vieler anderer Möglichkeiten liegt. Es bedarf eines spezifisch soziologischen Blicks, damit die Unwahrscheinlichkeit der Motivation als jene Unsicherheit, die dann von attraktiven Optionen absorbiert wird, überhaupt auffällt.[38]

Wir gehen also für die Beschreibung der Medienfunktion der Kommunikation davon aus, dass Motivation zur Kommunikation unwahrscheinlich und deswegen unsicher ist und im Rahmen der Selektivität eines spezifischen Mediums in Wahrscheinlichkeit transformiert beziehungsweise als diese Unsicherheit zugunsten der Attraktivität spezifischer Möglichkeiten absorbiert wird.

Wieder ist es wichtig, dass die Selektivität nicht nur die Außenseite der Motivation ist, sondern als diese Außenseite in den Unterschied, den die Selektivität macht, hineingespiegelt wird. Medien motivieren, indem sie Bestimmtes erwartbar machen und alles andere offen lassen. Es kann dann das Bestimmte immer weiter spezifiziert werden und dennoch deutlich bleiben, dass andere Möglichkeiten parallel laufen

[38] Siehe hierzu Luhmann, Die Unwahrscheinlichkeit der Kommunikation, a.a.O.

und von dem, was jeweils akzeptiert oder abgelehnt wird, nicht betroffen sind. Ich muss nicht nur wissen, *dass* es sich nicht um eine Machtbeziehung handelt, wenn ich mich verliebe, um mich zur Annahme entsprechender Kommunikationsangebote zu motivieren. Sondern ich verliebe mich unter Umständen, *weil* es sich dabei nicht um eine Beziehung der Überordnung und Unterwerfung handelt, sondern um etwas ganz anderes. Dabei riskiere ich jedoch, weil ich mich unter anderem mit Hilfe dieses Ausschlusses zur Liebe habe motivieren lassen, dass ein Machtspiel das Erste ist, was mir oder meinem Gegenüber einfällt, wenn es dann doch nicht so läuft wie erhofft. Die Unsicherheit der Selektivität strukturiert im strengen Sinne des Wortes die Motivation. Sie definiert einen Erwartungshorizont, in dem ich mich wie geplant, aber auch ganz anders bewegen kann, Letzteres aber nur dann, wenn ich eine entsprechend aufwendige Reinterpretation sowohl der Motivation als auch der Selektivität, die eine bestimmte Kommunikation wahrscheinlich machen, vornehme. Daran knüpft das Geschäft der Familientherapie an, die zwar nicht wissen muss, dass sie es mit medialen Verschiebungen zu tun haben kann, auf jeden Fall aber wissen muss, dass es um Verschiebungen in den sich gegenseitig bestimmenden Konstellationen von Unsicherheit und ihrer Absorption geht.[39]

Wir machen dies im Folgenden an einzelnen Medien deutlich, weisen jedoch vorsichtshalber darauf hin, dass eine daraus resultierende Kommunikationstheorie der einzelnen Medien nicht den Anspruch erhebt, das Phänomen historisch und systematisch erschöpfend zu behandeln. Theorien der Sprache und der Musik, des Geldes und der Macht, der Wahrheit und der Kunst, ja sogar des Computers und des

---

39 Daher zum Beispiel auch das Interesse an Sprache, siehe Helm Stierlin, Zwischen Sprachwagnis und Sprachwirrnis: Überlegungen zur systemischen Theorie und Praxis, in: Paul Watzlawick und Peter Krieg (Hrsg.), Das Auge des Betrachters: Beiträge zum Konstruktivismus. München: Piper, 1991, S. 151-165.

Internets gehen selbstverständlich über das hinaus, was wir hier für die Zwecke der Beschreibung ihrer Medienfunktion ansprechen wollen.

In zwei Punkten allerdings schlagen wir unsere Medientheorie der Phänomene, um die es anschließend geht, auch als Beitrag zu deren jeweiliger Sachtheorie vor. Der erste Punkt betrifft die Option der Kommunikationstheorie. Vermutlich ist es sinnvoll, diese und andere Phänomene auch innerhalb philosophischer, kognitionswissenschaftlicher, medienwissenschaftlicher, linguistischer und anderer fachwissenschaftlicher Überlegungen sehr viel strenger jeweils als Referenz und Träger kommunikativer Ereignisse zu betrachten, als dies bisher der Fall ist. Man führt damit eine analytische Ressource ein, die sowohl im Fall der Verbreitungsmedien als auch der Erfolgsmedien nicht nur soziologische Erkenntnisse, sondern auch neue Optionen im Paradigmenstreit der jeweiligen Fachwissenschaften, der Literaturwissenschaft, der Politologie, der Ökonomie, der Ästhetik, der Rechtswissenschaft, der Pädagogik, der Theologie und so weiter, verspricht. In diesem Sinne zielt eine Kommunikationstheorie der Medien auf eine interdisziplinäre Fragestellung, die es nicht nur ermöglicht, sich thematisch auszutauschen und dabei zu entdecken, wie verschieden die Sprachen sind, die man spricht, sondern darüber hinaus an einer neuen Problemstellung zu arbeiten, die auch eine neue Sprache erfordert und die beteiligten Disziplinen in ihrem jeweiligen disziplinären Kern herausfordert.

Der zweite Punkt betrifft den Vorschlag der Ausarbeitung eines Medienbegriffs, der an Fritz Heider orientiert ist und von einem Medium immer dann spricht, wenn eine lose gekoppelte Menge von Elementen (Licht, Schall, artikulierte Laute, Buchstaben, Texte, Bilder und ihre Schnitte, Zahlungen, Befehle, Liebeserklärungen, Wahrheiten und so weiter) vorliegt, die als solche (wie die Beispiele in der Klammer bereits zeigen) erst beobachtbar werden, wenn sie eine einzelne Form annehmen. Heider spricht deswegen in dem zitierten Aufsatz von »Dingen«. Dinge sind fest gekoppelte Einheiten, die aus Elementen bestehen, die dann, wenn sie lose gekoppelt sind, das Medium ausmachen. Wir übersetzen »Ding« in »Form« und haben damit die Möglichkeit, den Medienbegriff auf dem Umweg über Spencer Browns Formbegriff in die Nähe des von Shannon formulierten Auswahlbereichs möglicher Nachrichten zu rücken. Ein Medium ist eine unbestimmte, aber bestimmbare Menge von Möglichkeiten, in ihm bestimmte Formen zu bilden. Nur die Form ist bestimmt, deswegen ist auch nur sie beobachtbar. Aber wir führen bei der Beobachtung einer bestimmten Form das Wissen um die unbestimmte Menge an Möglichkeiten, die in dieser Form als Fundus und Horizont ihrer Bestimmung vorausgesetzt werden, mit. Aus jeder Form erschließen wir das Medium, aus dem sie dank fester Kopplung derselben Elemente gebildet worden ist. Luhmann hat darauf hingewiesen, dass diese Unterscheidung von fester und loser Kopplung auch deswegen interessant ist, weil sie im Gegensatz zum Brauch der alteuropäischen Begrifflichkeit dem Medium Robustheit und jeder einzelnen Form Instabilität zurechnet. Es mag sein, dass auch dies zu erklären vermag, warum die Selektivität der Medien als solcher weitgehend unabhängig von ihrer jeweils spezifischen Form das Motivationsproblem lösen kann. Im Gegensatz zu jeder einzelnen Form, die auftaucht und wieder verschwindet, die gelingen, aber auch misslingen kann, bleibt uns das Medium, das Wort, der Text, die Liebe, die Macht, als das erhalten, was sie sind.

Mit diesem Begriffsvorschlag distanzieren wir uns gleichzeitig von einer medienwissenschaftlichen, an Innis und McLuhan anschließenden Tradition, die dem Medium von einem Außen der Gesellschaft (Technik, Kultur, Krieg) her einen determinierenden Einfluss auf das zurechnet, was in der Gesellschaft dann noch möglich ist. Das halten wir für eine Übertreibung der Sache und für eine begriffliche Sackgasse, ohne damit bestreiten zu wollen, dass sich diese Tradition in der Art und Weise, wie sie auf einen Verdacht hinausläuft, als außerordentlich fruchtbar erwiesen hat, um literarische Wahrnehmungen der Kommunikation in der Gesellschaft zu rekonstruieren. Das hat Friedrich Kittler auf überzeugende Art und Weise gezeigt.[40] Wir optieren im Folgenden nicht für einen literaturwissenschaftlichen Medienbegriff, der Medien als unbestimmt, aber bestimmend definiert, sondern für einen soziologischen Medienbegriff, der Medien als unbestimmt, aber bestimmbar definiert. Wir beobachten Kommunikation nicht daraufhin, dass sich in ihr etwas zeigt, wovon sie nichts weiß (aber woher weiß es der Literaturwissenschaftler?), sondern daraufhin, dass sie laufend erprobt, variiert und reproduziert, was sie voraussetzen muss, um überhaupt etwas erproben, variieren und reproduzieren zu können.

Die Sprache ist ein erster und dramatischer Fall. Sie ist, worauf Luhmann immer wieder hingewiesen hat, ein so auffälliger Wahrnehmungssachverhalt, dass vor allem sprachfähige Organismen wie die menschlichen kaum an ihr vorbeikommen. Wenn jemand spricht, hört man nicht unbedingt zu, aber auf jeden Fall hin, in der eigenen Familie, im Büro, im Zug oder im Fernsehen. Wenn jemand spricht, ist nicht zu leugnen, dass er handelt (weswegen die Sprache ein erstes und zivilisationsentscheidendes funktionales Äquivalent zur Gewalt ist) und als Beobachter erster Ordnung Feststellungen in die Kommunikation einsteuert, deren Inhalt möglicherweise Beobachtungen zweiter Ordnung sind. Wie kann man dazu motiviert werden? Gibt es nicht unzählige Gründe, lieber den Mund zu halten und sich nicht festzulegen? Und nimmt die Anzahl der Gründe nicht eher zu denn ab, wenn man sich einmal auf Sprache eingelassen und mit ihr Erfahrungen gesammelt hat? Es verfügt ja nicht jeder über die Eloquenz, mit jeder sprachlichen Festlegung auf

40 Siehe Friedrich Kittler, Aufschreibesysteme 1800/1900. München: Fink, 1985; und ders., Grammophon Film Typewriter. Berlin: Brinkmann & Bose, 1986.

einen spezifischen Sinn auch mögliche andere Festlegungen immer in Reserve zu halten. Und ist nicht das mögliche Hauptmotiv der Sprache, seine eigenen Vorstellungen versuchsweise so zu artikulieren, dass ein anderer seine Vorstellungen mit diesen Vorstellungen beschäftigen kann, ebenfalls eher ein Grund, sich auf die entsprechenden Risiken des Missverständnisses und des allzu genauen Verstehens gar nicht erst einzulassen?

Wie überwindet die Sprache diese Unwahrscheinlichkeitsschwelle der Besetzung von Situationen mit Ausrufen, Ausdrücken, Mitteilungen und Geschichten, die andere mitbekommen und die erst einmal im Raum stehen, bevor dann die Zeit über sie hinweggeht und sie mehr oder minder zuverlässig wieder vergessen werden? Welche Selektivität kann sicherstellen, dass im genannten Sinne trotzdem zum Sprechen motiviert werden kann? Zum einen ist es sicherlich hilfreich, dass sprachliche Kommunikation, wie gerade angedeutet, ereignishaft verfasst ist. Jemand sagt etwas und schweigt dann wieder, wie lange auch immer man zuweilen darauf warten muss. Die Kommunikation ist ein Ereignis, das auftaucht und wieder verschwindet und in dieser Form ein Reproduktionsproblem stellt (wie geht es weiter?), das in kritischen Momenten mächtiger als das Motivationsproblem ist. Das heißt, man steuert etwas bei, damit es weitergeht, verlässt sich dabei darauf, dass auch der eigene Beitrag wieder verschwindet, und spricht möglichst so, dass andere anschließen können, ohne dass man sich auf Dinge festgelegt sähe, auf die man sich nicht festlegen möchte. Das setzt eine Kunstfertigkeit voraus, die Teilnehmer unterschiedlichster Konversationen, wie Harvey Sacks gezeigt hat, perfekt beherrschen. Und zum anderen ist es sicherlich ebenso hilfreich, dass sich vielleicht nicht in den gängigen Theorien der Sprache und der Kommunikation, dafür aber in der gesellschaftlichen Praxis die Auffassung durchgesetzt hat, dass wir einander nicht in die Köpfe schauen können und daher zwischen dem, was jemand sagt, und dem, was jemand meint, immer eine Differenz besteht, die anschließend bearbeitet werden kann, wenn man feststellt, dass die Kommunikation entgleist ist.

Entscheidend jedoch für die Motivation zur Sprache scheint neben ihrer Ereignishaftigkeit und der Differenz des Bewusstseins ein dritter Umstand zu sein, nämlich die nur sprachlich gegebene Fähigkeit, zu allem, was in der Welt gesprochen und besprochen werden mag, sowohl Ja als auch Nein sagen zu können. Ich kann mir etwas anhören und anschließend Nein dazu sagen. Ich kann sogar selbst etwas sagen und anschließend mehr oder minder elaboriert Bedingungen mobilisieren, die es mir erlauben, es zu verneinen, obwohl ich selbst es gesagt habe: »Was kümmert mich mein Geschwätz von gestern?« Das kann man zwar nicht oft sagen und nicht zu jedem, aber man kann es sagen. René A. Spitz hat die menschliche Fähigkeit, Nein zu sagen, auf bestimmte Verhaltensoptionen im Umgang zwischen Mutter und Kind (die Brust annehmen oder ablehnen) zurückgeführt und als Element der Bewusstseins- und Urteilsfunktion des Ichs beschrieben, die gegeben sein muss, damit jemand sich auf die Kommunikation beziehen, aber auch wieder von ihr zurückziehen kann.[41] Wir übersetzen dies in unserem Zusammenhang in die Formulierung, dass die Möglichkeit, Ja und Nein zu sagen, die Teilnehmer an einer Kommunikation mit dem immer mitlaufenden und sehr unterschiedlich zu dosierenden und zu nuancierenden Zwang konfrontiert, Ja oder Nein zu sagen. Das geschieht in den seltensten Fällen in binärer Ausschließlichkeit, sondern kulturell codiert in mehr oder minder ausgebauten Möglichkeiten, Ja zu sagen, wenn man Nein meint, und umgekehrt, aber es geschieht immer und garantiert in einer Form, die sicherstellt, dass man sich dosiert und nuanciert auf ein Sprechen einlassen kann, dessen Sinnimplikationen je nach fremder und eigener Reaktion (à la Karl Weick – oder war es Karl

---

41 Siehe René A. Spitz, No and Yes: On the Genesis of Human Communcation. New York: International UP, 1957 (dt. 1957).

Valentin: »Wie kann ich wissen, was ich meine, bevor ich höre, was ich sage?«) anschließend zwar nicht restlos, aber doch vielfältig wieder umgebaut werden können. Um unsere mit Blick auf die Zweiwertigkeit unserer Logik (wahr oder falsch) eingeschränkte Optik für den Blick auf diese Dosierungen und Nuancierungen zu öffnen, empfiehlt Matthias Varga von Kibéd das Studium der zahlreichen Negationsmöglichkeiten in der buddhistischen Logik: »Ja«, »Nein«, »Ja, aber«, »Nein, und doch« usw.[42]

Mit anderen Worten, wer spricht, muss sich entscheiden und kann sich anschließend, je nach Geduld der Gesprächspartner, umentscheiden. Das ist die Selektivität, die mich motivieren kann, es auch einmal zu versuchen, und die mich auch dazu motivieren kann, jemandem zuzuhören. Die Vermutung ist hier nicht, dass wir uns zur Sprache motiviert sehen, weil es so reizvoll ist, den anderen dennoch zu überzeugen. Die Selektivität, auf die es in unserem Modell ankommt, ist nicht der beschränkte Horizont des anderen, den ich wieder und wieder bearbeite, damit er auch in das Glück kommt, zu verstehen, was ich schon verstanden habe. Sondern die Vermutung, auf die es uns ankommt, ist, dass wir uns zur Sprache motivieren, weil wir wissen, dass wir im unbestimmten Raum ihrer Möglichkeiten immer nur bestimmte Möglichkeiten auswählen, diese anschließend korrigieren können und mit alldem keinen bestimmenden Einfluss darauf haben, wie der andere versteht und korrigiert, was er sagt und was er hört. Wir lassen uns auf die Sprache ein, um herauszufinden, was sie leistet, und weil wir genau das nicht wissen.

Ganz anders ist es um die Kommunikation im Medium der Musik und der Bilder bestellt, die sich von der Kommunikation im Medium der Sprache dadurch unterscheidet, dass sie nicht negationsfähig ist. Seit wir uns in der Sprache

---

42 Siehe Matthias Varga von Kibéd, Aspekte der Negation in der buddhistischen und formalen Logik, in: Synthesis Philosophica 10 (1990), S. 581-591.

bewegen, versuchen wir zwar auch zu Klängen und Bildern Nein zu sagen, aber dann wenden wir sprachliche Operationen auf Operationen eines Typs an, denen dies fremd ist. Klänge und Bilder lassen hören und sehen, was, abhängig vom wahrnehmenden Bewusstsein und codiert durch die Kommunikation, sie hören und sehen lassen.

Kommunikation im Medium der Musik und der Bilder ist Kommunikation im Medium der Kommunikation von Wahrnehmung. Denn darum geht es. Wer Musik hört und Bilder sieht, nimmt an einer Kommunikation teil, die nicht darauf zielt, anschließend mit Hilfe von Negation und Affirmation thematisch elaboriert zu werden. Die Kommunikation von Musik und Bild richtet sich an die Wahrnehmungsfähigkeit der beteiligten Individuen. Es geht darum, ihnen etwas vorzuführen und zugänglich zu machen, was ihre sinnlichen Fähigkeiten in Anspruch nimmt, die als solche nicht kommuniziert werden können. Bilder genießt man schweigend, verlangt daher eine klassische ästhetische Regel; wer zu früh über sie spricht, macht damit nur deutlich, dass er nicht verstanden hat, dass es gerade darum nicht geht.

Dementsprechend dramatisch spitzt sich jedoch hier das Motivationsproblem zu. Wie kann ich dazu gebracht werden, mir etwas anzuschauen oder anzuhören, wenn ich gezwungen bin, damit ein – nämlich mein – Bewusstsein zu beschäftigen, das ich eifersüchtig hüte wie meinen Augapfel und um keinen Preis mit der Besetzung durch Fremdinhalte aufs Spiel setze? Die Antwort auf diese Frage fällt spätestens mit der schon deswegen gesellschaftlich funktionalen Ästhetik des 18. und der Neurophysiologie des 19. Jahrhunderts leicht: Indem ich mein Bewusstsein ins Spiel bringe und mir anschaue oder anhöre, was andere mir zumuten, bringe ich eine Ressource ins Spiel, deren Eigensinn und Eigenwille, weil sie individuell unzugänglich verankert sind, schlechterdings nicht mehr geleugnet werden können. Mein Bewusstsein liefert die Selektivität, die mich motiviert, hinzuschauen und hinzuhören. Es genügt die Nuance eines eigensinnigen und eigenwilligen Kommentars, um allen anderen, mit denen ich gerade im Gespräch bin, deutlich zu machen, dass wir zwar dasselbe gehört und gesehen haben, aber auf unreduzierbar unterschiedliche Art und Weise. Gerade an meiner Reaktion auf Fremdinhalte kann ich vorführen, dass mein Bewusstsein für andere unzugänglich mir gehört. Und diese sind gut beraten, das zu akzeptieren, weil anders die Motivation, meine Wahrnehmung mit ihren Bildern und Klängen zu beschäftigen, nicht sichergestellt werden kann.

Die Rede vom »Geschmack« bringt dies auf den Punkt. Die Rede vom Geschmack ist eine klassische ästhetische Formel, in der festgehalten wird, welchen Objekten man sich sinnlich zuwendet, wie man dies tut und wie man anschließend, wenn überhaupt, darüber spricht, während man über vieles andere schweigt.[43] Hier wird motiviert und reguliert, was man wie wahrnimmt, während zugleich unterstrichen wird, dass man einem Individuum seinen Geschmack zuallerletzt nehmen kann.

In der Kunst, auch in diesem Sinne verstanden als eine gesellschaftliche Veranstaltung,[44] wird dies immer wieder neu eingeübt, bestätigt und unter den wechselnden Bedingungen der Gesellschaft variiert. Kommunikation im Medium der Musik und der Bilder motiviert sich innerhalb der Kunst dadurch, dass sie den Körper des anderen, des Künstlers ebenso wie des Betrachters, auf eine Art und Weise in Anspruch nimmt, die vorführt, wie hochgradig spezifisch und wie selektiv zugleich er in Anspruch genommen wird. Außerhalb der Kunst verlässt man sich auf diesen Effekt, ohne ihn sichtbar zu machen, das heißt, eigene Kommunikationen

---

43 Siehe nur Hans-Georg Gadamer, Wahrheit und Methode: Grundzüge einer philosophischen Hermeneutik [1960]. 6. Aufl., Tübingen: Mohr, 1990, S. 40 ff.
44 Siehe Niklas Luhmann, Die Kunst der Gesellschaft. Frankfurt am Main: Suhrkamp, 1995.

darauf zu verwenden, ihn vorzuführen. Das Hören und Sehen wird in der Kunst auf eine ausschließlich raffinierte Art und Weise angesprochen; und »raffiniert« heißt hier vor allem, dass Wahrnehmungen so präsentiert werden, dass der Rückschluss auf Kommunikation nicht vermieden und so die Negationsfähigkeit der Kommunikation auch für die Wahrnehmung fruchtbar gemacht werden kann. Kunst beginnt deswegen präsise dort, wo Wahrnehmungen explizit begrüßt oder abgelehnt werden; deswegen war die klassische Formel der »Schönheit« so erfolgreich und die moderne Formel der »Provokation« so verführerisch.

Deswegen kann Pierre Bourdieu die ästhetische Urteilskraft zum Aufhänger seiner Analyse der Distinktion als Mechanismus der Schaffung und Abgrenzung sozialer Felder der Zugehörigkeit machen.[45] Indem wir kommunizieren, welche Wahrnehmungen wir annehmen oder ablehnen, kommunizieren wir, welcher Welt wir uns zugehörig fühlen. Georges Perec hat diesen Mechanismus der Kommunikation von Wahrnehmung für die Kommunikation von Musik, Bildern und anderen Dingen auch außerhalb der Kunst in unserer Lebenswelt als einen Mechanismus vorgeführt, mit dem wir uns und unsere Welt möblieren und mehr oder minder angestrengt darum bemüht sind, die kulturell richtigen und nicht die falschen Signale der Abgrenzung und Zugehörigkeit zu setzen.[46]

Die Pointe an dieser medialen Beobachtung von Bildern, Musik und anderen Kunstwerken sowie ästhetisierten Gebrauchsgegenständen (inklusive Architektur und Mode) besteht darin, dass sie eine soziologische Beobachtung ist, die den eigentlichen künstlerischen Wert der Kunstwerke nicht

---

45 Siehe Pierre Bourdieu, La distinction: Critique sociale du jugement. Paris: Minuit, 1979 (1982).
46 In seinem Roman: Les choses: Une histoire des années soixante. Paris: Juillard, 1965 (dt. 2004). Dasselbe Thema findet sich mit allem Respekt für die Distinktheit der Wahrnehmung behandelt bei Roland Barthes, Mythologies. Paris: Le Seuil, 1957 (dt. 1970); und Jean Baudrillard, Le système des objets. Paris: Gallimard, 1968 (dt. 2001).

unberührt lässt. Es geht nicht darum, den Gebrauch der Kunst in der Gesellschaft von der Kunst selber zu unterscheiden. Sondern es geht darum, diesen Gebrauch von der Kunst als den Inhalt der Kunst sowohl auf der Seite ihrer Rezeption als auch auf der Seite ihrer Produktion zu beschreiben. Auf die Kunst kommen wir später im Rahmen ihrer Behandlung als Erfolgsmedium noch einmal zurück, aber bereits hier ist zu sagen, dass auch die Verbreitungsmedien der Musik, der Bilder, der Architektur, der Möbel und der Mode von einer präzisen Arbeit an der Kommunikation leben, die es erlaubt, auf mehr oder minder elaborierte Art und Weise zu inszenieren, dass man wahrnimmt, was man wahrnimmt und wie man wahrnimmt.

Gleichgültig, welche Musik man hört, welche Bilder man sich an die Wand hängt, welche Theaterstücke man schätzt und in welchen Baustilen man sich wohl fühlt, man lässt sich damit auf die Kommunikation von Wahrnehmungen ein, die über das, was sprachlich gesagt werden kann (und darf), weit hinaus geht, aber funktional dieselbe Rolle der Reproduktion von Kommunikation spielt wie die Sätze, die man sagt oder nicht sagt. Man kommuniziert seinen Geschmack und rechnet damit, dass der andere, wenn er gemeint ist, versteht. Ohne dieses Verbreitungsmedium der Bilder, Töne und sonstigen Wahrnehmungssachverhalte wären viele Kommunikationen weder zu initiieren noch abzubrechen. Es ist nicht auszudenken, auf welche Schwierigkeiten etwa Kommunikationen der Intimitätsanbahnung oder auch Kommunikationen der Begrenzung von Intimität in der Verwandtschaft stoßen würden, wenn man nicht auf die Möglichkeit zugreifen könnte, Musik auszutauschen oder sich über die Bilder an der Wand zu verstehen zu geben, dass man in einer anderen Welt lebt, ohne dies deswegen auch noch sagen zu müssen.

Auch diese Art von Kommunikation lebt davon, dass es ihre Selektivität ist, die motiviert. Ich motiviere mich zu der Musik von John Zorn, zu den Bildern von Gerhard Richter oder zu einer Choreographie von VA Wölfl,[47] weil währenddessen viele andere Kommunikationen ausgeschlossen sind und bestimmte Kommunikationen, die Musik von Frank Zappa, die Bilder von Anselm Kiefer oder die Choreographie von William Forsythe, in Reichweite bleiben. Man könnte sich eine Soziologie der Wahrnehmungsgegenstände vorstellen, die sich an Kunstwerken schult, dann jedoch auch Gebrauchsgegenstände betrifft, die genau beschreibt, wie jeder dieser Wahrnehmungsgegenstände seine Spezifität aus der Unterscheidung von anderen Wahrnehmungsgegenständen gewinnt, zu denen er eine mehr oder minder große Distanz einnimmt und einen mehr oder minder großen Kontrast macht. Man gewänne daraus eine Analyse von Nachbarschaften, die hochgradig strukturiert sind, einen hohen Sinn für das Singuläre haben und dennoch und gerade deswegen mit allem vernetzt sind, was um sie herum passiert.

Entscheidend jedoch ist, dass eine solche Soziologie der Wahrnehmung medientheoretisch mit zwei Begriffen auskommt, mit dem Begriff auch hier der Unwahrscheinlichkeit der Kommunikation und entsprechenden Unsicherheit der Motivation und mit dem Begriff der Markierung der Selektivität des Wahrnehmungsgegenstands oder auch des Wahrnehmungsprozesses zur Absorption dieser Unsicherheit. Auch deswegen ist es, worauf nur Soziologen aufmerksam machen, wichtig, dass Theaterstücke und Musikkompositionen nicht nur anfangen, sondern auch wieder aufhören, dass Bilder neben anderen an der Wand hängen und dass ich einen Gedichtband oder einen Roman sowohl aufschlagen als auch wieder zuschlagen kann. Müsste man befürchten, in der jeweiligen Wahrnehmung hängen zu bleiben, müsste man eben auch befürchten, dass die eigenen Ressourcen der Markierung von Eigensinn und Eigenwille irgendwann aufgebraucht sind.

---

47 Zum Beispiel John Zorn, Cobra, 1984; Gerhard Richter, Atlas, 1997; und VA Wölfl, Revolver, 2004.

Weitere Verbreitungsmedien der Kommunikation sind die Schrift, der Buchdruck, der Funk, das Kino, das Fernsehen und das Internet. Wir können diese innerhalb der vorliegenden Skizze einer soziologischen Kommunikationstheorie genauso wenig in aller Ausführlichkeit behandeln wie alle anderen Medien. Die Literatur ist jeweils umfangreich und unübersichtlich. Uns kommt es jedoch auch hier immer wieder nur auf einen einzigen Punkt an, nämlich die Beschreibung der Motivation zur Kommunikation durch die Selektivität des Mediums. Die Schrift ist auch hier wieder ein besonders aufschlussreicher und dramatischer Fall, weil es besonders unwahrscheinlich ist, sich auf eine verschriftlichte Kommunikation, eine Buchung, eine Quittung, eine genealogische Tafel, eine niedergeschriebene Hymne oder Erzählung, einen Brief, ein Zeugnis, eine Urkunde und so weiter, einzulassen, weil an dem, was aufgeschrieben ist, anschließend kaum noch etwas zu ändern ist. Man kann in Interaktionen immer noch daran arbeiten, anders gemeint zu haben, was man gesagt hat. Aber die Schrift ermöglicht es, Kommunikation über den Kreis der Anwesenden hinaus zu verbreiten, und das bedeutet, dass man weder bestreiten kann, geschrieben zu haben, noch Einfluss darauf hat, wie verstanden und verwendet wird, was man aufgeschrieben hat. Das ist für den Schreiber wichtig, der gleichsam immer mehr Gründe hat, auf das Aufschreiben angesichts einer möglichen Fehlinterpretation oder auch angesichts einer möglichen Falschdarstellung zu verzichten, als es dennoch zu riskieren. Das ist aber ebenso wichtig für den Leser, der ebenso viele Gründe haben kann, nicht gelesen zu haben und dann auch nicht wissen zu müssen, was andere aufgeschrieben haben. Von Königen sagt man, dass sie sich darüber im Klaren waren, warum sie sicherheitshalber darauf verzichteten, Lesen und Schreiben zu lernen, und das riskante Geschäft, sich festzulegen und gelesen zu haben, lieber ihren Schreibern überließen und diese darüber hinaus in einer subalternen Stellung beließen, damit hinreichend viele

Filter genutzt werden konnten, mit deren Hilfe die Effekte einer schriftlich verbreiteten Kommunikation kontrolliert werden konnten. In hierarchisch formalisierten Organisationen und als Geste der Macht gegenüber Schriftstellern aller Art kann man diese kenntnisreiche Vorsicht im Umgang mit der Schrift bis heute beobachten. Auch das Analphabetentum hat seine guten Gründe, so schwierig es heute auch sein mag, sie durchzuhalten und für gut zu halten.

Man wird damit rechnen müssen, dass die Gesellschaft sich erst dann auf ein neues Verbreitungsmedium einlässt, wenn sie Mittel und Wege gefunden hat, mit seinen Risiken umzugehen. Diese Mittel und Wege bestehen darin, die Selektivität des Mediums herauszuarbeiten. Das ist im Zweifel nur dadurch möglich, dass man den Auswahlbereich möglicher Kommunikation so sehr erweitert, dass es zu den neuen Kommunikationsofferten immer auch Alternativen, Ambivalenzen und Unsicherheiten gibt, die es erlauben, sich auf eine Kommunikation einzulassen, weil sie anschließend eben nicht nur festliegt, sondern auch bearbeitet werden kann. Man muss die Unsicherheit herausarbeiten und notfalls auch steigern, um ihre Absorption hinreichend attraktiv machen zu können. Im Fall der Schrift geschieht dies dadurch, dass man ihren Vorteil zugleich als Nachteil auslegt, dazu jedoch einen kommunikativen Spielraum freigeben muss, auf den sich vermutlich keine Gesellschaft vorher eingelassen hätte. Man steuert das eine Risiko durch ein anderes und verlässt sich wie so oft darauf, dass jedes Risiko seinerseits nur übernommen wird, wenn man abschätzen kann, wie es auch kontrolliert werden kann – von dem, der es eingeht, und von dem, der ihn dabei beobachtet.

Mithilfe der Schrift erreicht man auch Abwesende. Das erste Risiko besteht daher darin, dass man im Kommunikationsmedium der Schrift keine Möglichkeit hat, die Festlegung wiederaufzuheben, die die Schrift impliziert. Deswegen muss ein uns allen vertrautes zweites Risiko aufgebaut werden, das darin besteht, dass man eben nicht weiß, wie der Andere (inklusive des Schreibers) mit der Festlegung anschließend umgeht. Die Kommunikation muss Techniken entwickeln, mit Festlegungen variabel und unkalkulierbar umzugehen. Erst dann wird sie sich auf die Schrift einlassen.

Die wichtigste dieser Techniken ist vermutlich die Einsamkeit beziehungsweise, vorsichtiger gesagt, die Privatheit. Die Privatheit ist der Raum, in den sich ein an Kommunikation beteiligtes Individuum zurückziehen kann, um zu kommunizieren, dass es sich weiterhin beteiligen wird, man aber einstweilen nicht weiß, wie es sich beteiligen wird. In einem privaten Raum kann man lesen, ohne dass andere abschätzen können, was man aus der Lektüre machen wird. Aber genau das, die Nichtabschätzbarkeit, kommuniziert man, indem man sich zurückzieht und schweigend liest. Das schweigende Lesen ist hierbei ein extremer Fall, auf dessen Zulassung die Gesellschaft sich vermutlich erst im Laufe der frühen Neuzeit eingelassen hat. Vorher las man entweder laut oder gar nicht. Aber vermutlich setzt auch das Annehmen und Lesen von Buchungen, Quittungen, Briefen und Zeugnissen insofern einen privaten Raum voraus, als dem Absender dieser Nachrichten kommuniziert werden muss, dass man noch nicht genau weiß, ob und wie man antworten wird.

Um Buchungen und Zeugnisse entstehen daher Arkana, private Schutzräume, Organisationen (Unternehmen und Schulen), die das Risiko der unkalkulierbaren Reaktion auf riskant verschriftlichte Kommunikation ihrerseits kontrollieren, aber auch wiederum steigern, indem sie es in das Risiko der Entscheidung und damit in ein Netzwerk der rekursiven Kontrolle von Entscheidungen übersetzen. Aber auch das setzt den Schutz der Privatheit in einem umfassenderen Sinn voraus, als wir uns dies normalerweise klar machen. Die Analyse des Kommunikationsmediums Schrift legt die Hypothese nahe, dass die antike griechische Gesellschaft, die in unserem Kulturkreis das prominenteste Produkt der Einführung der alphabetisierten Schrift ist, ihre wesentlich soziale Errungenschaft nicht nur auf dem Feld der Entwicklung der demokratischen Öffentlichkeit auf der *agorá*, sondern parallel dazu auf dem Feld der Entwicklung der Privatheit des *oíkos*, des Hauses und Haushalts, zu verzeichnen hat. Man braucht ein Haus, um sich auf Schrift einlassen zu können und mit Schrift kommunikativ anschlussfähig, das heißt unbestimmt, aber bestimmbar, umgehen zu können. Im Haus wird das zu diesem Zweck als undurchschaubar beschriebene Individuum als Adresse mündlicher wie schriftlicher Kommunikation präpariert. Im Haus werden Buchungen und Quittungen, Geldstücke und Wertpapiere miteinander verglichen, um sich von ihnen nicht etwa in die Enge treiben zu lassen (das kommt natürlich auch vor), sondern um Optionen des Umgangs mit ihnen zu entwickeln, die den Haushalt dann wiederum zum Gegenstand ökonomischer Beobachtungen auf dem Markt machen. Und im Haus werden technische, künstlerische, religiöse, intellektuelle und wissenschaftliche Innovationen ausprobiert, die in jeder früheren Gesellschaft nur als Normverletzung betrachtet worden wären, jetzt aber gegen erheblichen gesellschaftlichen Widerstand (vor allem: Gelächter) Operationen der Neugier auf sich ziehen.[48]

Insofern kann man sagen, dass es keine Verschriftlichung der Gesellschaft ohne ihre Verhäuslichung gibt, und wird dem sofort hinzufügen müssen, dass dieser Verhäuslichung die Entwicklung einer Öffentlichkeit korrespondiert, die ihrerseits kritisch beobachten, aber auch ermutigen und begrüßen kann, was die Individuen sich in ihren Häusern, gebeugt über ihre Schriften, Urkunden, Briefe und Geldscheine, ausdenken.[49]

48 Das hat Hans Blumenberg in seinen Büchern Der Prozeß der theoretischen Neugierde. Frankfurt am Main: Suhrkamp, 1966; und Das Lachen der Thrakerin: Eine Urgeschichte der Theorie. Frankfurt am Main: Suhrkamp, 1987, deutlich gemacht.
49 Insofern überrascht, dass die Geschichte der Öffentlichkeit als Emanzipationsgeschichte und nicht etwa als Kontrollgeschichte gelesen wird, so vor allem bei Jürgen Habermas, Strukturwandel der Öffentlichkeit:

Ich bin geneigt, die Probe aufs Exempel zu machen und es dem Leser zu überlassen, sich auszudenken, welche Beobachtungen an den Medien des Buchdrucks, des Funks, des Kinos, des Radios, des Fernsehens, des Computers und des Internets vor dem Hintergrund der hier skizzierten soziologischen Kommunikationstheorie gemacht werden können. Ich kann hier sowieso nichts anderes tun, als Überlegungen aufzuschreiben, deren Festlegungen ich riskiere, weil ich davon ausgehen kann, dass der Leser sich seinen eigenen Reim auf sie machen und zu eigenen Überlegungen und Schlussfolgerungen kommen wird. Warum also soll ich es ihm nicht überlassen, sich zum einen oder anderen Gegenstand dieses Buches selber seine Gedanken zu machen?

Ich würde mich damit jedoch auf ein weiteres Risiko einlassen, nämlich auf das Risiko, dass man glauben wird, ich würde es mir zu einfach machen. Dieses Risiko ist der hier vorgelegten Skizze, weil sie Skizze ist (und mit dieser Bezeichnung versuche ich, das Risiko in Grenzen zu halten), inhärent, so dass ich es gerade auf dieser Ebene nicht übertreiben darf. Ich schließe also einige wenige Überlegungen zu den gerade genannten Verbreitungsmedien an, bevor ich zu dem ebenso wichtigen und umfangreichen Thema der Erfolgsmedien komme.

Vielleicht genügt es auch, wenn ich die bisher erläuterten Fälle der Sprache, der Wahrnehmungsgegenstände und der Schrift auf den Punkt bringe, dass ihre Form der Unterscheidung und des Zusammenhangs von Motivation und Selektivität darin besteht, dass sie ihre Zuspitzung auf die Erweiterung der Erreichbarkeit des Adressaten durch einen parallel laufenden, vor- und nachziehenden Ausbau seiner Unerreichbarkeit begleiten und kompensieren. Die

<small>Untersuchungen zu einer Kategorie der bürgerlichen Gesellschaft [1962]. Mit einem Vorwort zur Neuauflage 1990, Frankfurt am Main: Suhrkamp, 1990; etwas vorsichtiger Oskar Negt und Alexander Kluge, Öffentlichkeit und Erfahrung: Zur Organisationsanalyse von bürgerlicher und proletarischer Öffentlichkeit. Frankfurt am Main: Suhrkamp, 1972.</small>

Form des Verbreitungsmediums als spezieller Fall eines Kommunikationsmediums könnten wir dann wie folgt notieren:

Verbreitungsmedium = | Nicht-Erreichbarkeit | Erreichbarkeit |

Verbreitungsmedien, soll das heißen, lösen reichlich kontraintuitiv das Problem, dass sie durch Kommunikation in Richtung auf den »Sender« wie den »Empfänger« erreichbar machen, wer bisher nicht erreichbar war, dadurch, dass sie parallel zur technischen Sicherstellung des Erreichens sozial und individuell sicherstellen, dass mit dem Erreichen allein die Kommunikation noch nicht sichergestellt ist. Erst wenn klar ist, dass Sender ebenso wie Empfänger Ja oder Nein sagen, sich abwenden beziehungsweise unbeabsichtigte Schlüsse ziehen können, ist das entsprechende Verbreitungsmedium sozial und individuell etablierbar.

Diese Form können wir auch als Folie der Beobachtung und Beschreibung weiterer Verbreitungsmedien nutzen. Wir lassen uns wieder auf einen eingeschränkten Blickwinkel ein, der nicht ausschließen soll, dass man auch ganz anders über den Buchdruck, die bewegten Bilder und die elektronischen Medien reden kann.

Der Buchdruck ist ein Verbreitungsmedium, dessen Einführung (was immer auch heißt: Bewältigung), die Gesellschaft revolutioniert und die moderne, in einem Modus ihrer selbst instabil stabilisierte Gesellschaft hervorgebracht hat. In dieser Einschätzung stimmen so unterschiedliche Ansätze wie diejenigen von Elizabeth L. Eisenstein, Michael Giesecke und Niklas Luhmann überein.[50] Man geht vermut-

---

50 Siehe Elizabeth L. Eisenstein, The Printing Press as an Agent of Change: Communication and Cultural Transformations in Early-Modern Europe. 2 Bde., Cambridge: Cambridge UP, 1979; Michael Giesecke, Der Buchdruck in der frühen Neuzeit: Eine historische Fallstudie über die Durchsetzung neuer Informations- und Kommunikationstechnologien. Frankfurt am Main: Suhrkamp, 1991; Luhmann, Die Gesellschaft der Gesellschaft, a.a.O., S. 291 ff.

lich nicht zu weit, wenn man vermutet, dass die Gesellschaftstheorie von Niklas Luhmann darüber hinaus eine Würdigung der Buchdruckgesellschaft im Übergang zur Computergesellschaft ist, insofern sie beschreibt, auf welche Fragen der sozialen Ordnung die Computergesellschaft erst noch Antworten finden muss, die von der Buchdruckgesellschaft und der Schriftgesellschaft zuvor anders beantwortet worden sind.[51]

Was also verbreitet der Buchdruck? Und wie hat sich die Gesellschaft auf ihn eingestellt? Welche Form von Selektivität motiviert dazu, sich auf ihn einzulassen? Und mit welchen Formen der Unerreichbarkeit bewältigt der gesellschaftliche Umgang mit dem Buchdruck das Risiko der erweiterten Erreichbarkeit? Welche Freiheitsgrade müssen hier eingeführt werden, damit die Freiheitsgrade des Buchdrucks konditioniert werden können?

Natürlich hängen Antworten auf diese Fragen davon ab, was man unter Buchdruck versteht. Wir wollen im Anschluss an die genannten Autoren nur zwei Merkmale hervorheben, die massenhafte Reproduzierbarkeit von Kommunikation und die Vergleichbarkeit der Kommunikationen untereinander, weil es leichter fällt, Stellen zu bezeichnen und als solche zu behandeln. Man kann sich in Briefen, Vorträgen oder eigenen Texten darauf beziehen, welcher Autor auf S. x seines Buches welche Überlegung vorgetragen hat und aus welchen Gründen man sich mit Verweis auf S. y des Buches eines anderen Autors nicht in der Lage sieht, diese Überlegung zu akzeptieren. Davon lebt die Entwicklung der Gelehrsamkeit, davon lebt aber auch eine zunächst evangelische, dann protestantische, in der Reaktion schließlich auch katholische Bibellektüre, die sich gegen die Kirche und in der Kirche über Auslegungen streitet und eine Hermeneutik auf den Plan ruft, die festzustellen versucht, welche Aussagen über den Sinn des in der Bibel Gesagten der Rede wert

---

[51] Siehe dazu Dirk Baecker, Niklas Luhmann in der Gesellschaft der Computer, in: ders., Wozu Soziologie? a.a.O., S. 125-149.

sind und welche nicht. Die dann auch schnell als pedantisch beschriebene, also wiederum gesellschaftlich auf Abstand gehaltene Gelehrsamkeit ist ein mehr oder minder friedliches Produkt des Buchdrucks, die aus dem Streit über die Bibellektüre erwachsenen beziehungsweise sich als solche inszenierenden Religionskriege sind es nicht.

Die Voraussetzung für diese am Buchdruck geschärfte Vergleichspraxis und damit auch die Voraussetzung für die Ausbildung von Kritikfähigkeit ist die massenhafte Verbreitung des Gedruckten. Wenn man frei nach Immanuel Kant auf dessen Frage *Was ist Aufklärung?* die Antwort geben kann: der Versuch einer öffentlichen Kritik der Einfälle von Leuten, die in ihrer Freizeit lesen (und zwar nicht nur die Bibel und hilfreiche Sachbücher, sondern auch Romane, die die Aussichten des Individuums in der Sozialwelt selber zum Thema machen) und dann nichts Besseres zu tun haben, als im Kontor, auf dem Marktplatz und in den dazu erfundenen Cafés Kritik an den Zuständen zu üben,[52] dann setzt das voraus, dass das zu Lesende nicht mehr nur in Klosterbibliotheken verfügbar ist, sondern zum Gegenstand eines eigenen und kapitalintensiven Geschäfts der massenhaften Verbreitung geworden ist. Allerdings beschränkt sich die Wirkung des Buchdrucks nicht auf die neuen Dimensionen der Verbreitung von in allen Exemplaren identischen Büchern, sondern betrifft auch andere Druckprodukte wie insbesondere Flugblätter und Pamphlete, Geldnoten, Zeitungen, Abbildungen und Karikaturen, Schulzeugnisse und Gesetzestexte. Für uns ist all dies so selbstverständlich, dass wir nicht mehr wahrnehmen, wie sehr die Verfügbarkeit dieser und anderer Druckprodukte unseren Alltag und unsere Feste prägt. Ist es Zufall, dass man im 17. Jahrhundert, insbesondere bei Leib-

---

52 Siehe Immanuel Kant, Beantwortung der Frage: Was ist Aufklärung? [1783]. Werke XI. Hrsg. Wilhelm Weischedel, Frankfurt am Main: Suhrkamp, 1964, S. 53-61; vgl. Dirk Baecker, Ein Intellektueller ist jemand, der etwas gelesen hat, in: Uwe Justus Wenzel (Hrsg.), Der kritische Blick: Über intellektuelle Tätigkeiten und Tugenden. Frankfurt am Main: Fischer Tb. Verlag, 2002, S. 148-157.

niz, auf die Idee kommt, dass die Welt berechenbar gemacht werden könne und man jeden Streit beilegen können würde, indem man die dank der Schriftarbeit der Kritik isolierbaren Argumente gegeneinander wiegt wie der Händler die Münzen? Für einen Moment schien alles Schrift zu sein und damit feststellbar, und man übersah, dass es sich nicht um Schrift, sondern um Buchdruck handelte. Denn Buchdruck heißt, wie man dann bald, spätestens mit der Französischen Revolution, feststellte,[53] dass Feststellung auf Feststellung folgt und es überaus schwierig wird, an dem festzuhalten, wovon man glaubt, dass es sich bewährt hat. Man gilt dann als konservativ und muss sich vorhalten lassen, gegenüber denen zurückzubleiben, die sich progressiv jeweils auf der Höhe der neuesten Produkte des Buchdrucks bewegen.

Die aus dem Umgang mit den Folgen des Buchdrucks entstehende moderne Gesellschaft, so beobachtet Niklas Luhmann, beobachtet ihre eigene Destabilisierung und stellt sich um auf ein neues Stabilitätsprinzip, das aus der Instabilität selber gewonnen wird: auf die Beobachtung zweiter Ordnung.[54] Politik wird Demokratie, das heißt Beobachtung der Politiker durch die Politiker im Hinblick auf die Frage, wem die Wähler ihre Stimme geben. Wirtschaft wird Marktwirtschaft, das heißt Beobachtung der Verkäufer durch die Verkäufer im Hinblick auf die Frage, bei wem die Kunden was zu welchen Preisen kaufen. Liebe wird Leidenschaft, das heißt Beobachtung der Liebhaber durch die Liebhaber im Hinblick auf die Frage, womit man bei den Geliebten landen kann. Erziehung wird Schule, das heißt Beobachtung der Lehrer durch die Lehrer im Hinblick auf die Frage, wie man den Eindruck absichern kann, dass die Schüler etwas lernen. Kirche wird Gemeinde, das heißt Beobachtung

---

53 Und aufschrieb: Edmund Burke, Reflections on the French Revolution [1790]. London: Dent, 1910 (dt. 1791, 1967).
54 Siehe Niklas Luhmann, Beobachtungen der Moderne. Opladen: Westdeutscher Verlag, 1992.

der Priester durch die Priester im Hinblick auf die Frage, welche Form von Seelsorge von den Gläubigen in Anspruch genommen wird. Und so weiter. Dahinter steckt jeweils der Buchdruck, verstanden als Möglichkeit, jeden Zustand in der Politik, auf dem Markt, in der Liebe, in der Schule und in der Kirche als so (nicht mehr) akzeptabel zu bezeichnen, auf diese Weise kontingent (auch anders möglich) zu setzen und Begründungen, vor allem Werte, zu verlangen, um ihn dennoch für gut zu halten oder eben gegen andere auszutauschen. Man kann sich dann nur noch daran festhalten, wie die anderen mit derselben Situation umgehen. Die rivalisierende Imitation wird zum sozialen Kitt schlechthin.[55]

Die Pointe daran jedoch ist, dass die dank des Buchdrucks massenhaft erreichbaren Adressaten der Kommunikation dank ihrer Bindung in die Verhältnisse der Beobachtung zweiter Ordnung unerreichbar werden. Auch darauf reagiert ja bereits die Zeit der Aufklärung, indem sie sich nicht nur auf das sachliche Argument verlässt, sondern zusätzlich die Vernunft ins Spiel bringt, die wahlweise Motive liefert, die Beobachter zweiter Ordnung aus ihrer Bindung an die Masse wieder herauszulösen und sie in die jeweiligen Kirchen der Vernunft neu einzubinden. Tatsächlich jedoch macht sich die vom Buchdruck abhängig gewordene Gesellschaft von ihm wieder unabhängig, indem sie jede einzelne Meinung der Konkurrenz mit allen Meinungen aussetzt und dann nicht das einzelne Buch, sondern die soziale Situation selber auswählen lässt, worauf man sich tatsächlich einlässt. Das begründet die Karriere der Öffentlichkeit mit ihren Programmen der Korrektur von Nachrichten durch Nachrichten, die als Korrektiv der allzu unerreichbaren Individuen in der modernen Gesellschaft eine ähnliche Bedeutung gewinnt wie das Haus in der Antike. Allerdings ist diese

---

55 Im Sinne von Gabriel Tarde, Les lois de l'imitation: Étude sociologique. 2. Aufl., Paris: Alcan, 1895 (dt. 2003); und René Girard, Mensonge romantique et vérité romanesque. Paris: Grasset, 1961; ders., La violence et le sacré. Paris: Grasset, 1972 (dt. 1987).

Öffentlichkeit nur deswegen das Medium der Aufklärung, weil sie dafür sorgt, dass sich »im Schatten der schweigenden Mehrheiten« jede einzelne Meinung in Wohlgefallen auflöst.[56]

Die elektronischen Medien der bewegten Töne, Bilder und Texte (Rundfunk, Kino, Fernsehen, Computer, Internet) profitieren zunächst von den Errungenschaften des Buchdrucks. Sie steigern die Erreichbarkeit von jedem und allen zu beliebigen Zeitpunkten um weitere Größenordnungen, machen jedoch jeden einzelnen gleichzeitig immer unerreichbarer, weil er sich jederzeit auf andere und alternative Verbreitungsmedien und deren Kommunikationen einlassen kann. Man weiß nicht, welcher Seite dieser Medaille in der aktuellen Gesellschaft die größere Sorge gilt. Man beobachtet sich im Zugriff der Massenmedien, würde aber gleichzeitig gerne sicherstellen, das ganz bestimmte dieser Medien das entscheidende Korrektiv darstellen. Zugleich gehen diese neuen Verbreitungsmedien über das, womit der Buchdruck die Gesellschaft konfrontiert, weit hinaus, indem sie in ihrer multimedialen Vernetzung dazu tendieren, die wahrnehmbare Welt insgesamt zu kommunizieren. Deswegen beobachten je nach Geschmack kritische oder affirmative Beobachter die Fiktionalisierung, Immaterialisierung und Virtualisierung der Gesellschaft und ihrer Welt durch ihre eigene Simulation.[57] Ein Problem ist das deswegen, weil die mediale Kommunikation in dem Maße, in dem sie sich der Form der Wahrnehmung von Welt annähert, auch immer unnegierbarer wird. Bewegte Bilder, klangvolle Töne und virtuelle (im strengen Sinne des Wortes: sich auf anderes,

---

56 Siehe zum »polemischen Wesen« der Öffentlichkeit Theodor W. Adorno, Meinungsforschung und Öffentlichkeit, in: ders., Soziologische Schriften I. Gesammelte Schriften, Bd. 8, Frankfurt am Main: Suhrkamp, 1972, S. 532-537; und vgl. Jean Baudrillard, A l'ombre des majorités silencieuses ou la fin du social. Paris: Utopie, 1978 (dt. in: Freibeuter 1 und 2, 1979, S. 17-33 und 37-55).

57 Siehe vor allem Jean Baudrillard, L'échange symbolique et la mort. Paris: Gallimard, 1976 (dt. 1982), S. 75 ff.

gegenwärtig aber nicht Erreichbares stützende) Texte lassen sich nur negieren, indem man den Kanal wechselt, nicht indem man den Versuch macht, eine den Autor und seine Intention, die Quelle und ihre Verlässlichkeit, das Bild und seine Gegenstandstreue prüfende Kritik vorzunehmen.

Die Situation spitzt sich im Umgang mit dem Computer zu, weil wir es hier erstmals nicht nur mit einem Medium der Verbreitung von Kommunikation, sondern zugleich auch mit einem Rechner, zumindest aber mit einem Mitrechner, das heißt mit einem eigenen Produzenten und Adressaten von Kommunikation zu tun haben. Mit dem Blick auf den Computer beginnt man, es für möglich zu halten, dass nicht nur Menschen sich an Kommunikation beteiligen können, und man beginnt quasi in letzter Minute, sich nach natürlichen Partnern der Kommunikation umzuschauen, vor allem nach Pflanzen und Tieren, aber zur Not auch nach Geistern, Göttern und den Medien des Spiritismus, die in der Konkurrenz mit den intelligenten Maschinen den Menschen vielleicht den Rücken stärken können.

Bildschirmkommunikation jedenfalls ist immer dann, wenn sie mit Datenbanken und Datenverarbeitungsprogrammen auf dem eigenen Server oder auf einem Server im Internet verbunden ist, eine Kommunikation, an der der Computer auf eine undurchschaubare Weise teilnimmt.[58] Nur im Ausnahmefall, aus dem man aber gerne auf den Rest schließt, verfügt man über eine Vorstellung davon, welche Software mit welchen Daten welchen Umgang pflegt. Im Regelfall hat man keine Ahnung und verlässt sich stattdessen auf eine für den Moment ausreichende Prüfung der Frage, ob man mit den über den Bildschirm flirrenden Daten in der Form von Bildern, Preisen, Links und Textstücken etwas macht oder nicht. Man prüft ihre Form im strengen Sinne von Spencer Brown, indem man sich anschaut, was sie be-

---

58 Siehe Luhmann, Die Gesellschaft der Gesellschaft, a.a.O., S. 303 ff.

zeichnen, einen Blick darauf wirft, im Raum welcher Unterscheidungen sie ihre Bezeichnung vornehmen, und sich im Moment und für den Moment entscheidet, ob man sich anschließt oder nicht.

Im Fall der Kommunikation im Medium des Computers ist dank der Datenspeicher auf der eigenen Festplatte, im Intranet und im Internet die Selektivität des jeweiligen kommunikativen Angebots jeweils so überdeutlich präsent beziehungsweise jederzeit mobilisierbar, dass man schon deswegen das Risiko eingehen kann, mit bestimmten Kommunikationen für einen Moment zu arbeiten, gleichgültig ob es sich um eine Wertpapierspekulation, die Abmischung eines Musikstücks, den Schnitt eines Videoclips oder die Komposition eines Textes handelt. Man beobachtet, anstelle der Kommunikation, ihre Anschlüsse[59] und muss sich dafür darauf verlassen, dass es nicht nur laufend weitergeht, sondern sich auch immer wieder Chancen ergeben, sich einzuklinken und weiterzuklicken. Für das, was mehr Zeit kostet, hat man dann ja immer noch die anderen, die älteren Medien, vor allem das Bild, das Kino und den Text.

Es ist abschließend zu den Verbreitungsmedien der Kommunikation nicht überflüssig, darauf hinzuweisen, dass der massenmediale Zugriff auf die Gesellschaft nur das konservative Gemüt mit dem Eindruck quält, es würde jetzt multimedial alles eins. Denn die alten Distinktionen der Zeitung, des Kinos und des gepflegten Telefongesprächs gehen nicht verloren, sondern tauchen im neuen Gewand wieder auf. Die Selektivität der Medien führt zu einer Konkurrenz auch untereinander, die nicht nur durch wechselseitige Imitation (das führt zu dem Eindruck, alles würde eins), sondern auch durch Versuche distinkter Profilierung bewältigt wird. Wer es noch nicht aufgegeben hat, Zeitgenosse zu sein (und auch das ist nur eine Frage des Kanals, den man wählt), weiß in

---

59 So Thomas Malsch, Kommunikationsanschlüsse: Zur soziologischen Differenz von realer und künstlicher Sozialität. Wiesbaden: VS Verlag für Sozialwissenschaften, 2004.

der Regel auf Anhieb, von welchem Medium er welche Leistungen erwartet, und ist deswegen auch jederzeit in der Lage, wohlbegründet aus einem Medium ins andere zu wechseln. Für den Zeitgenossen ist die Situation niemals entropisch (gleichwahrscheinlich), sondern immer hochgradig strukturiert, auch wenn es, wie Rainald Goetz mit seinem Tagebuch vorgeführt hat, nicht immer einfach ist, sie auch so darzustellen.[60] Die Erwartungen und Erwartungserwartungen an das Kino, an die Zeitung, an das Theater, ja sogar an die Theorie und an andere Medien der Kommunikation verschieben sich, werden expliziter, schälen Emotionen und Farben, Berichte und Kommentare, Gesten und Bühnenbilder, Modelle und Beschreibungen heraus, die wenige Jahre zuvor kaum ein Interesse gefunden hätten. Wenn nicht alles täuscht, ist es bisher keinem Verbreitungsmedium außer solchen, die technisch überholt werden (der Telegraf, das Morsen, der Leuchtturm, der Amiga-Computer), misslungen, an seiner Selektivität so zu arbeiten, dass es ihm gelingt, Motive zu generieren, sich im Kontext von Möglichkeiten der Pflege und Stilisierung der eigenen Unerreichbarkeit nach wie vor auf es einzulassen. Und sei es, dass man entdeckt, dass die Fotografie gegenüber allen anderen Medien der Abbildung den Vorteil zu haben scheint, mit den abgebildeten Gegenständen zusammen zu altern und so das einzige Verbreitungsmedium ist, das der Melancholie der Trauer um die Toten gewachsen ist.[61]

Aber auf das Kino richtet sich dieselbe Wehmut. Als gigantisches »entreprise de l'apparence«, »Unternehmen des Scheins«, als das es Paul Virilio beschrieben hat,[62] versucht es die »Ästhetik des Verschwindens«, von der derselbe Autor mit Blick auf Hegels berühmte Formel von den »Furien des

---

60 Siehe Rainald Goetz, Abfall für alle: Roman eines Jahres. Frankfurt am Main: Suhrkamp, 1999.
61 Siehe Roland Barthes, La chambre claire: Note sur la photographie. Paris: Gallimard, 1980 (dt. 1985).
62 In: Paul Virilio, Esthéthique de la disparition. Paris: Balland, 1980 (dt. 1986).

Verschwindens« spricht,[63] für eine Reinszenierung der Wirklichkeit fruchtbar zu machen, die wirklicher, vor allem: notwendiger, ist als diese selbst. Das Kino bezahlt diesen Versuch mit derselben Flüchtigkeit seiner bewegten Bilder, der es sich verdankt. Kein Wunder also, dass hier die genauesten Reflexionen auf den Status der Wirklichkeit zu finden sind, seit Medien nicht mehr Geister, sondern Techniken sind.[64] Natürlich lasse ich mich durch das Kino erreichen; aber jeder Film lässt mich, wie Clint Eastwood, ein kleines Stück unerreichbarer werden.

4.5. Medien II

Die Funktion der Medien, so hatten wir gesagt, besteht darin, Sachverhalte oder Ereignisse der Umwelt so auf Sachverhalte oder Ereignisse der an Kommunikation beteiligten Individuen zu beziehen, dass die bloße Selektivität der Auswahl bestimmter Kommunikationen dazu motiviert, sich

---

63 Die »*Furie* des Verschwindens« ist jene allgemeine Freiheit, der nur negatives Tun bleibt, da sie positive Werke oder Taten nicht hervorbringen kann (weil sie sich damit ja schon wieder binden beziehungsweise in eine allzu konkrete Freiheit, einen Freiheitsgrad, investieren würde). So Georg Wilhelm Friedrich Hegel, Phänomenologie des Geistes [1807]. Werke 3, Frankfurt am Main: Suhrkamp, 1973, S. 436 f.

64 Siehe nur und im durchaus nicht immer sicheren Unterschied zu Allan Kardec, Das Buch der Medien: Ein Wegweiser für Medien und Anrufer über Art und Einfluß der Geister, die Theorie ihrer verschiedenen Kundgebungen, die Mittel zum Verkehr mit der unsichtbaren Welt und die möglichen Schwierigkeiten, denen man beim Experimentalspiritismus begegnen kann. Freiburg im Breisgau: Herrmann Bauer, 3. Aufl., 2000: Walter Benjamin, Das Kunstwerk im Zeitalter seiner technischen Reproduzierbarkeit, in: Gesammelte Schriften. Bd, I, 2, hrsg. von Rolf Tiedemann und Hermann Schweppenhäuser, Frankfurt am Main: Suhrkamp, 1974, S. 471-508; sowie Jean-Luc Godard, Introduction à une veritable histoire du cinéma. Paris: Albatros, 1980 (dt. 1984); und vgl. Georg Stanitzek, Kracauer in *American Beauty*, in: Jens Schröter, Alexander Böhnke (Hrsg.), Analog/Digital – Opposition oder Kontinuum? Zur Theorie und Geschichte einer Unterscheidung. Bielefeld: transcript, 2004, S. 373-386.

auf sie einzulassen. Im Fall der Verbreitungsmedien besteht diese Selektivität in einer Konstellation, die Erreichbarkeit und Unerreichbarkeit als die beiden Seiten einer Form aufeinander bezieht und wechselseitig konditioniert. Im Fall der Erfolgsmedien, mit denen wir uns in diesem Abschnitt beschäftigen, besteht diese Selektivität in einer Konstellation, die über das bloße Erreichen beziehungsweise Nichterreichen des anderen hinausgeht und Bedingungen der Annahme beziehungsweise Ablehnung der Kommunikation zu regulieren versucht.

Erfolgsmedien, darauf hatten wir bereits verwiesen, sind eine der großen Entdeckungen der Soziologie des 20. Jahrhunderts. Talcott Parsons postulierte ihre Existenz, nachdem er beobachtet hatte, dass die traditionellen Formen der Differenzierung und Integration der Gesellschaft über soziale Schichtung in der modernen Gesellschaft ihren Einfluss verloren hatten. In seinem zusammen mit Gerald M. Platt geschriebenen Buch über die amerikanische Universität und in parallel dazu entstehenden Aufsätzen über die Interaktionsmedien stellt Parsons fest, dass drei Revolutionen die moderne Gesellschaft auf ihren Weg gebracht haben, auf dem die dadurch in Reichweite gerückten Möglichkeiten der Handlung und Kommunikation durch die alte Sozialordnung, in der die individuelle Stellung durch Geburt geregelt war, nicht mehr geordnet werden konnten:[65] die industrielle Revolution resultiert in Massenproduktion unter Einschluss des Problems der Motivation zur Arbeit, die demokratische in der Zunahme des Machtpotentials der Politik bei abnehmender Kontrolle individuellen Verhaltens und die pädagogische Revolution in einer dank zwangsweiser Massenverschulung abnehmenden Unwissenheit bei zunehmender Unfähigkeit, sich nichtrational und expressiv zu verhalten.

65 Siehe Talcott Parsons und Gerald M. Platt, Die amerikanische Universität: Ein Beitrag zur Soziologie der Erkenntnis [1973]. Aus dem Amerikanischen von Michael Bischoff, Frankfurt am Main: Suhrkamp, 1990, S. 11 ff.; ders., Talcott Parsons, Social Structure and the Symbolic Media of Interchange, a.a.O., S. 220 ff.

Letzteres korrigiert die Studentenbewegung und stellt eine weltweit operierende Popkultur dann sicher.

Spätestens in den Studentenprotestbewegungen der 1960er Jahre, die Parsons präzise beobachtet hat, wird, weil neue Unsicherheiten auftreten und absorbiert werden, offenkundig, dass die noch in der alten Sozialordnung verwurzelten Autoritätsressourcen der komplementären Rollen von Lehrern und Studenten, Ärzten und Patienten, Vorgesetzten und Mitarbeitern nicht mehr ausreichen, um die auftretenden Probleme des Umgangs mit Fragen des Wissens, des Lebens und der Organisation zu bearbeiten. Dieselbe Autorität, die erst wenige Jahrhunderte zuvor eingeführt worden war, um den philologisch kontrollierten menschlichen Willen gegen die Macht der Vorsehung setzen zu können,[66] wird jetzt als rhetorische Ressource durchsichtig, die dazu dient, in der Kommunikation unterstellen zu können, dass Äußerungen bei Nachfrage erläutert werden können, um eben so diese Nachfrage zu entmutigen.[67] Diese Unterstellung bricht auf breiter Front, am Arbeitsplatz ebenso wie vor Gericht, in der Universität, in der Politik, in der Arztpraxis und in der Familie, zusammen, wodurch die Frage aufgeworfen wird, welche Ressource zur Motivation von Kommunikation an ihre Stelle treten kann. Die Philosophie der Studentenbewegung setzt hierzu erneut auf die Ressource der Vernunft,[68] die Praxis der Studentenbewegung eher auf die Macht und ihre Kritik,[69] die Soziologie jedoch,

---

66 Siehe etwa Giambattista Vico, Die neue Wissenschaft von der gemeinschaftlichen Natur der Nationen [1744]. Auswahl, Übersetzung und Einleitung von Ferdinand Fellmann, Frankfurt am Main: Klostermann, 1981, §§ 385-390.
67 So Niklas Luhmann, Die Gesellschaft und ihre Organisationen, in: Hans-Ulrich Derlien u. a. (Hrsg.), Systemrationalität und Partialinteresse: Festschrift für Renate Mayntz. Baden-Baden: Nomos, 1994, S. 189-201, hier: S. 196 f.
68 Prominent formuliert durch Jürgen Habermas. Siehe zuletzt Wahrheit und Rechtfertigung: Philosophische Aufsätze. Erw. Ausg., Frankfurt am Main: Suhrkamp, 2004.
69 Siehe jetzt Wolfgang Kraushaar, Rudi Dutschke und der bewaffnete

prominent formuliert durch Talcott Parsons, auf die Beobachtung, dass mehrere und unterschiedlich gebaute Medien der Interaktion diese Funktion übernehmen. Parsons identifiziert hierbei insbesondere die Medien Affekt, Intelligenz und Einfluss sowie Geld und Macht, wobei sich komplizierte Anschlussfragen aus der Architektur der Theorie von Parsons ergeben, die ihn dazu zwingt, jeweils anzugeben, ob ein Medium auf der Ebene des allgemeinen Handlungssystems oder auf der Ebene des Sozialsystems, des Persönlichkeitssystems, des Organismus oder des Kultursystems eine Rolle spielt und welche der vier Funktionen (Anpassung, Zielerreichung, Integration, Erhaltung latenter Wertmuster) von diesen Medien jeweils bedient werden.

Auf diese Anschlussfragen müssen wir uns hier nicht einlassen. Wir formulieren die Theorie der Erfolgsmedien im Rahmen unserer soziologischen Theorie der Kommunikation stattdessen unter Rückgriff auf die Neufassung der Theorie symbolisch generalisierter Kommunikationsmedien durch Niklas Luhmann, wobei wir auch die Architektur der Theorie Luhmanns hier weitgehend auf sich beruhen lassen.[70] Luhmanns möglicherweise wichtigste Prämisse im Umgang mit Erfolgsmedien lautet, dass diese nur auf der Ebene funktional ausdifferenzierter Subsysteme der Gesellschaft (Wirtschaft, Politik, Recht, Wissenschaft, Erziehung, Kunst, Religion und so weiter) entstehen können, wobei nicht jedes dieser Subsysteme auch ein Medium in diesem Sinne aufweist. Allerdings hat Luhmann diese Prämisse später gelockert, um etwa Werte als Kommunikationsmedium der Gesellschaft in Erwägung ziehen zu können.[71] Möglicherweise wären auch Affekte, Emotionen, Gefühle, inso-

---

Kampf, in: ders., Karin Wieland und Jan Philipp Reemtsma, Rudi Dutschke, Andreas Baader und die RAF. Hamburg: Hamburger Edition, 2005, S. 13-99.

[70] Vgl. jedoch Luhmann, Die Gesellschaft der Gesellschaft, a.a.O., S. 316 ff.
[71] Ebd., S. 340 ff.

weit es sich hier nicht um die psychischen Zustände selber, sondern um ihre Kommunikation handelt, als Medien in diesem Sinne zu behandeln. Auf beide Theoriearchitekturen ist hier jedoch hinzuweisen, um anzudeuten, dass soziologische Entdeckungen ihre Voraussetzungen in einem Theoriedesign haben, das dann auch mitbedingt, was man zu sehen bekommt und was nicht.

Wir halten fest, dass die Funktion der Erfolgsmedien auf keiner geringeren Ebene zu formulieren ist als auf der Ebene der Ordnung von Gesellschaft selber, insofern es darum geht, durch diese Erfolgsmedien attraktive Bedingungen der Kommunikation zu schaffen, in denen vorgesteuert wird, worauf man sich mit einer Kommunikation einlässt und wie weit die Ansprüche dieser Kommunikation jeweils reichen. Wir lassen es offen, ob es die Medien allein sind, die an die Stelle der sozialen Schichtung der alten Gesellschaft treten, oder ob wir nicht eher Anlass haben, offenere Konstellationen von Systemen, Personen, Medien, Netzwerken und Evolution zu beschreiben, die, wie in der vorliegenden Theorie postuliert, Sinnfragen je unterschiedlich zu bearbeiten erlauben, die sich in der Kommunikation aus der Kommunikation ergeben.[72] Wir kümmern uns im Folgenden nicht um Zuordnungsfragen von Medien zu Systemen und auch nicht um die Frage einer geschlossenen Theoriearchitektur, sondern verdeutlichen an einigen Beispielen, was unter Erfolgsmedien als Sinnfunktionen der Kommunikation zu verstehen ist.

Bevor wir uns auf die Beispiele einlassen, gilt es jedoch die Form der Erfolgsmedien zu klären. Parsons' Formulierung war, wie gesagt, die der Motivation durch Selektion und Luhmann formulierte, dass die Funktion der Erfolgsmedien darin besteht, unwahrscheinliche Kommunikation in wahrscheinliche Kommunikation zu transformieren, indem

---

[72] Dazu tendiert mit der Formel eines »space of flows« auch Manuel Castells, The Rise of the Network Society. Oxford: Blackwell, 1996 (dt. 2001), S. 410 ff.

durch die Selektivität der Kommunikation zu ihrer Annahme motiviert wird. Diesen Punkt gilt es hier noch einmal zu unterstreichen, weil er für den soziologischen Blick typisch ist. Die Soziologie geht nicht davon aus, dass es in jeder Situation immer mehr gute Gründe für Kommunikation gibt, als je aktuell bewältigt werden können, sondern davon, dass es in jeder Situation zahlreiche gute Gründe gibt, die Kommunikation in allen ihren Hinsichten zu unterlassen, das heißt, Themen nicht aufzugreifen, mit Mitteilungen zu zögern, nicht zu verstehen, was andere meinen, nicht zu erläutern, was man selbst meint, und vor allem: nicht anzunehmen, aber auch nicht explizit abzulehnen, was einem andere antragen. Die gleichsam wahrscheinlichste Reaktion im Umgang mit Kommunikation ist, soziologisch gesehen, die Evasion, der Versuch, ihr auszuweichen. In jeder Kommunikation läuft die Frage mit, warum ich anderen überlassen soll, was ich habe; warum ich mir erzählen lassen soll, was ich noch nicht weiß; warum ich mich einer Macht beugen soll, die mich zu etwas zwingt, was mir zuwider ist; warum ich schön finden soll, was andere gemalt, komponiert, inszeniert oder gedichtet haben; warum ich mich verlieben soll, wenn ich doch weiß, wie viel Unglück daraus entstehen kann; warum ich ein Gerichtsurteil akzeptieren soll, wenn mein Gerechtigkeitsempfinden ganz anders gelagert ist; warum ich eine Wahrheit (die Erde ist rund) zur Prämisse meines Welterlebens machen soll, wenn ich meine Welt ganz anders erlebe (nämlich als flach); oder warum ich Werte und Gefühle akzeptieren soll, die mir, je nachdem, überkomplex oder unterkomplex erscheinen. Die Erfolgsmedien der Kommunikation dienen in allen diesen und anderen Fällen dazu, trotzdem und im Umgang mit dieser Unwahrscheinlichkeit, das heißt im Umgang mit den guten Gründen, Kommunikation zu vermeiden, zur Kommunikation zu motivieren. Je komplexer die Gesellschaft ist, desto unabsehbarer wird, worauf ich mich mit einer Kommunikation einlasse. Wie, so fragt die Theorie der Erfolgsmedien, kann sichergestellt werden, dass ich das Risiko dennoch eingehe?

Die Antwort auf diese Frage liegt wiederum in der Form des Erfolgsmediums selbst, nämlich in der Profilierung der Annahmebedingungen einer Kommunikation gegen die guten Gründe ihrer Ablehnung beziehungsweise im Mitführen der guten Gründe, die Kommunikation abzulehnen, während man sie annimmt. Jede Kommunikation erhält dadurch eine paradoxe Note: Man kommuniziert an der Schwelle zur Nichtkommunikation. Aber nur so, so lautet die soziologische Hypothese, kann das Risiko überschaut, bewältigt und zur Gestaltung der Kommunikation selber herangezogen werden, nicht zu wissen, worauf man sich mit ihr einlässt. Wir können diese Form wie folgt notieren:

$$\text{Erfolgsmedium} = \overline{\text{Annahme} \mid \text{Ablehnung}} \quad .$$

Diese Form ist einfach genug gebaut, wird jedoch in ihrer Interpretation dadurch kompliziert, dass ein und dieselbe Form nicht nur zur Kommunikation motivieren soll, sondern auch Dritte dazu motivieren muss, bei dieser Kommunikation zuzuschauen, ohne sich zu störenden oder nachhelfenden Interventionen aufgefordert zu sehen. Jede Kommunikation, so hatten wir festgestellt, muss in der Lage sein, das Problem des Dritten zu lösen, das heißt zum einen, Dritte zu zitieren, die zustimmen oder ablehnen könnten und in dieser Form dabei helfen, die Kommunikation zu strukturieren, und zum anderen, reale Dritte entweder einzubeziehen oder draußen zu halten, damit die Kommunikation durchgeführt werden kann. Im Fall der Erfolgsmedien bedeutet dies, dass jedes dieser Medien die Annahme und Ablehnung der Kommunikation durch die jeweiligen Kommunikationspartner unter der Bedingung der Annahme und Ablehnung der Kommunikation durch anwesende oder abwesende beobachtende (und als beobachtend beobachtete) Dritte regulieren können muss.

Wir erläutern diese Konstellation am Fall einiger Beispiele.[73] Die Kommunikation im Medium des Geldes zum Beispiel ist eine Kommunikation, die den Zugriff auf knappe Güter und Dienstleistungen unter der Prämisse regelt, dass die Ablehnung dieses Zugriffs sowohl durch das Gegenüber wie auch durch Dritte dadurch abgefunden werden kann, dass man zahlt, das heißt die eigene Knappheit an Geldmitteln erhöht, während man die Knappheit an Gütern und Dienstleistungen reduziert. Nur dann ist das Gegenüber bereit, sein Eigentum an diesen Gütern oder Dienstleistungen aufzugeben. Und nur dann halten Dritte währenddessen still, die ja möglicherweise ebenfalls Bedarf an diesen Gütern und Dienstleistungen haben.

Diese doppelte Abfindung einer immer möglichen Ablehnung wiederum hat zur Prämisse, dass der Zugriff selektiv stattfindet. Wer jetzt zahlt, bindet sein Gegenüber weder für zukünftige Transaktionen noch legt er sich darauf fest, auch in Zukunft sein Geld für genau diese Güter und Dienstleistungen dieses Gegenübers zu verwenden. Und das wiederum bedeutet, dass man sich auf Geschäfte einlassen kann, ohne gleichzeitig andere Kommunikationsangebote zu akzeptieren, und dass diejenigen, die jetzt zuschauen und stillhalten müssen, sich überlegen können, wie sie ihrerseits in die Lage kommen, ihre Knappheit an Geld mithilfe eines eigenen Angebots an Gütern und Dienstleistungen oder ihre Knappheit an Gütern und Dienstleistungen mithilfe eines eigenen Einkommens mindern zu können. Gerade weil jeder jederzeit ablehnen kann, müssen die Annahmemotive auf Seiten des Käufers wie des Verkäufers so bearbeitet werden, dass dennoch angenommen wird. Die auf eine bestimmte Form zugespitzte Kommunikation wird dadurch über ihre Situation hinaus zum Medium der Erkundung und Überprüfung auch anderer Möglichkeiten.

Die Kommunikation im Medium der Macht ist eine

---

[73] Vgl. zum Folgenden Luhmann, Die Gesellschaft der Gesellschaft, a.a.O., S. 332 ff.

Kommunikation, die den anderen zwingt, etwas zu tun, was er freiwillig nicht tun würde. Hier hat man auf beiden Seiten der Kommunikation wie auch auf Seiten der beobachtenden Dritten jedes erdenkliche Motiv, die Kommunikation abzulehnen: auf der Seite des Machtunterworfenen, weil man zu etwas gezwungen wird, was man nicht will, auf der Seite des Machthabers, weil man den Widerstand und damit den Verlust der Macht riskiert, und auf Seiten der Dritten, weil die Entwicklung von Machtpotentialen dazu führt, dass unkalkulierbar wird, worauf man sich in der Gesellschaft einstellen muss.

Wieder führt eine genaue Analyse beziehungsweise evolutionäre Erprobung der Ablehnungsmotive dazu, dass die Annahmemotive profiliert werden können und Kommunikation im Medium der Macht im Gegensatz zu den Ablehnungsmotiven eben nicht unwahrscheinlich, sondern wahrscheinlich wird. Der Machtunterworfene wird gezwungen, indem mit Alternativen gedroht wird, die noch unangenehmer wären als die Handlungen, zu denen motiviert werden soll, und indem gleichzeitig herausgestellt wird, dass es nur um die Handlungen geht, nicht um das sie begleitende Erleben der Situation. Das heißt, was sich der Unterworfene denkt, während er sich unterwirft, bleibt ihm überlassen, so dass seine Unterwerfung zum einen nicht restlos ist und die beobachtenden Dritten sich zum anderen notfalls dafür stark machen können, dass die als Macht erlebte Macht dann doch wieder auf Widerstand stößt.

Der Machthaber wird zur Ausübung von Macht motiviert, indem er zum einen in den Genuss von Handlungen anderer kommt, die er andernfalls nicht erreichen würde, und indem andererseits das Widerstandsrisiko dadurch gemindert wird, dass die Machtunterworfenen wie auch die Dritten signalisieren, dass sie bereit sind, die Vermeidung der noch unangenehmeren Alternativen durch Gehorsam zu honorieren. Auf diese Art und Weise kann der Machthaber die von Niccolò Machiavelli und anderen geschilderten Bedingungen der Akzeptanz von Macht testen und steuern. Und die zuschauenden Dritten akzeptieren beides, die Unterwerfung unter die Macht und die Behauptung von Macht, weil so ein Potential der Unsicherheitsabsorption, nämlich der kollektiven, auch den Machthaber bindenden Handlung und Kommunikation in Reichweite rückt, das in der Gesellschaft zur Verfügung steht, um eine Ordnung sicherstellen zu können, auf die jeder Einzelne sich verlassen können muss, weil er nicht selber kontrollieren kann, was andere tun oder unterlassen, planen oder zu verhindern suchen.

Im Medium der Macht nimmt die Form des Erfolgsmediums die spezifische Form der sich selbst bindenden Willkür an; und es ist eine wiederum soziologische, von Luhmann formulierte Annahme,[74] dass die Bindung der Willkür vorausgeht: Erst wenn man entdeckt, dass man gezwungen wird beziehungsweise zwingen kann, entdeckt man die Möglichkeit der Wahl. Freiheit ist nicht das Gegenteil von Macht, sondern ihr Korrelat. Und auch das gilt auf allen drei Seiten der Kommunikation. Der Machthaber entdeckt, dass er auch anderes befehlen kann, der Machtunterworfene, dass er den Gehorsam auch verweigern kann, und der beobachtende Dritte, dass die einmal entwickelten Ressourcen und Potentiale auch für andere Konstellationen der Macht genutzt werden können. Ohne den Umgang mit Macht wäre die Möglichkeit der Willkür vielleicht nie entdeckt worden; und darin liegt die soziale Brisanz der Macht, nicht in ihrer unangenehmen Ausübung. Kommunikation im Medium der Macht ist daher nur möglich, wenn dafür Sorge getragen wird, dass die Option der Willkür hinreichend invisibilisiert wird. Das hat die Machtkritik sichergestellt, die so viel Aufmerksamkeit auf die Machthaber lenkt, dass alles andere sozial abgeschattet wird.

Auch die Kommunikation im Medium der Wahrheit, des Glaubens oder der Liebe kann man auf diese Art und Weise

---

74 In: Die Gesellschaft der Gesellschaft, a.a.O., S. 355 f.

beschreiben. Wahrheiten akzeptieren diejenigen, die sie produzieren (Wissenschaftler), und diejenigen, die sie überprüfen (Wissenschaftler), wie auch diejenigen, die ihnen dabei zuschauen (das Publikum), nur unter der Bedingung, dass sorgfältig darauf geachtet wird, dass mit ihnen keinerlei andere Bindungsversuche einhergehen. Es hat die gesamte Geschichte der Neuzeit in Anspruch genommen, dies durchzusetzen und gegen immer neue Versuche einer Technokratie zu verteidigen, die mit Wahrheiten Handeln zu binden versucht. Inzwischen – und wer weiß, wie dauerhaft – ist sichergestellt, dass man Wahrheiten eruieren kann, ohne daran Handlungsaufforderungen zu knüpfen. Wahrheit bindet das Erleben, nicht das Handeln. Zum Unbehagen auch der Wissenschaft, die für die Produktion und Kritik von Wahrheit zuständig ist, ist dies nur gelungen, indem jede Wahrheit prinzipiell und sicherheitshalber sowohl theoretisch als auch methodisch als zweifelhaft und ungewiss, das heißt als mögliche Unwahrheit ausgewiesen worden ist.

Wissenschaft dient, kommunikativ gesehen, der Steigerung ungewissen Wissens. Darauf hatten wir schon hingewiesen. Nur so können Wissenschaftler motiviert werden, sich auf die Produktion dieses immer mit unabsehbaren Folgen behafteten Wissens einzulassen. Und nur so können Dritte motiviert werden, dieser Wissenschaft gesellschaftlichen Spielraum zu geben. Umgekehrt jedoch, das ist die moderne Pointe daran, kann nur so die Wissenschaft mit ihrem Medium der Wahrheit dafür in Anspruch genommen werden, die ungewissen Aussichten der menschlichen Gesellschaft zu beobachten, zu beschreiben und mit der Kritik jeder vermeintlichen Wahrheit zu begleiten.

Ähnliches gilt für den Glauben. Die Kommunikation mit den Göttern, die einst so eng verwoben war mit den Medien der Macht wie der Wahrheit, kann von denen, die glauben, und von denen, die ihnen dabei zuschauen (ganz zu schweigen von denen, an die dabei geglaubt wird), heute, das heißt nach der Verselbständigung von Politik und Wissenschaft, nur akzeptiert werden, wenn und weil dabei nichts anderes gebunden wird als das seelische Empfinden des Einzelnen. Auch dieses Beispiel zeigt, wie hochgradig prekär die entsprechenden Kommunikationen werden. Die Kirchen wehren sich gegen den Verlust von Macht und Wahrheit; die Sekten werden kritisch im Hinblick darauf beobachtet, wie sehr sie den Einzelnen über sein seelisches Empfinden hinaus zu binden versuchen (und wo und wie sind da die Grenzen zu ziehen?); und nur die deswegen so genannten Gemeinden scheinen in der Lage zu sein, über die mitlaufende Hinnahme anderer Rollen und Interessen der Gläubigen sicherstellen zu können, dass sich die Seelsorge tatsächlich nur um die Seele sorgt.

Auch hier ist wieder die Figur zentral, dass der Glaube so profiliert werden muss, dass der Priester ebenso wie der Gläubige und die Dritten zum Annehmen einer Seelsorge motiviert werden können, die sowohl weiß, worum es sich bei dieser Seele handelt, als auch abschätzen kann, welche Formen die Sorge annehmen kann und welche nicht. Darüber finden in der Religion und in der Gesellschaft und in jeder einzelnen gläubigen Interaktion laufend ebenso subtile wie zuweilen gewalttätige Auseinandersetzungen statt, weil an diesem Profil des Glaubens nichts sicher und alles eine Frage der Abstimmung mit anderen kommunikativen Möglichkeiten, Verlockungen und Bedrohungen ist.

Nicht anders die Liebe. Auch hier bewährt sich die Denkfigur eines Mediums als Sinnfunktion der Kommunikation, obwohl und weil die Liebe inhaltlich weder mit Geld noch mit Macht, weder mit Wahrheit noch mit dem Glauben zu verwechseln ist und zugleich, das sieht man, sobald man es ausspricht, doch mit diesen Medien in raffinierten Beziehungen der Anleihe und Distanz steht. Wie kann man dazu motiviert werden, sich auf das Glück der Liebe angesichts der lauernden Möglichkeit des Unglücks einzulassen? Wie können Dritte dazu motiviert werden, hinzunehmen, dass sich (in der Regel) zwei ineinander Verliebte auf eine Intimbeziehung einlassen, die alle anderen draußen hält, obwohl nicht zuletzt die Intimbeziehung und die darin vermutete Befriedigung dazu motivieren, ebenfalls den Kontakt zu suchen? Die Antwort auf diese Frage steckt in diesem Fall bereits in der Fragestellung: Teilnehmer und Beobachter wissen um die Möglichkeit des Unglücks und kommen so nicht darum herum, in der Bindung die Möglichkeit, ja sogar Unvermeidbarkeit der Auflösung der Bindung mitzudenken und noch in der leidenschaftlichen Beschwörung des Ausschlusses aller anderen ebendiesen Ausschluss und damit auch die anderen einzuschließen. Nur deswegen lässt man sich auf die Liebe ein. Man kultiviert sie als ihr eigenes Motiv und kultiviert damit auch die attraktiven Möglichkeiten, wieder aus ihr auszusteigen.

Sichergestellt wird beides, indem die Liebe in der modernen Gesellschaft als das Medium ausgewiesen wird, in dem in einer Kommunikation die Individualität des anderen voll und ganz zur Geltung kommt. Solange und insofern man das will, kann die Liebe kontinuiert werden. Solange und insofern das gelingt, können Dritte darüber beruhigt sein, dass mit dieser Individualität eine Ressource kultiviert wird, die außerhalb der Liebe keinen Schaden anrichten kann, weil sie in der Familie, am Arbeitsplatz und im Freundeskreis sofort wieder unter hochgradig spezifische Anschlussbedingungen gesetzt werden und so unter Kontrolle gehalten werden kann. Aber man braucht nur die eigene Individualität, die Individualität des anderen oder die Individualität der beobachteten Intimitätspartner als etwas stark zu machen, was sich der jeweiligen Liebesbeziehung entzieht, um das Glück einzuschränken und die Beziehung durch ihre Moderation in die Nähe ihrer Auflösung zu manövrieren. Dasselbe gilt, wenn man beginnt, sich nicht mehr auf die Liebe selber zu verlassen, sondern es stattdessen und vielleicht zunächst nur ergänzend mit Geld oder Macht, vielleicht sogar Wahrheit und Erziehung oder Glauben und Seelsorge versucht: Die Liebe schwindet, weil man sieht, dass dies mit Motiven, die in der Individualität des anderen liegen, sich auf die Liebe einzulassen, nichts mehr zu tun hat.

Im Anschluss an Luhmann kann man auch Werte und im Anschluss an Parsons auch Affekte als Erfolgsmedien der Kommunikation analysieren. Werte, so die Beobachtung von Luhmann,[75] motivieren so lange zur Kommunikation, wie sie nur unterstellt, aber nicht expliziert werden. Wer einen Wert wie Freundschaft, Solidarität, Gerechtigkeit, Gleichheit und so weiter nur unterstellt, legt die Möglichkeit einer als gut zu wertenden Kommunikation nahe, ohne zu bestimmen, was darunter in verschiedenen Situationen und mit wechselnden Partnern jeweils zu verstehen ist. Wer einen solchen Wert hingegen ausspricht, weckt in einer vielfältigen, von Situation zu Situation mit anderen Erwartungs- und Relevanzhorizonten ausgestatteten Gesellschaft zwangsläufig den Widerspruch, mindestens aber die Beobachtung der Relativität jedes Werts. Teilnehmer und Beobachter akzeptieren die Bindung der Kommunikation an Werte unter der Bedingung, dass niemand sich auf die Bindung festlegt. Dies ist eine wiederum paradoxe Lösung, die jedoch in dieser Form die Funktion der Motivation durch Selektivität erfüllen kann.

Im Fall der Werte haben wir es mit der Besonderheit zu tun, dass sie nur wirken, indem sie sich als absolut, das heißt als nicht-selektiv, darstellen. Darauf stützt sich ihr Verständnis als »Kultur«. Das jedoch geht nur kontrafaktisch, also normativ – und kann daher als Wert nur akzeptiert werden, wenn es selbst nicht zum Gegenstand von Kommunikation wird. Werden Werte doch zum Gegenstand von Kommunikation und sollen sie auch in dieser Form motivieren, so geht das nur, indem sie nicht sich selbst, das heißt ihre im Wert selber liegende Begründung, sondern die Macht, die Wahrheit oder den Glauben (und ersatzweise: die Vernunft) markieren, für die sie stehen sollen. Und dann

---

75 Ebd., S. 340 ff.

gelten andere Bedingungen der Motivation zur Kommunikation.

Die Werte sind auch insofern ein interessanter Fall, als man an ihnen Theorieoptionen veranschaulichen kann, die natürlich auch in allen anderen Fällen der Gegenstände soziologischen Interesses zu beobachten sind. Werte hatten wir oben als Programme der Selbstbeschreibung der Gesellschaft eingeführt,[76] hier als ein Kommunikationsmedium. Beides ist möglich. Wir müssen es nicht entscheiden, sondern können festhalten, dass auch die Theorie die möglichen Perspektiven nicht singularisiert, sondern optionalisiert.

Affekte oder Emotionen schließlich, ein letztes Beispiel, sind ein Erfolgsmedium, mit dem laut Parsons in allen Arten von Sozialsystemen Solidaritätseffekte ausgelöst und gepflegt werden können.[77] Diese Solidaritätseffekte werden am Handeln der Beteiligten überprüft, gleichgültig, was diese sich dabei denken. Damit sind Affekte medial genauso gebaut wie die Macht, die ebenfalls auf Handlungen zielt und dabei das mitlaufende Erleben, Denken und Beobachten der Beteiligten auf sich beruhen lässt. Im Fall der Affekte handelt man unter der Prämisse, selbst nur hinnehmen, aber nicht verstehen zu können und zu müssen, was man dabei erlebt, und gewinnt aus dieser Prämisse die Möglichkeit, sich einerseits selbst als Situation zu begreifen und damit auch wieder Distanz zu sich zu gewinnen und andererseits aus den Affekten auch wieder auszusteigen, sobald man beginnt zu verstehen.[78]

Man kann sich denken, dass sich daraus zum einen sehr hohe Erwartungen an die Bindungswirkung von Affekten ergeben, zum anderen jedoch eine Gesellschaft resultiert, die gegenüber der kommunikativen Wirkung von Affekten, Ge-

---

76 Siehe Abschnitt 3.4.
77 So Talcott Parsons, Some Problems of General Theory in Sociology, in: ders., Social Systems and the Evolution of Action Theory, a.a.O., S. 229-269, hier: S. 247 ff.
78 Siehe dazu auch oben, Abschnitt 3.1.

fühlen und Emotionen, was immer deren psychische Wirklichkeit sein mag, auf der Hut ist. Die etwa von Luc Ciompi zur Diskussion gestellte Vermutung, dass Gefühle die Energien sind, ohne die kein Sozialsystem funktionieren würde,[79] nimmt gesellschaftlich die Form eines Verdachts an, gegen den sich jedes Sozialsystem wehren können muss, wenn es in der Lage sein will, gesellschaftliche Akzeptanz für das Rekrutieren weiterer Kommunikationen zu erhalten.[80]

Das führt dazu, dass die Solidaritätseffekte von Gefühlen immer dann medial zur Kommunikation motivieren können, wenn und solange es darauf ankommt, die jeweilige Kommunikation gegen gesellschaftlich andersartige Beobachtungen und Erwartungen zu profilieren. Gefühle resultieren aus Erwartungen, die man zu Ansprüchen steigert, wenn ihre Enttäuschung zu befürchten ist, vermutet Luhmann.[81] Das genau definiert ihre Funktion in der Kommunikation. Die Solidaritätseffekte von Gefühlen reichen genau so weit, wie sich Kommunikationspartner finden, die sowohl die Erwartungen als auch ihre Steigerung zu Ansprüchen angesichts von Enttäuschungen zu teilen bereit sind. Alles Weitere ist dann eine Frage der situativen und kulturellen Codierung des Umgangs mit Ansprüchen, die in ihren jeweiligen Anlässen und ihrer jeweiligen Spezifizierung kleine Gruppen ebenso wie ganze Protestbewegungen binden können, in ihrer Motivationswirkung jedoch davon abhängig sind, wie überzeugend und durchhaltefähig die jeweilige Konfrontation mit jener Gesellschaft, die die den Ansprüchen zugrunde liegenden Erwartungen ja bereits enttäuscht hat, gestaltet werden kann.

Zwei Punkte müssen wir in diesem Abschnitt noch erwähnen, bevor wir zu einer weiteren Sinnfunktion der Kom-

---

79 Siehe Luc Ciompi, Gefühle, Affekte, Affektlogik: Ihr Stellenwert in unserem Menschen- und Weltverständnis. Wien: Picus, 2002.
80 So Fritz B. Simon, Zur Systemtheorie der Emotionen, in: Soziale Systeme 10 (2004), S. 111-139.
81 In: Soziale Systeme, a.a.O., S. 364 f.

munikation kommen. Beide Punkte stehen in einem engen Zusammenhang miteinander. Der erste Punkt betrifft die in unseren Erläuterungen bislang zu kurz gekommenen medialen Qualitäten der Erfolgsmedien, der zweite Punkt eine Form der gesellschaftlichen Beobachtung dieser medialen Qualitäten. Von medialen Qualitäten der Erfolgsmedien sprechen wir im Hinblick darauf, dass diese Medien wie auch die Verbreitungsmedien sozial nur im Aggregatzustand der losen Kopplung, das heißt, mit Shannon gesprochen, als ein allerdings unbestimmter Auswahlbereich möglicher Kommunikationen vorliegen, aber nie ihrerseits eine feste Form annehmen, die Form einer Bezeichnung etwa, die präzise bestimmt wäre im Hinblick auf die Frage, welche Kommunikation unter Rückgriff auf sie möglich ist und welche nicht. Medien sind nur als bestimmbar bestimmt, nicht aber bereits bestimmend im Hinblick darauf, welche Kommunikation sie tragfähig machen und welche nicht. Sie determinieren die Gesellschaft nicht, sondern erlauben es der Gesellschaft, sich je nach Anlass, Situation und Aussicht selbst zu determinieren. Sie gewinnen ihre Gestalt in der einzelnen Form einer Zahlung, einer kollektiv bindenden Entscheidung, einer wissenschaftlichen These, eines religiösen Dogmas, einer Liebeserklärung, eines unterstellten Wertes oder eines mitgeteilten Gefühls, aber jede dieser Formen ist sozial auf mit der Form in Reichweite gerückte andere Möglichkeiten hin durchsichtig, so dass man sich auch höhere oder niedrigere Preise vorstellen kann, politisch klügere Entscheidungen, bessere Theorien und verlässlichere Methoden, überzeugendere Dogmen, empfindsamere Liebeserklärungen, absolutere Werte und kräftigere Gefühle. Die Folge ist eine extreme Destabilisierung der Gesellschaft in allen ihren Formen, obwohl die Instabilität keine andere ist als die der Auslotung der durch dieselben Medien gegebenen, das heißt zu eruierenden Möglichkeiten. Man könnte von einer stabilen Instabilität sprechen, die vermutlich, um Parsons' Vermutung noch einmal aufzugreifen, funktional an einer ähnlichen Stelle verortet ist wie ehemals die soziale Schichtung.

Dies ist jedoch eine sehr spezifische soziologische Beobachtung, die die Soziologie dank ihres Apparats einer Theorie der Kommunikationsmedien der Gesellschaft voraushat. Die Gesellschaft, so scheint der gegenwärtige Stand der Dinge zu sein, nutzt ihre Medien, aber sie beobachtet sie nicht. Sie weiß etwas von ihren Verbreitungsmedien, aber nichts von ihren Erfolgsmedien, mit Ausnahme vielleicht einer jahrhundertelang eingeübten ebenso affirmativen wie kritischen Beobachtung von Geld und Macht. Stattdessen, so muss man vermuten, reagiert sie auf die Destabilisierung durch Medien zunächst mit den revolutionären Erwartungen des 19. Jahrhunderts (Industrialisierung, Demokratisierung, Pädagogisierung), dann mit den Katastrophen des 20. Jahrhunderts (totalitäre Entdifferenzierung) und schließlich, sehr viel subtiler, aber auch ohnmächtiger, mit dem Versuch einer neuen oder auch ganz alten Positionierung von Moral und Ethik.

Moral und Ethik, so hat man den Eindruck, werden heute als Formen der Beobachtung ausgearbeitet, die angesichts jedes einzelnen Mediums (die man jedoch bislang nur anhand ihrer Effekte, nicht ihrer Konstruktion beobachtet) eine mögliche Kritik und Affirmation der Motive der Ablehnung und Annahme einer Kommunikation ausarbeiten und bereithalten. Das geschieht zunächst in Bausch und Bogen anhand einer auf Moral und Ethik rekurrierenden Kritik der Gesellschaft, heute jedoch zunehmend bereichs- und professionstypisch. Es gibt elaborierte Wirtschafts-, Medizin- und Wissenschaftsethiken, die sich auf der Ebene von Verhaltenskodizes, Ethikkommissionen und besorgten internationalen Konferenzen niederschlagen[82] und vermutlich bald durch Rechts-, Religions-, Liebes-, Gefühls- und hoffentlich auch durch Wertethiken ergänzt werden. Voraussetzung für

---

82 Siehe Matthias Kettner (Hrsg.), Angewandte Ethik als Politikum. Frankfurt am Main: Suhrkamp, 2000.

diese funktionale Zuspitzung von Moral und Ethik ist allerdings, dass es gelingt, weder die Moral noch die Ethik mit dem Wertmedium der Kommunikation zu verwechseln:[83] Die Moral regelt Bedingungen, unter denen Teilnehmer und Beobachter an einer Kommunikation wegen ihrer Inanspruchnahme von selektiven Motiven entweder mit Anerkennung oder mit Anerkennungsentzug rechnen müssen. Und die Ethik versucht, der Moral ihre polemische Spitze zu nehmen und die Verteilung und den Entzug von Anerkennung mit den Bedingungen einer komplexen Gesellschaft zu rekompatibilisieren, die über das, was die Teilnehmer an einer Situation jeweils durchschauen, hinausreichen.

Wenn es gelänge, die Moral und die Ethik gegenüber dem Wertmedium auszudifferenzieren, könnte man die Moral als eine situative und die Ethik als eine kulturelle Kontrolle der durch Medien profilierten Motive der Annahme beziehungsweise Ablehnung von Kommunikation begreifen und konzipieren.

Moral ließe sich verstehen als Kontrolle der Bedingungen, unter denen man sich unerreichbar macht, das heißt als Wiedereinführung der durch Medien gewonnenen Möglichkeiten in die individuell und sozial auf Ablehnbarkeit medialer Angebote gepolte Kommunikation; und Ethik ließe sich verstehen als Kontrolle der Bedingungen, unter denen die medial ermöglichte Erreichbarkeit tatsächlich zugemutet werden kann. Die Moral forciert die Zumutung der Medien, die Ethik moderiert diese Zumutung. Und beides würde in Bezug auf Verbreitungsmedien und auf Erfolgsmedien gelten, für die Zumutungen von Sprache, Tönen, Bildern, Schrift, Buchdruck und elektronischen Medien wie für die Zumutungen von Macht und Geld, Recht und Liebe, Gefühlen und Werten. Die Moral erschwert es, sich Angeboten

---

83 Siehe hierzu ausführlich Niklas Luhmann, Ethik als Reflexionstheorie der Moral, in: ders., Gesellschaftsstruktur und Semantik: Studien zur Wissenssoziologie der modernen Gesellschaft. Bd. 3, Frankfurt am Main: Suhrkamp, 1989, S. 358-447.

zu entziehen, und sie ist, da sie es nur mit einer personal attribuierten Entscheidung über Gewinn und Entzug von Anerkennung zu tun hat, damit relativ schnell bei der Hand und dementsprechend konfliktträchtig.[84] Die Ethik muss deswegen genau hier mäßigend eingreifen, und sie tut dies jüngst, indem sie Diskurse beschreibt, in denen Moralkonfliktpartner im Rahmen und zugleich außerhalb ihres Konflikts herausfinden und miteinander abgleichen können, welche Zumutungen zumutbar sind und welche nicht.[85]

Wir sprechen unter Bezug auf die Ethik von einer kulturellen Kontrolle, weil diese Diskurse darauf zielen, Werte untereinander abwägbar zu machen, das heißt, die Selbstbeschreibung der Gesellschaft an die jeweiligen Problemstellungen heranzuführen und anzupassen. Wir sprechen unter Bezug auf die Moral von einer situativen Kontrolle, weil es keine Gesellschaft mit Ausnahme der auch deswegen »totalitär« genannten riskieren würde, der Konfliktwirkung von Moral eine mehr als situative Reichweite einzuräumen. Aber in dieser Form steht sie zur Verfügung, und in dieser Form stattet die Moral jede Kommunikation mit einer meist latenten, oft manifesten Konfliktbereitschaft aus, die alle Teilnehmer im Blick haben, wenn sie ihre eigenen Beiträge zur Kommunikation zu kontrollieren versuchen.

Aber beide, die Moral und die Ethik, verdanken ihre Karriere der Umstellung der Ordnung der Gesellschaft von sozialer Schichtung auf mediale Kommunikation. Denn diese produziert mehr Ungewissheit und absorbiert mehr Ungewissheit. Und beides, die Produktion wie die Absorption, muss moderiert werden. Moral und Ethik sind, wenn diese Sicht der Dinge sich bestätigen lässt, Zusatzeinrichtungen einer Gesellschaft, in der Kommunikationsmedien eine pro-

---

[84] Siehe dazu Axel Honneth, Kampf um Anerkennung: Zur moralischen Grammatik sozialer Konflikte. Frankfurt am Main: Suhrkamp, 1992.
[85] So zum Beispiel Friedhelm Hengsbach, SJ, Abschied von der Konkurrenzgesellschaft: Für eine neue Ethik in Politik, Wirtschaft und Gesellschaft. München: Knaur, 1995.

minente Rolle gewonnen haben. Umso bemerkenswerter ist, dass der Eindruck verbreitet ist, über Moral und Ethik könne man auf die sozialen und individuellen Sicherheiten vormoderner Gesellschaften zurückgreifen.[86]

4.6. Netzwerke

Netzwerke, so kann man im Anschluss an die soziologische Netzwerktheorie von Harrison C. White formulieren, erlauben den Entwurf, die Erprobung und die Kontrolle von Identitäten aller Art durch den Bezug auf passende Netzwerkelemente gleicher und anderer Art.[87] »Who am I in the web of jealousy that trembles at every human movement?«, ist mit den Worten einer Erzählung von Harold Brodkey eine Möglichkeit, die Leitfrage dieser Netzwerke zu formulieren.[88] Ein Netzwerk verwebt Identitätsentwürfe von Personen, Institutionen, Ideologien und Geschichten zu einem Versuch wechselseitiger Kontrolle, der an den Identitäten, die hier im Spiel sind, laufend scheitert und daraus, nämlich aus den resultierenden Unsicherheiten, seine nächsten Motive rekrutiert.

Die dieser Sinnfunktion zugrunde liegende Form ist mithilfe der von G. Spencer Brown entwickelten Notation wiederum leicht anzuschreiben:

$$\text{Netzwerk} = \overline{\text{Kontrolle} \,|\, \text{Identität}} \quad,$$

---

[86] Siehe mit einer vorsichtigen Korrektur dieses Eindrucks vor dem Hintergrund der Attraktivität aristotelischer, das heißt ein *télos* der Gesellschaft reaktualisierender Überlegungen Josef Wieland (Hrsg.), Wirtschaftsethik und Theorie der Gesellschaft. Frankfurt am Main: Suhrkamp, 1993.
[87] Siehe White, Identity and Control, a.a.O.
[88] Siehe Harold Brodkey, His Son, in His Arms, in Light, Aloft, in: ders. Stories in an Almost Classical Mode, New York: Knopf, 1988, S. 267-285, hier: S. 270.

jedoch nicht unbedingt leicht zu interpretieren. Denn es kommt jetzt darauf an, sich vorzustellen, dass der Zielwert dieser Sinnfunktion, die Kontrolle unterschiedlicher Beiträge zur Kommunikation, sichergestellt wird, indem ein Raum der Unterscheidung eröffnet wird, den wir hier mit dem Ausdruck »Identität« bezeichnen, wohl wissend, dass es dem alteuropäischen Denken eher entsprechen würde, die Identität als bereits bestimmt anzunehmen und nach Unterscheidungen zu suchen, in denen sie sich je individuell entfalten und verwirklichen ließe. Eine soziologische Theorie dient nicht zuletzt der Korrektur solcher optischer Täuschungen.

Wir gehen davon aus, dass es der Terminus der Identität ermöglicht, den Raum der Unsicherheit auszuweiten, indem er es erlaubt, den Bezug von Dingen, Ereignissen und Personen auf sich an die Stelle eines Bezugs auf anderes zu setzen. Die über den Begriff der Identität vermittelte Einführung von Selbstreferenz lässt die Möglichkeiten der Selbstbestimmung explodieren und jeden Bezug zwischen diesen sich mit sich identisch setzenden Identitäten, handele es sich nun um Personen, Organisationen, Gruppen, Institutionen oder auch Nationen, dementsprechend unwahrscheinlich werden.[89] Aber genau darauf reagiert das Konzept der Kontrolle, hier wiederum im strikten Sinne des Theorems der Unsicherheitsabsorption zu denken. Kontrolle in einem gleich zu bestimmenden Sinne ist attraktiv, weil sie auf Identitätsprobleme im Rahmen der Errungenschaft von Identität antwortet. Auch das hat sich die alteuropäische Sozialmetaphorik so nicht vorgestellt, die bis heute dazu tendiert, eine »Kontrollgesellschaft« als Inbegriff des Kritisierenswerten zu verstehen.[90] Das Gegenteil, so die soziologische Theorie,

---

89 Die daraus resultierenden Selbstreferenzprobleme der Gesellschaft beschreibt Yves Barel, La société du vide. Paris: Seuil, 1984.
90 Siehe zur – bei genauerem Lesen – vorsichtigen Korrektur dieser Vorstellung Gilles Deleuze, Unterhandlungen: 1972-1990. Dt. Frankfurt am Main: Suhrkamp, 1993, S. 254 ff.

ist der Fall. Kontrolle und Identität sind Errungenschaften, die aufeinander verweisen und ohne die jeweils andere nicht zu haben sind. Das bedeutet jedoch, dass wir uns beides genauer daraufhin anschauen müssen, was sie bedeuten und wie sie funktionieren.

Erschwert und erleichtert zugleich wird das Konzept eines Netzwerks dadurch, dass man sich in der Soziologie nicht homogene, sondern heterogene Netzwerkelemente vorstellt. Ein Netzwerk besteht nicht nur aus Personen und nicht nur aus Institutionen oder Organisationen jeweils gleicher Art, sondern es besteht aus Identitäten unterschiedlicher Art, so dass sich Personen auf Institutionen beziehen, diese wiederum auf Ideologien und diese auf Geschichten, in denen die Personen wiederum vorkommen oder auch nicht. Das erschwert die Vorstellung, weil es soziologischer Imagination und Erfahrung bedarf, um in einem konkreten Fall die in Frage kommenden Netzwerkelemente zu identifizieren. Das erleichtert jedoch zugleich die Vorstellung, weil nur das aus heterogenen Elementen bestehende Netzwerk genügend Spielraum hat, um den Widerspruch zwischen Selbstunterscheidung im Rahmen einer Identitätssetzung auf der einen Seite und wechselseitigen Kontrollversuchen als Voraussetzungen dieser Identitätssetzung auf der anderen Seite denken zu können. Denn so kann man sich vorstellen, dass eine immer wieder neue und immer wieder selektive Bezugnahme der Netzwerkelemente aufeinander Identitäten produziert, die für den Moment als unvergleichlich gelten.

Drei Aspekte dieser Netzwerke sind dementsprechend zu unterstreichen. Erstens ist jede Identität, wie Erving Goffman herausgearbeitet hat, ihrerseits auf eine Differenz zurückzuführen, nämlich auf die Differenz von Norm und Abweichung inklusive der Möglichkeit einer vielfachen internen Spiegelung dieser Differenz, dergestalt dass die Abweichung zur Norm und die Norm zur Abweichung wird:[91]

[91] Vgl. Erving Goffman, Stigma: Notes on the Management of Spoiled Identity. Englewood Cliffs, NJ: Prentice-Hall, 1963 (dt. 1975).

$$\text{Identität} = \boxed{\text{Abweichung}}\, \text{Norm} \quad .$$

Keine Identitätsarbeit kommt darum herum, sich an einer Norm so zu orientieren, dass am Ausmaß der Abweichung von der Norm das mit sich Identische der Identität erkennbar wird.

Darüber hinaus muss es so erkennbar werden, dass es die Verschiedenheit der Inanspruchnahme dieser Identität in verschiedenen Netzwerken nicht etwa verbirgt oder verwischt, sondern zum einen unterstreicht und zum anderen überbrückt. Die Identität wird differentiell gefasst, damit an der Identität sowohl die Adresse der Zuschreibung von Netzwerkerwartungen konstant als auch die Unzuverlässigkeit dieser Adresse und damit ein Kalkül der Attraktivität der Verweigerung von Zuschreibungen präsent gehalten werden können.

Identitäten sind in verschiedenen Kontexten jeweils andere Identitäten, daher weiß man nie, ob man die Identität (inklusive der eigenen) in konkreten Situationen jeweils gerade so ansprechen kann, wie man sie möglicherweise braucht. Auch das gilt wiederum für Personen, Institutionen, Ideologien und Geschichten gleichermaßen. In jedem dieser und anderer Fälle ist Identitätsarbeit nötig und attraktiv, eben weil sie auf keinerlei Substanz oder Wesen stößt, die dann auf irgendeine Art und Weise eindeutig sind, was sie sind, sondern immer nur auf Operationen, Relationen und Funktionen, die nur so die Verlässlichkeit im Kontext der Mitbeobachtung von Unzuverlässigkeit liefern, die man in Netzwerken braucht, um Sinn stiften, finden und festhalten zu können.[92] Identität, an diesen Gedanken muss man sich gewöhnen, bewährt sich nur in dem Maße, in dem sie Unsi-

---

92 Siehe zu einer daraus folgenden Kritik der Ontologie Niklas Luhmann, Identität – was oder wie? in: ders., Soziologische Aufklärung 5: Konstruktivistische Perspektiven. Opladen: Westdeutscher Verlag, 1990, S. 14-30.

cherheit schafft. Ist das nicht mehr der Fall, handelt es sich nicht mehr um Identität.

Der zweite zu unterstreichende Aspekt eines Netzwerks ist, dass die Kontrolle der Identität, um die es hier geht, grundsätzlich eine wechselseitige ist. Netzwerke halten sich an das machiavellistische, von der Kybernetik reformulierte Prinzip, dass man nur kontrollieren kann, wovon man sich kontrollieren lässt.[93] Jeder gelungene Kontrollversuch produziert Situationen und Verhältnisse, die es für beide Seiten attraktiv machen, weiterhin ähnliche Kontrollversuche zu unternehmen, und für Dritte attraktiv machen können sich anzuschließen. Deswegen ist einem Kontrollversuch, der sich in einem Netzwerk bewähren soll, eine Beobachtung der Bedingungen vorgelagert, unter denen die zu Kontrollierenden bereit sind, sich kontrollieren zu lassen. Diese Bedingungen kontrollieren, welche Kontrollversuche im Rahmen eines Netzwerkkalküls unternommen werden.

Interessant ist dabei, dass auch die Erkundung der Bedingungen kommunikativ vorgenommen wird und damit das Netzwerk bereits in Anspruch nimmt, um dessen Erprobung es dann gehen soll. Deswegen bestehen Netzwerke aus gelungenen ebenso wie aus gescheiterten Kontrollversuchen. Und deswegen erzählt man sich Geschichten in und über Netzwerke, deren Lehre immer eine zweideutige ist. Aber genau das macht die kommunikative Qualität eines Netzwerks aus: Es liefert seinerseits eine bestimmbare Unbestimmtheit und nicht etwa eine irgendwie materiell determinierte, zum Beispiel in Interessen oder Bedürfnissen verankerte Struktur, die dann von der Kommunikation nur umspielt würde.

Der Kontrollbegriff ist hierbei auch insofern kybernetisch zu verstehen, als es nicht um die Ausübung einer bestimmenden Herrschaft geht, sondern um ein mitlaufendes Gedächtnis. Kontrolle ist im Wesentlichen Selbstkontrolle

[93] Siehe Ranulph Glanville, The Question of Cybernetics, in: Cybernetics and Systems 18 (1987), S. 99-112.

in der Korrektur von Abweichungen im Vergleich mit Zielwerten.[94] Die entsprechende Form können wir wie folgt notieren:

$$\text{Kontrolle} = \overline{\text{Abweichung} \,|\, \text{Ziel}}\quad.$$

Man beachte die strukturelle Ähnlichkeit mit der Form der Identität, die sicherlich kein Zufall ist. Auch hier kommt es jedoch wiederum darauf an, zu sehen, dass Ziele zunächst einmal nichts anderes sind als Unterscheidungen, die einen Raum der Unsicherheit erschließen, in dem unklar ist, ob die Ziele erreicht werden können, den Aufwand wert sind, nicht möglicherweise andere, interessantere Ziele verdrängen und überdies seitens Dritter einen Widerstand wecken, mit dem man nicht fertig werden muss, wenn man die Ziele gar nicht erst verfolgt. Dennoch lässt man sich auf Ziele ein, und der Grund dafür liegt darin, dass andernfalls Abweichungen keinen Unterschied machen würden und man dementsprechend weder Handhabe für die Orientierung des eigenen Handelns und Kommunizierens hätte noch Signale an andere setzen könnte, an denen diese sich orientieren können.

Und Abweichungen sind kommunikativ für die Markierung von Kontrollversuchen attraktiver als bestimmte Zustände, weil sie es offen halten, ob man unter Umständen nicht eher die Abweichung verstärkt (positive Rückkopplung) als korrigiert (negative Rückkopplung). So kann man die Kommunikation wieder mit jener Ambivalenz versorgen, an die sie sich historisch zwar nur schwer gewöhnt hat, die jedoch immer unverzichtbarer geworden ist.[95]

Der dritte Aspekt liegt mit den ersten beiden schon fast auf der Hand: Netzwerke sind keine freiwillige Veranstal-

---

94 So Ashby, Requisite Variety and Its Implications for the Control of Complex Systems, a.a.O.; außerdem Arturo Rosenblueth, Norbert Wiener und Julian Bigelow, Behavior, Purpose and Teleology, in: Philosophy of Science 10 (1943), S. 18-24; und Geoffrey Vickers, Towards a Sociology of Management. New York: Chapman & Hall, 1967.
95 Siehe wiederum Luhmann, Die Behandlung von Irritationen, a.a.O.

tung, die man nach Belieben bauen und verändern oder denen man sich nach Gutdünken anschließen oder von ihnen wieder verabschieden könnte. Dass man Netzwerke machen könne, ist eine unter Betriebswirten und Kulturarbeitern verbreitete Meinung,[96] die aus soziologischer Sicht dahingehend korrigiert werden muss, dass das Machen von Netzwerken seinerseits Ausdruck der Zugehörigkeit zu einem oder mehreren bestimmten Netzwerken ist.

Tatsächlich kann man Netzwerke nicht machen, sondern allenfalls entdecken; man kann sie nicht verändern, sondern allenfalls fördern, stören oder schwächen; man kann ihnen nicht nach Lust und Laune beitreten und sie wieder verlassen, sondern allenfalls eine eigene Identitätsarbeit an den Tag legen, die Ausgangspunkt und Adresse von neuen Kontrollversuchen sein kann. In dieser Form ist das Netzwerkkonzept für die Beobachtung der Sinnproduktion durch Kommunikation fruchtbar, weil man mit seiner Hilfe jede Nuancierung der Wortwahl, jeden Wechsel in der Intensität der Zuwendung, jedes Zögern und jedes Unterstreichen, jede Verwirrung und jede Begeisterung als Arbeit an der Variation einer Identität im Kontext der Variation von Kontrollversuchen innerhalb eines Netzwerks lesbar machen kann.

Auch hier kann ein Beispiel das Verständnis fördern. Denken wir an die in allen Gesellschaften immer wieder einmal geführte Diskussion um Eliten.[97] Eliten sind Adressen der Zuschreibung von Prominenz, das heißt der Zuschreibung attraktiver Beobachtung durch eine mehr oder minder große Zahl von Dritten, die kommunikativen Sinn dadurch produzieren, dass sie mit dem Rest der Bevölkerung auf eine Art und Weise vernetzt sind, die eine gewisse Immunität gegenüber den Erwartungen der Bevölkerung signalisiert,

---

96 Siehe dazu eher vorsichtig Jörg Sydow, Strategische Netzwerke. Wiesbaden: Gabler, 1992.
97 Siehe aktuell Stefan Hradil und Peter Imbusch (Hrsg.), Oberschichten – Eliten – Herrschende Klassen, Opladen: Leske & Budrich, 2003; Ronald Hitzler, Stefan Hornbostel und Cornelia Mohr (Hrsg.), Elitenmacht. VS Verlag für Sozialwissenschaften, 2004.

genau das jedoch als Erwartung der Bevölkerung profiliert.[98] Die gängige Beobachtung, dass Eliten untereinander vernetzt sind oder dass es so etwas wie elitäre Netzwerke gibt, ist ein Ausdruck dieser über Distanzierung vermittelten Vernetzung mit dem Rest der Bevölkerung. Denn die Zuschreibung einer internen Vernetzung der Elite erlaubt es, sowohl deren Immunisierung gegenüber Wünschen, Befürchtungen und Interessen des Rests der Bevölkerung zu verstehen und zu beschreiben als auch den Zugriff dieser sich immunisierenden Eliten auf den Rest der Bevölkerung wiederum zu begrenzen. Wer elitär auftritt, kann nur noch mit ganz bestimmten kommunikativen Erfolgen rechnen und wird in allen anderen Hinsichten isoliert.

An diesem Beispiel kann man die Identitätsarbeit und die Kontrollversuche als die beiden Seiten einer Medaille studieren. Eine politische, wirtschaftliche, wissenschaftliche, sportliche, journalistische, künstlerische oder religiöse Elite ist eine Gruppe von Leuten, deren Identität darin besteht, überzeugende Motive dafür bereitzuhalten, dass andere, der Rest der Bevölkerung, sich bereit finden, ihre Identitätsentwürfe und Kontrollversuche auf bestimmte, kollektiv vorselegierte Möglichkeiten zu beschränken. Die Elite liefert Identitätsmuster, die den Rest der Bevölkerung auf eine zugleich entlastende Art und Weise kontrollieren, da in ihnen mitkommuniziert wird, dass nur eine Elite ihnen gerecht werden kann. Die Identität einer Elite, gleichgültig in welchem gesellschaftlichen Bereich, schafft so viel Unsicherheit, wie man den entsprechenden Erwartungen an diese Elite individuell und sozial gerecht werden kann, dass sich damit nicht nur die Rekrutierungsprobleme der Elite gleichsam von selber lösen, weil nur wenige es sich zutrauen, diese Erwartungen zu bedienen, sondern damit auch zugleich ein

---

98 So immer noch maßgebend Suzanne Keller, Beyond the Ruling Class: Strategic Elites in Modern Society. New York: Random, 1963; dies., Elites, in: Encyclopedia of Social Sciences. Hrsg. David L. Sills, Bd. 5, London: Macmillan, 1968, S. 26-29.

Bild der Elite gesellschaftlich vermittelt werden kann, das auf deren Leistung und auf den Zweifel, ob sie dieser Leistung gerecht wird, je nach Bedarf zugespitzt werden kann.[99] Daher gibt es keine Elite, die nicht laufend mit ihrer Kritik rechnen muss, aber in genau dieser Form kann sie ihre Funktion erfüllen.

Der Verhaltensspielraum des Rests der Bevölkerung, wenn auch kontrolliert unter dem Aspekt der Abweichung, ist um so größer, je ausgeprägter die Eliten sind, über die eine Gesellschaft verfügt. Gleichgültig, welche Ressourcen dafür in Anspruch genommen werden, die Drohung mit Gewalt, die Inszenierung von Autorität, die Dokumentation von Sachkompetenz oder die Fähigkeit zur Verantwortungsübernahme, in jedem Fall besteht die Funktion einer Elite darin, der Gesellschaft dadurch ein Integrationsangebot zu machen, dass alle anderen möglichen Ressourcen der Vernetzung zwar nicht ausgeräumt werden, aber an Prominenz und damit an Reichweite verlieren.

Die vier soeben genannten Ressourcen des Eliteanspruchs sind nicht zufällig gewählt. Sie entsprechen Engpassfaktoren unterschiedlich differenzierter Gesellschaften, der segmentären Gesellschaft (Gewalt), der stratifizierten Gesellschaft (Autorität), der funktional differenzierten Gesellschaft (Sachkompetenz) und der sich andeutenden Netzwerkgesellschaft (Verantwortung).

Eliten integrieren die Gesellschaft, indem sie ihr eigenes Schicksal, also ihre Identität, davon abhängig machen, ob es gelingt, den von ihnen markierten Kommunikationsformen und deren Sinnbehauptungen Prominenz oder sogar Dominanz zu verschaffen oder nicht. Wenn es gelingt, ist dies nur insofern das Ergebnis der Macht dieser Elite, als der Rest der Bevölkerung genügend Motive hat, das Angebot aufzugreifen und seinerseits so zu propagieren, dass Dritte ihre Chan-

---

99 Siehe zur »Dialektik des Erfolgs« bereits Hans P. Dreitzel, Elitebegriff und Sozialstruktur: Eine soziologische Begriffsanalyse. Stuttgart: Enke, 1962, S. 92 ff.

cen schwinden sehen, sich mit anderen Identitätsentwürfen und Kontrollversuchen dagegenzustellen. Und wenn es nicht gelingt, liegt dies daran, dass diese Motive nicht vorliegen. Dann würde man allerdings auch nicht von einer Elite sprechen. Die Existenz von Eliten welcher Art auch immer und die Motive im Rest der Bevölkerung, sie anzuerkennen, sind im Rahmen der Sinnfunktion Netzwerk ein und dasselbe.

An diese Beschreibung von Eliten lässt sich sowohl eine Konflikttheorie als auch eine Markttheorie anschließen, die wir hier jedoch nur andeuten wollen. Konflikte resultieren daraus, dass Netzwerkpositionen unterschiedlicher Art keine andere Möglichkeit mehr sehen, ihre Identitätsentwürfe und Kontrollversuche bekannt zu machen. Der Konflikt inszeniert die Zuschreibung von Kommunikation auf bestimmte Adressaten, auf ihre Interessen, Wünsche und Befürchtungen, die andernfalls kommunikativ keine oder eine in den Augen dieser Adressaten nur unzureichende Beachtung finden. Der Konflikt, so wie ihn Georg Simmel unter dem Stichwort »Der Streit« beschrieben hat,[100] vergesellschaftet dort, wo das Miteinander nur noch über ein Gegeneinander sichergestellt werden kann. Er ist ein polemisches, den Widerstand suchendes Plädoyer für eine bestimmte Form der Vernetzung, die dort eine feste Kopplung, einen intensiven Wechselbezug, herstellt, wo andernfalls nur lose Kopplung, wenn nicht sogar keinerlei Kopplung (*structural holes*) vorherrschen würde.[101]

Der Markt hingegen, so ebenfalls Simmel, aber jetzt in seiner Theorie der Konkurrenz,[102] ist eine Form des Kon-

---

100 In: Simmel, Soziologie, a.a.O., S. 284 ff.
101 Siehe zum Konzept der structural holes Ronald S. Burt, Structural Holes: The Social Structure of Competition. Cambridge, Mass.: Harvard UP, 1992.
102 Siehe Georg Simmel, Soziologie der Konkurrenz [1903], in: ders., Schriften zur Soziologie: Eine Auswahl. Hrsg. und eingel. von Heinz-Jürgen Dahme und Otthein Rammstedt, Frankfurt am Main: Suhrkamp, 1983, S. 173-193.

flikts, die die Auseinandersetzung mit dem Gegenüber indirekt, nämlich über den Versuch der Gewinnung von Dritten, führt. Auf einem Markt werden Konflikte in einer zivilisierten Form ausgetragen, was aber nichts daran ändert, dass auch auf dem Markt Angebote gemacht werden, die sich als neue Angebote erst einmal durchsetzen müssen, und Angebote aufrechterhalten werden, die laufend dafür sorgen müssen, dass andere, konkurrierende Angebote nicht attraktiver werden. Märkte sind ihrerseits Netzwerke,[103] die sich dadurch reproduzieren, dass die Anbieter untereinander und die Nachfrager untereinander jeweils im Auge behalten, welche Angebote sich zu welchen Konditionen bewähren und welche nicht. Der Konflikt zwischen den Anbietern um Absatz und Gewinne und zwischen den Nachfragern um Zugriff auf knappe Güter und Prestige bleibt latent, weil alle beobachtbaren Handlungen sich auf zwei Partner auf den jeweils gegenüberliegenden Marktseiten beschränken, die ja gerade nicht im Konflikt miteinander sind (beziehungsweise dazu auf die anders gelagerten Ressourcen des Rechts ausweichen müssen).

In Konflikten werden Eliten geboren, meist jedoch nicht als Sieger, sondern als Schlichter, und auf Märkten müssen sie sich bewähren. Deswegen sind Märkte immer auch Statusmärkte: Auf ihnen wird um Status geworben und Märkte versuchen, ihren eigenen Status gegenüber anderen Märkten zu verteidigen und auszubauen. Eliten, Konflikte und Märkte können nur reproduziert werden, wenn sie ihre Attraktivität aus dem Vergleich mit anderen Möglichkeiten gewinnen. Sie müssen Beobachter erster und Beobachter zweiter Ordnung überzeugen.[104] Und spätestens Letztere achten auf das, was die jeweiligen Angebote ausschließen, sei dies eine

103 Im Sinne von Harrison C. White, Markets From Networks: Socioeconomic Models of Production. Princeton, NJ: Princeton UP, 2002.
104 Siehe dazu eindrucksvoll, wenn auch nicht im Rahmen einer Theorie der Elite, Robert R. Faulkner, Music on Demand: Composers and Careers in the Hollywood Film Industry. New Brunswick, NJ: Transaction Books, 1983.

Welt, in der andere Eliten Prominenz gewinnen, eine Welt, in der die Konfliktgegner bereits gewonnen haben, oder eine Welt, in der auf anderen Märkten andere Objekte gehandelt werden. Nur um all dies auszuschließen, beteiligt man sich an den attraktiveren Optionen und verwickelt sich so in Identitätsentwürfe und Kontrollversuche, die dann von Soziologen als Netzwerke beschrieben werden.

4.7. Evolution

Von Evolution spricht man seit Charles Darwin immer dann, wenn Phänomene beobachtbar sind, die erstens variabel sind und deren Variabilität zweitens auf die akkumulierten Folgen von Selektionen, das heißt von Auswahlvorgängen, zurückzuführen sind.[105] Darwin legte Wert darauf, festzuhalten, dass die Variationen, die der Gegenstand von Selektionen sind, kein Zufall sind, sondern auf die bisherigen Lebensbedingungen der Phänomene zurückzuführen sind, sowenig wir über diese auch wissen mögen. Darwins Bild der Evolution orientierte sich am Menschen als Züchter von Pflanzen und Tieren, der sowohl Variationen erkennt, wenn sie auftreten, als auch mit Blick auf ihre mögliche Bewährung hin zu bewerten vermag. Hierbei ging es vor allem um bessere Ertragsleistungen, eine höhere Krankheitsresistenz und Ansatzpunkte für Neuzüchtungen. Darwin stellte sich vor, dass die Natur in der Natur eine ähnliche Rolle spielt wie der Züchter in der Welt der Kulturpflanzen und Kulturtiere. Das hat im Rahmen des so genannten Sozialdarwinismus zu Versuchen geführt, den allgemeinen »Kampf ums Überleben« unter Rückgriff auf soziale Hierarchien so zu asymmetrisieren, dass vorweg entschieden werden kann, wer der Selektion unterworfen ist und wer die Selektion ausübt. Heute

---

105 Siehe Charles Darwin, On the Origin of Species By Means of Natural Selection, or the Preservation of Favoured Races in the Struggle for Life [1859]. Facsimilie Edition, Cambridge, Mass.: Harvard UP, 1964.

geht man hingegen von einem grundsätzlich ökologischen Modell aus, in dem Hierarchien und Asymmetrien sich temporär bewähren mögen, jedoch ihrerseits der Evolution unterliegen, das heißt, den ökologischen Kontext im Auge behalten müssen, der sie entweder begünstigt oder nicht.

Evolutionen sind eine weitere Sinnfunktion der Kommunikation, in der Unsicherheiten der Kommunikation ausgeweitet werden, indem unklar gehalten wird, wie Selektionen mit Variationen umgehen, positiv, negativ oder indifferent. Die Unklarheit kommt ins Spiel, indem die Selektion sich nicht an der Variation und ihrer möglichen Attraktivität, sondern an der Restabilisierung des evolutionären Zusammenhangs (oder Systems) misst. Dabei geht es nicht nur darum, dass sich die Variation bewähren, sondern auch darum, dass der Rest des Systems die Selektion der Variation verarbeiten können muss. Was nutzt es, sich einen neuen Zuchtbullen auf den Hof zu stellen, wenn die Kühe nicht mit ihm zurande kommen (falls sie die Wahl haben)? Variationen, so auch Stuart Kauffman in seiner Weiterentwicklung der neodarwinistischen Synthese in Richtung auf eine Komplexitäts- und Systemtheorie der Evolution,[106] sind nicht nur Produkt der Selbstorganisation eines Phänomenbereiches, sondern müssen sich in ihrer Selektion auch an den Bedingungen der weiteren Selbstorganisation messen lassen.

Für die Sinnfunktion einer Evolution bedeutet das, dass wir im Anschluss an die Formulierung der neodarwinistischen Synthese bei Donald T. Campbell und Niklas Luhmann von folgender Form ausgehen können:[107]

$$\text{Evolution} = \boxed{\text{Variation} \mid \text{Selektion} \mid \text{Retention}}$$

---

106 Siehe Stuart A. Kauffman, The Origins of Order: Self Organization and Selection in Evolution. Oxford: Oxford UP, 1993.
107 Siehe Donald T. Campbell, Variation and Selective Retention in Socio-Cultural Evolution, in: General Systems 14 (1969), S. 69-85; Luhmann, Die Gesellschaft der Gesellschaft, a.a.O., Kap. 3.

Wir haben es hier erstmals mit einem Dreierschema zu tun. Die Variation ist dreifach bestimmt, nämlich durch ihren eigenen Unterschied und durch die beiden Unterscheidungen zur Selektion und zur Retention, ganz im Gegensatz zur verbreiteten Auffassung, es handele sich bei ihr um Zufall. Die Selektion ist doppelt bestimmt, als Selektionsmechanismus, der sich bewähren muss, und im Unterschied zum System, das stabilisiert werden soll. Und die Retention ist einfach bestimmt, nämlich nur im Blick auf das System, das sich evolutionär in der Auseinandersetzung mit einer Umwelt reproduzieren muss.

Das Dreierschema könnte zusammen mit dem zentralen Wert der Selektion darauf hinweisen, dass die Sinnfunktion der Evolution eine Art Metacode der Kommunikation insofern ist, als jede Selektion einer Variation mithilfe zweier Unterscheidungen auf ihren Auswahlbereich hin beobachtet wird, mithilfe der Unterscheidung ihres Variationswerts und mithilfe der Unterscheidung ihres Retentionswerts, so dass die Selektion doppelt determiniert ist, aus dieser doppelten Determination jedoch ihren entscheidenden Freiheitsgrad der Abwägung zwischen den beiden Determinationen gewinnt. Mit dem Blick auf die Retention kann nicht nur entschieden werden, was selegiert oder nicht selegiert wird, sondern es kann zugleich nuanciert werden, wie und wann selegiert oder nicht selegiert wird.

Bei der Interpretation dieser Form ist es wiederum wichtig, das Treffen der Unterscheidung mit der Benennung der durch die Unterscheidung markierten Innenseite der Unterscheidung nicht umstandslos identisch zu setzen. Darauf weist einer der besten Kenner des Spencer-Browns'chen Kalküls, der Mathematiker Louis H. Kauffman, immer wieder hin.[108] Wie sich Individuen in ihren Umwelten tatsächlich verhalten, mit welchen Gesten und Sätzen sie aufwar-

---

108 Zum Beispiel in Louis H. Kauffman, A Mathematician's Glossary of Terms for Non-Mathematicians, in: Semiotica 195 (1995), S. 157-167, hier S. 164.

ten, wie und woraufhin sie sich beobachten, mit welchen Energien sie aufwarten und wie viel Aufmerksamkeit sie füreinander haben, ist jeweils eine Sache; und die Interpretation dieses Verhaltens und seiner Umstände für die Zwecke der Kommunikation eine andere. Diesen Freiheitsgrad der kommunikativen Entscheidung über eine Interpretation gibt es immer, und er ist wesentlich für die autonome Selbstsetzung der Kommunikation, die von dem vorliegenden Verhalten eben nicht determiniert wird, sondern von ihm auf eine unabhängige Weise abhängig ist. Deswegen ist Kommunikation grundsätzlich nachträglich; alles, was sie ihrerseits an Materialien und Energien gleichsam vorträglich produziert, ist zunächst einmal, was es ist, und muss seinerseits wiederum nachträglich in Kommunikation übersetzt werden, damit die Kommunikation einen Anschluss findet.

Die Spencer-Brown'sche Notation bringt diesen Sachverhalt der Bestimmung des Unbestimmten und nur deswegen Bestimmbaren durch den Unterschied zwischen der Markierung der Unterscheidung (*cross*) und der Markierung der Zustände der Unterscheidung (Innen- und Außenseite der Unterscheidung) (*mark*) auf den Punkt. Für unsere Form der Evolution bedeutet dies, dass wir wiederum von einer Sinnfunktion insofern sprechen, als hier Sachverhalte des Handelns und Erlebens der Individuen und der Ereignisse und Zustände ihrer Umwelten auf eine Art und Weise aufeinander bezogen werden, die in dem vorliegenden Material und Energiepotential ihre Anhaltspunkte, ihre Adressen des Zugriffs, wenn man so sagen darf, haben, aber nicht mit ihnen identisch sind.

Es ist im Fall der Sinnfunktion Evolution besonders wichtig, an diese Komplikation, an diesen Ausgangspunkt der Interpretation zu erinnern, weil sich die Sinnfunktion Evolution nicht von selbst versteht, sondern ihrerseits ein Produkt der Evolution ist. Im Hinblick auf die Unterscheidung von Variation, Selektion und Retention zu beobachten und die entsprechenden Seiten der Unterscheidung zur Interpretation und Gestaltung der Kommunikation heranzuziehen, ist eine elaborierte Form der Unterstellung von und des Umgangs mit Kommunikation, die wir bislang nur in den Weisheitslehren der Hochkulturen, insbesondere der Chinesen, Juden und Griechen, und erst jüngst auch in wissenschaftlichen Erkenntnislehren beobachten können. Für das antike China beschreibt François Jullien eine eher auf das Nicht-Tun als das Tun setzende Kunst des Umgangs mit Situationen, die diese nicht an den Zielen des Handelnden, sondern an ihrem eigenen, allerdings jeweils erst noch zu entdeckenden Potential misst.[109] Für das Judentum beschreibt Gershom Scholem eine Form des Umgangs mit den heiligen Schriften, die diese jeweils erst im Kommentar verständlich werden lässt, so dass erst der Kommentar, der jedoch nie den Status der heiligen Schrift selber hat, in einer ständig neu zu bearbeitenden Art und Weise sagt, was die Schrift offenbart.[110] Und die antiken Griechen, so zeigt Jean-Pierre Vernant, lassen zwar ihre Weisheitslehre zunehmend in einer dogmatisch werdenden Philosophie aufgehen, stellen derweil aber sicher, dass die älteren Formen der Klugheit (*metís*) ihren Stellenwert bei Rhetorikern, Sophisten und Staatsmännern eher ausbauen können als verlieren.[111]

Evolutionär ist all dies von Bedeutung, weil es einen Referenzwechsel in der Beobachtung und Gestaltung von Kommunikation zwischen verschiedenen Kontexten, im Hinblick auf die etwas bewertet werden kann, ermöglicht. Man kann, und das versteht man dann als Weisheit oder auch als Chuzpe, im Hinblick auf die Würdigung eines Sachver-

---

109 Siehe François Jullien, Éloge de la fadeur: à partir de la pensée et de l'esthéthique de la Chine. Arles: Picquier, 1991 (dt. 1999); ders., Traité de l'efficacité. Paris: Grasset & Fasquelle, 1996 (dt. 1999).
110 Gershom Scholem, Über einige Grundbegriffe des Judentums. Frankfurt am Main: Suhrkamp, 1970.
111 Siehe Jean-Pierre Vernant, Les origines de la pensée grecque. Paris: PUF, 1962 (dt. 1982); und vgl. Jullien, Traité de l'efficacité, a.a.O.

halts, einer Idee, einer Expression aufgreifen, was man zugleich im Hinblick auf mögliche Konsequenzen, mögliche Irritationen von Dritten, ein mögliches schlechtes Schulemachen abwerten und ablehnen kann. Hans Blumenberg und Niklas Luhmann haben sich mit der langen und an Rückschlägen reichen Geschichte eines produktiven und kreativen Umgangs mit Neuheit beschäftigt, die überhaupt erst in dem Moment möglich wurde, als die beiden Selektionshorizonte der Variation und der Retention so weit unterschieden wurden, dass eine differenzierte Behandlung von Neuheit, ein feingesteuertes Einführen und Ablehnen von Neuheit unter den Bedingungen einer auf Neuheit nicht eingestellten Gesellschaft, möglich wurde.[112]

Die moderne Evolutionstheorie hat Mühe, das Niveau dieser Weisheitslehren zu erreichen. Zu lange war die Kommunikationstheorie nicht differenziert genug, um an einzelnen Gesten oder Sätzen eine evolutionäre Sinnselektion festmachen zu können, sosehr dank sprach- und literaturwissenschaftlicher Untersuchungen ein dazu passendes reichhaltiges Material bereits vorliegen mag. Insbesondere die Dramatistik von Kenneth Burke, die Konversationsanalysen im Anschluss an Albert E. Scheflen und Harvey Sacks sowie die Forschung zur Kontextkonstitution von Sprache von John Gumperz, aber auch die Linguistik von George Lakoff wären hier fruchtbar zu machen.[113]

---

112 Siehe Blumenberg, Der Prozeß der theoretischen Neugierde, a.a.O.; Luhmann, Die Behandlung von Irritationen, a.a.O.
113 Siehe Kenneth Burke, A Dramatistic View of the Origins of Language, in: The Quarterly Journal of Speech 38 (1952), S. 251-264, und 39 (1953), S. 446-460; ders., A Grammar of Motives [1945]. Reprint Berkeley: California UP, 1969; Albert E. Scheflen, How Behavior Means. New York: Gordon & Breach, 1973; und wiederum Sacks, Lectures on Conversation, a.a.O.; und Gumperz, Discourse Strategies, a.a.O.; George Lakoff, Women, Fire, and Dangerous Things: What Categories Reveal about the Mind. Chicago: Chicago UP, 1987; Siehe außerdem zu einer empirisch arbeitenden Soziologie »kommunikativer Gattungen« (orientiert an der biblischen Formenlehre) Thomas Luckmann, Wissen und Gesellschaft: Ausgewählte Aufsätze 1981-2002.

Von einer Sinnfunktion Evolution kann man immer dann sprechen, wenn die Selektionen einer Kommunikation auf eine Art und Weise kommuniziert werden, die sowohl offen im Hinblick auf mögliche Überraschungen durch eine Variation als auch kontrolliert im Hinblick auf den Wert der Neuheit und ihren Zumutungsgehalt auftritt. Sehr viel sensibler kann Kommunikation gegenüber sich selbst nicht sein. Deswegen wird die Evolutionsfunktion der Kommunikation, so unsere These, an einer Adresse festgemacht, die einschlägig dafür bekannt ist, dass sich an ihr alle Sensibilität der Kommunikation geschult hat. Wir sprechen vom Körper und dem ihm unterstellten Bewusstsein. Wir sprechen davon, dass an ihm, an seinem Handeln und an seinem Erleben, die Aufgeschlossenheit gegenüber einer möglichen Variation, die Faszination des Neuen und die Irritationen des Bestehenden angesichts des Neuen festgemacht werden, zu denen eine Kommunikation in der Lage ist. Deswegen interessiert sich die jüngere Soziologie wieder so sehr für das Individuum.[114] Es bringt einen Körper und ein Bewusstsein mit. Beides wird für alle drei evolutionären Mechanismen gebraucht, und dies im Rahmen der Sinnfunktion Evolution sowohl zur Steigerung als auch zur Absorption von Unsicherheit.

Auch das ist ein Punkt, der Nichtsoziologen so leicht weder auffällt noch einleuchtet. Bewusstsein und Körper gelten eher als Sicherheitsressourcen der Kommunikation denn als Potentiale ihrer Verunsicherung. Das ist auch nicht ganz falsch. Tatsächlich gilt das eine jedoch nur im Kontext des

---

Konstanz: UVK, 2002, S. 157 ff.; ferner Hubert Knoblauch, Kommunikationskultur: Die kommunikative Konstruktion kultureller Kontexte. Berlin: de Gruyter, 1995, S. 164 ff.

114 Siehe nur Ulrich Beck, Risikogesellschaft: Auf dem Weg in eine andere Moderne. Frankfurt am Main: Suhrkamp, 1986, S. 121 ff.; Niklas Luhmann, Individuum, Individualität, Individualismus, in: ders., Gesellschaftsstruktur und Semantik: Studien zur Wissenssoziologie der modernen Gesellschaft. Bd. 3, Frankfurt am Main: Suhrkamp, 1989, S. 149-258.

anderen. Soziologisch fällt auf, dass der Körper umso mehr nicht nur zur Adresse von Kommunikation, sondern auch zu ihrem Präparat wird, je anspruchsvoller die Kommunikation ist, die eine Gesellschaft zu ordnen hat. Das hat die Forschung von Norbert Elias zum »Prozeß der Zivilisation« vielfach gezeigt.[115] An Körpern beziehungsweise an »Körperspuren«, mit dem Ausdruck von Karl-Heinrich Bette, macht die Kommunikation, wenn unsere Vermutung zutrifft, lesbar, welche Variationen sie erwartet, woran ihre Selektionen sich orientieren und worauf ihre Retention zielt. Körper sind das Design einer Gesellschaft, um einen Begriff aus dem nächsten Kapitel aufzugreifen, an dem diese überprüft, welche Abstimmung zwischen Bewusstsein, Wahrnehmung und Kommunikation ihr jeweils gelingt, welche Spielräume sie noch hat und wo ein »Stress« auftritt, der anzeigt, dass Anforderungen gestellt werden, die individuell nicht mehr aufgefangen werden können.[116] Deswegen ist es interessant, Körperhaltung und Körperausdruck, Gestik und Benehmen von Ärzten und Patienten, Managern und Mitarbeitern, Priestern und Gläubigen, Lehrern und Schülern, Richtern und Angeklagten inklusive des Verwischens dieser Unterschiede mit Blick auf andere Unterschiede (Arbeit versus Freizeit, Jung versus Alt, Arm versus Reich) zu studieren. Auch der mentale Zustand einer Bevölkerung im Hinblick auf die individuelle Anfälligkeit für Depression, Angstzustände und Schizophrenie ist ein Indikator für De-

---

115 Siehe Elias, Prozeß der Zivilisation, a.a.O.; vgl. systematisch Karl-Heinrich Bette, Körperspuren: Zur Semantik und Paradoxie moderner Körperlichkeit. Berlin: de Gruyter, 1989; und mit Blick auf die Körper von Künstlern und Betrachtern Maurice Merleau-Ponty, L'Œil et l'Esprit. Paris: Gallimard, 1964 (dt. 1984). Siehe unter diesem Gesichtspunkt auch die Forschung von Michel Foucault, Histoire de la Folie. Paris: Plon, 1961 (dt. 1969); ders., Naissance de la clinique. Paris: PUF, 1963 (dt. 1988); ders., Surveiller et punir: La naissance de la prison. Paris: Gallimard, 1975 (dt. 1976); ders., Histoire de la sexualité. 3 Bde., Paris: Gallimard, 1976 und 1984 (dt. 1977 und 1986).

116 Siehe für einen interessanten Fall Karl E. Weick, Stress in Accounting Systems, in: The Accounting Review 58 (1983), S. 350-369.

signprobleme in diesem Sinne, die nicht nur auf Anomieprobleme,[117] sondern eben auch auf evolutionäre Schwellen hinweisen, das heißt, nicht moralisch, sondern unter Umständen nur kommunikativ »geheilt« werden können, und dies nicht nur in der Form der Therapie,[118] sondern auch in der Form der Umstellung der kommunikativen Ordnung von Gesellschaft.

Körper und Bewusstsein, so unsere Annahme, absorbieren nicht nur die mit der Komplexität der Kommunikation wachsende Unsicherheit der Kommunikation, sondern sie produzieren sie auch, dies allerdings sicherlich zum einen im Kontext der Sinnfunktion Person, die hier mitzuführen ist, zum anderen jedoch im Kontext der Sinnfunktion Evolution. An Körpern und am Bewusstsein, das diesen unterstellt wird, wird das Überraschungspotential (Variation), aber auch das Kontrollpotential (Selektion) und das Disziplinierungspotential (Retention) von Kommunikation festgemacht, und so bewegen und benehmen sie sich dann auch, im Verhältnis zu sich selbst und im Verhältnis zu anderen.

Die von Niklas Luhmann beschriebenen symbiotischen Symbole der Rückbindung von Kommunikation an bewusste und unbewusste Körperlichkeit haben hier ihren Ort.[119] Diese Symbole nehmen Wahrnehmung für die Wissenschaft, Sexualität für die Liebe, Bedürfnisse für die Wirtschaft und Gewalt für die Macht in Anspruch, um Sensibilitäten auszutesten, die dann kommunikativ für sowohl positive als auch negative Selektionen des Spielraums variabler Kommunikationen ausgenutzt werden.

Was kann man anschaulich machen, auch wenn man es weder sehen noch hören, noch schmecken, noch tasten

---

117 Klassisch natürlich Emile Durkheim, Le suicide. Paris: Alcan, 1897 (dt. 1973).
118 Insbes. Gruppentherapie, siehe Ruesch und Bateson im Vorwort zur Ausgabe von 1968 ihres Buches Communication, a.a.O., S. xi f.
119 Siehe Luhmann, Die Gesellschaft der Gesellschaft, a.a.O., S. 378 ff.

kann? Wofür lässt sich eine Leidenschaft entwickeln, auch wenn die Liebe auf den Rausch verdichtet oder in die Ehe verlängert wird? Was braucht man zur Befriedigung seiner Bedürfnisse, auch wenn man von diesen Bedürfnissen vorher nichts geahnt hat? Für welche politisch virulenten Drohungen ist man gerade dann empfänglich, wenn man sich sicher, und auch dann, wenn man sich unsicher fühlt? An Fragen dieses Typ (sofern man symbiotische Symbole identifizieren kann, die die jeweiligen Zurechnungen tragen) macht sich eine evolutionäre Erkundung des Potentials kommunikativer Spielräume fest, die in jedem Moment auf Variationen zugespitzt und für Retentionen fruchtbar gemacht werden kann. Und dies gilt für positive und für negative Selektionen, das heißt für das Aufgreifen und Starkmachen sowie Abfedern ebenso wie für die Ablehnung sowie gedächtnisförmige Einkapselung von Neuerungen.

Man kann evolutionär an Gewohnheiten festhalten und dafür laufend neue, gute Gründe sammeln. Man kann aber auch die Gewohnheit für den eigentlichen Sündenfall halten und sich ständig auf Trab halten, ohne zu merken, dass dies auch zur Gewohnheit werden kann. In keinem Fall verliert die Selektion ihren selektiven Charakter. Im Fall der positiven Selektion profiliert sie sich gegenüber dem Kontext, der neu bewertet werden muss, um die Neuerung aufzunehmen, damit jedoch auch für wiederum andere Bewertungen präpariert wird. Im Fall der negativen Selektion profiliert sie sich gegenüber dem, was die Selektion abzulehnen gestattet oder erzwingt, damit jedoch einen neuen und anderen Typ der Beobachtung auf sich zieht, der zwangsläufig kontingent setzt, was sich selbst als notwendig behauptet. Das Beispiel Organisation mag verdeutlichen, was hier gemeint ist.

Als symbiotischer Mechanismus wäre auch das zu beschreiben, was seit Adam Smith und Karl Marx unter Arbeit verstanden wird, eine Leistung von Tieren, Menschen und Maschinen, die technisch abgesichert und kommunikativ formatiert werden muss, um erbracht werden zu können.

Jede Arbeit nimmt den Körper, das Bewusstsein und die Kommunikation in Anspruch und an jeder Arbeit lässt sich ablesen, welche Zustände eine Gesellschaft angenommen hat.[120] Der immense Aufwand, den unsere Gesellschaft mit Organisation treibt,[121] ist daher nicht zuletzt auch als ein Experiment mit den evolutionären Spielräumen von Kommunikation zu verstehen. Interessanterweise stoßen wir bei der Beobachtung von Organisation jedoch auf zwei parallel liegende symbiotische Submechanismen, die Anforderungen an und Auswirkungen von Arbeit auf die Beobachtung der Steigerung der mit ihr verbundenen Unsicherheit zum einen und die Beobachtung der Absorption dieser Unsicherheit zum anderen verteilen.

Diese beiden Submechanismen sind das Risiko und die Technik. Mit der Kategorie des Risikos wird beobachtet, welche Dimensionen der Einrichtung von Technik als Ergebnis kontingenter Entscheidungen von Organisationen diesen von Netzwerkpartnern, Märkten, Mitarbeitern, Investoren, Massenmedien und Protestbewegungen zugerechnet und mit entsprechenden Zumutungen der Übernahme von Verantwortung zugeschrieben werden und welche nicht.[122] Was man innerhalb der Organisation von Arbeit entscheiden muss, gilt schon deswegen, weil man es entscheiden muss, als unsicher. In der Technik wird die Kommunikation von Mensch, Maschine und Material auf die Festlegung bestimmter Kausalitäten hin eng geführt und in dieser Form zur Entlastung von Kommunikation kommunikativ reproduziert. Was man technisch machen kann, gilt

120 Siehe hierzu Jeremy Rifkin, The End of Work. New York: Putnam, 1995; Chris Tilly und Charles Tilly, Work Under Capitalism. Boulder. Col.: Westview Pr., 1998; Dirk Baecker (Hrsg.), Die Archäologie der Arbeit. Berlin: Kulturverlag Kadmos, 2002.
121 Siehe dazu Charles Perrow, Organizing America: Wealth, Power, and the Origins of Corporate Capitalism. Princeton: Princeton UP, 2002.
122 Siehe Niklas Luhmann, Soziologie des Risikos. Berlin: de Gruyter, 1991; Mary Douglas und Aaron Wildavsky, Risk and Culture: An Essay on the Selection of Technical and Environmental Dangers. Berkeley: California UP, 1982.

meist schon deswegen als sicher, weil man es machen kann. Das Symbol des Risikos belastet, wovon das Symbol der Technik entlastet.

Beide Symbole nehmen Zuschreibungen auf Arbeit vor, handele es sich bei dieser um die industrielle Fabrikarbeit, um Dienstleistungen, um die Arbeit von Lehrern, Künstlern, Soldaten und Priestern oder um Kategorien der Arbeit an den Symbolen selber.[123] Organisationen sind Formen der Kommunikation über Arbeit,[124] die parallel im Hinblick auf die beiden Fragen der Zumutbarkeit von Verhalten als Arbeit zum einen und der Möglichkeit entsprechender Disposition über die Arbeit im Rahmen einer nach ihren Zielen suchenden Organisation zum anderen laufend neu gefunden werden muss. Die parallele Bearbeitung dieser beiden Fragen bedeutet, dass zwischen den beiden Fragen hin- und hergewechselt wird und dass die eine Frage im Hinblick auf die andere Frage sowohl zugespitzt als auch abgeschwächt werden kann. Hier haben wir den Fall, dass in der Organisation selektionsfähig gemacht wird, was der Arbeit an Variation zugemutet werden und gegenüber der Gesellschaft an Retentionen plausibel gemacht werden kann. Auch hier gilt, dass sich die beiden Selektionshorizonte nur kommunikativ unterscheiden und trennen lassen, denn die Arbeit findet ihrerseits in Gesellschaft, aber in der Regel in einem vor ihr geschützten Arkanbereich (hinter geschlossenen Toren und Türen) statt, und was die Gesellschaft zu restabilisieren versucht, ist nicht zuletzt die Möglichkeit der Organisation selber.

Seit den 70er Jahren des 20. Jahrhunderts sind Organisationen aller Art zum Gegenstand eines weit reichenden Umbauprozesses geworden, in dem die alte Form der kollegial

---

123 Zu Letzterem siehe Robert B. Reich, The Work of Nations: Preparing Ourselves for 21st-Century Capitalism. New York: Alfred A. Knopf, 1991, S. 177 ff.
124 So Niklas Luhmann, Organisation, in: Joachim Ritter und Karlfried Gründer (Hrsg.), Historisches Wörterbuch der Philosophie. Bd. 6, Darmstadt: Wissenschaftliche Buchgesellschaft, 1984, Sp. 1326-1328.

abgefederten hierarchischen Organisation der Arbeit ausgewechselt wird gegen die neue Form einer Kundenorganisation von Arbeit, die hierarchisch nur noch im Hinblick auf ihren Kapital- und Personaleinsatz sowie im Hinblick auf Fragen der Produktentwicklung, des Markendesigns und einer Imagekontrolle der Gesamtorganisation überwacht wird. Evolutionär bedeutet dies, dass jede Kommunikation innerhalb einer Organisation, das heißt innerhalb einer als Entscheidung über Arbeit codierten Kommunikation, laufend vor der Aufgabe steht, Variationen zu bewerten und Restabilisierung sicherzustellen. Die Variationen werden von Kunden, Konkurrenten, technologischen Entwicklungen und Kosten/Nutzen-Kalkülen geliefert, die Restabilisierung geschieht im Hinblick auf die bislang bewährten, aber ihrerseits laufend zu überprüfenden Kriterien der Kultur und Kontrolle der Organisation. Das gegenwärtige Homöochaos eines Großteils der Organisationen resultiert vermutlich daraus,[125] dass die Restabilisierungskriterien ihrerseits der Variation unterliegen, während sie herangezogen werden müssen, um Variationen zu bewerten.

Für die Kommunikation innerhalb dieser Organisationen bedeutet das, dass Individuen laufend vor der Aufgabe stehen, ihre Arbeit miteinander zu koordinieren, währenddessen darauf zu achten, welche Variationen auftauchen und entweder attraktiv oder unattraktiv sind (und dies aus unterschiedlichen Perspektiven je unterschiedlich), und die Auseinandersetzung untereinander an der Frage zu orientieren, ob die Restabilisierungsmuster der Organisation erstens überhaupt noch tauglich sind und zweitens eher zugunsten der einen oder der anderen Position zu interpretieren sind. Das Ergebnis dieser Kommunikation, die nur auf der Ebene der Beobachtung zweiter Ordnung, aber nicht auf der Ebene der Beobachtung von Variationen in ein gewisses Gleich-

---

125 Siehe zur Kategorie des Homöochaos Kunihiko Kaneko, Chaos as a Source of Complexity and Diversity in Evolution, in: Artificial Life (1994), S. 163-177.

gewicht, das heißt in die Situation ihrer Fortsetzbarkeit, gebracht werden kann, ist ein hochgradig irritierter Typ von Kommunikation, der im Problem der Selektion sein unruhiges Zentrum hat, während sowohl die Anlässe und Aufgabenstellungen für organisiertes Arbeiten als auch die Rahmensetzungen und Selbstverständlichkeiten einem mehr oder minder raschen Wandel unterliegen.

Wenn wir uns anschauen, was wir finden, wenn wir danach suchen, wie dieser Typ von Organisation evolutionär nicht nur in Anspruch genommen, sondern auch sichergestellt werden kann, stoßen wir auf das, womit Arbeit es immer schon zu tun hat, die Körperlichkeit und das Bewusstsein der an Arbeit Beteiligten, handele es sich nun um Menschen, Tiere oder Maschinen. Zwar haben Karl E. Weick und Kathleen M. Sutcliffe ihr Konzept der »mindfulness« einstweilen nur mit dem Blick auf Menschen formuliert,[126] doch hindert nichts daran, die Arbeit mit Lastpferden, Spürhunden und Jagdfalken ebenfalls unter diesem Gesichtspunkt zu beschreiben, und für die Arbeit mit Maschinen im Allgemeinen und Computern im Besonderen Bedingungen mitlaufender Sensibilität auf beiden Seiten zu formulieren.[127] Denn *mindfulness* heißt hier nichts anderes, als dass Körper, das heißt Wahrnehmung, dafür in Anspruch genommen werden, mitzubekommen, was organisierte Arbeit Körpern antun kann, und das eigene körperliche Verhalten damit zu koordinieren, im Guten wie im Schlechten.

Man hat bisher gedacht, dass die Körperlichkeit der Men-

---

126 Siehe Karl E. Weick und Kathleen M. Sutcliffe, Managing the Unexpected: Assuring High-Performance in an Age of Complexity. San Francisco: Jossey-Bass, 2001 (dt. 2003).

127 Siehe etwa Lucy A. Suchman, Plans and Situated Actions: The Problem of Human-Machine Communication. Cambridge: Cambridge UP, 1987; und allgemein zum Bedarf an »Subjektivität« unter den Bedingungen organisierter Arbeit Uwe Schimank, Technik, Subjektivität und Kontrolle in formalen Organisationen: Eine Theorieperspektive, in: Rüdiger Seltz, Ulrich Mill und Eckart Hildebrandt (Hrsg.), Organisation als soziales System: Kontrolle und Kommunikationstechnologie in Arbeitsorganisationen. Berlin: edition sigma, 1986, S. 71-91.

schen nur eine mitlaufende Bedingung der Kommunikation ist. Im Kontext unserer Überlegungen zur Evolutionsfunktion der Kommunikation könnte es sein, dass diese Vermutung nicht nur bestätigt wird, sondern ins Zentrum der Kommunikationstheorie rückt. Denn dann entschiede sich all das, was Überraschung, Kontrolle und Disziplin der Kommunikation ausmacht, am Körper des Menschen und an seinem Bewusstsein.[128]

Denselben unruhigen, homöochaotischen Typ von Kommunikation im Kontext ihres Zugriffs auf Körper und Bewusstsein der Beteiligten kann man jedoch auch in Familien beobachten. Hier müssen die Arbeits- und Freizeitwünsche der Eltern laufend mit Versorgungsnotwendigkeiten und Betätigungswünschen der Kinder koordiniert werden, ohne dass die Sozialisation der Eltern durch deren Eltern und die Ausbildungsperspektiven der Kinder noch irgendeine Art von Kultur und Kontrolle bereitstellen würden, die Kriterien liefern, welche Konflikte unvermeidbar und wie zu regeln sind. Auch hier liefert die Evolution einen Metacode, der selbstverständlich auf Personen, Systeme, Medien und Netzwerke so weit wie möglich zurückgreift, aber genau deswegen vor der Aufgabe steht, die daraus resultierenden Strukturanforderungen untereinander zu koordinieren. Es hilft auch hier, der irrigen Annahme, dass Variationen zufällig auftreten, eher Vorschub zu leisten, weil damit Zurechnungen auf Motive dieser Variationen eingespart und sich die kommunikative Energie stattdessen auf Abstimmungsaufgaben konzentrieren kann. Was geschieht, geschieht, und man schaut, wie man davon ausgehend weiterkommt und zugleich bewahrt, worauf man nicht verzichten möchte.

Das symbiotische Symbol ist in der Familie vermutlich die Person selber, mindestens jedoch ihre Fähigkeit, mit Erwartungen und Erwartungserwartungen sowie mit Einsichten und Gefühlen unter Bedingungen zurande zu kommen,

---

[128] Wohlgemerkt: *am*, nicht *im* Körper und Bewusstsein, wie es die jüngste Philosophie der Neurophysiologie annimmt.

die man gegenwärtig nur als Stressbedingungen im strengen Sinne des Wortes beschreiben kann.[129] Es handelt sich um Bedingungen, die schon deswegen irritieren, weil sie nicht als Überforderung, sondern nur als Erfüllung wahrgenommen werden dürfen. Die Familie ist überfordert, weil sie mit der Produktion der Kenntnis ihrer Personen nicht mehr nachkommt, die in der Gesellschaft (im Kindergarten, vor dem Fernsehgerät, auf der Straße, im Büro, beim Einkaufen) laufend Erfahrungen machen, die sie in die Familie nicht einbringen können, und sie ist gefordert, weil in der Gesellschaft Person nur sein kann, wer mit diesem Typ von Überforderung zurechtkommt. Insofern schließen sich auch hier die Variations- und Retentionshorizonte der Selektion von Kommunikation zu einem Kreis, weil die Familie nur restabilisieren kann, was sie an Variationen bewältigen muss, wenn sie selbst als Variation auftritt, die die Gesellschaft unter einen Restabilisierungsdruck setzt.

Hier, in der Familie, entstehen die Personen, werden sie geboren und sterben sie auch wieder, die der Gesellschaft dann als Adresse für die Operation der Sinnfunktion Person zur Verfügung stehen sollen. Hier entstehen sie, weil nur hier Körper, Bewusstsein und Kommunikation zusammengedacht, allerdings: unter den restriktiven, besonders fürsorglichen und besonders fürsorglich belagernden Bedingungen der Familie, zusammengedacht werden. Hier werden sie darauf vorbereitet, es mit Kommunikation zu tun zu bekommen. Angesichts der auf ihrem gegenwärtigen Komplexitätsniveau immer noch gelingenden Reproduktion der Gesellschaft wird man sich die jüngere Geschichte der Familie auch unter dem Gesichtspunkt noch einmal anschauen müssen, dass sie in ihren vielen Formen diese Vorbereitung

129 Siehe Elisabeth Beck-Gernsheim, Was kommt nach der Familie? Einblicke in neue Lebensformen. München: Beck, 2000; außerdem die beiden Beiträge »Sozialsystem Familie« und »Glück und Unglück der Kommunikation in Familien: Zur Genese von Pathologien« in Niklas Luhmann, Soziologische Aufklärung 5: Konstruktivistische Perspektiven. Opladen: Westdeutscher Verlag, 1990, S. 196-217 und S. 218-227.

auf Kommunikation offensichtlich besser hinbekommt, als man es ihr vielfach noch zutraut.

Festzuhalten jedenfalls ist, was wir hier nur sehr skizzenhaft angedeutet haben, dass eine so anspruchsvolle Form wie die der Evolution, komponiert aus den drei aufeinander bezogenen Mechanismen der Variation, Selektion und Retention, möglicherweise nur gehalten werden kann, wenn sie am fragilsten Element festgemacht wird, am Menschen, an seinem Körper und Bewusstsein. Die Fragilität dieses Elementes widerspricht nicht der Robustheit, die gerade diese Funktion im Zeitablauf annehmen muss. Im Gegenteil, nur in dieser Fragilität kann sie Adresse der Unsicherheitssteigerung, der Unsicherheitsabsorption und deren Integration im Selektionskern der Kommunikation sein. Aber man hätte das nicht erwartet, weil man der Gesellschaft seit der Entstehung dieses Begriffs im 19. Jahrhundert gerne zuschreibt, dass sie eine Ordnung besitzt, die gegenüber Leben und Sterben, Temperament und Charakter der Individuen unempfindlich ist. Das ist sicherlich richtig, aber auch das Gegenteil trifft zu. Und darauf kann eine soziologische Kommunikationstheorie aufmerksam machen. Mir scheint im Übrigen, dass dies auch ein Grund dafür ist, dass wir immer noch Romane lesen, obwohl Goethe festgestellt haben soll, dass die Gattung mit Lawrence Sternes *Tristram Shandy* (1759-67) bereits ihren Höhepunkt erreicht hatte. Wir tun das nicht wegen der Geschichten, die meist allzu gestellt sind, und auch nicht wegen der Wahrnehmungen, die Romane mitteilen, weil sie anders nicht ihre Personen charakterisieren können, sondern wir tun dies, so würde ich behaupten, weil Romane beides miteinander verschränken, wie es sonst nur die Wirklichkeit kann.[130]

---

130 Im Moment denke ich an die *prose fiction* von W. G. Sebald, aber immer wieder auch an Jean Paul.

5. Design

5.1. Ökologie

Die hier vorgestellte soziologische Formtheorie der Kommunikation beschreibt nur unter der Bedingung ein vollständig determiniertes Kalkül des Sozialen, dass in diesem Kalkül eine Stelle des Unbestimmten, aber Bestimmbaren eine unverzichtbare Rolle spielt.[1] Ohne eine laufende Verschiebung vom Singular der Form in den Plural der Formen und wieder zurück wären wir nicht bereit, von Kommunikation zu sprechen. Auch das ist eine Form der Einführung des Unbestimmten und damit der Konditionierung von Freiheitsgraden. Wir halten daran fest, dass wir von Kommunikation nur auf der Ebene der von einem Beobachter angestellten Interpretation der Interaktion zweier Organismen im Allgemeinen und Individuen im Besonderen sprechen.[2] Und wir weisen darauf hin, dass man die Interaktion zweier Organismen auch anders interpretieren kann, zum Beispiel als Stimulus/Response-Verhalten im Sinne des Behaviorismus,[3] als Ergebnis individueller Interessenkalküle im Sinne des Rational-choice-Modells,[4] als mehr

---

[1] Die Idee ist auch in der Sozialtheorie nicht neu. Siehe zu »empty signifiers« Ernesto Laclau, Why do Empty Signifiers Matter to Politics? in: Jeffrey Weeks (Hrsg.), The Lesser Evil and the Greater Good: The Theory and Politics of Social Diversity. London: Rivers Oram Pr., 1994, S. 167-178; und vgl. Urs Stäheli, Der Code als leerer Signifikant? Diskurstheoretische Beobachtungen, in: Soziale Systeme: Zeitschrift für soziologische Theorie 2 (1996), S. 257-281; siehe für Studien im Bereich der Managementtheorie Dirk Baecker (Hrsg.), Management Out of Systems and Networks, in: Soziale Systeme: Zeitschrift für soziologische Theorie 8, Heft 2 (2002).

[2] Im Sinne von von Foerster, Bemerkungen zu einer Epistemologie des Lebendigen, a.a.O., S. 129.

[3] Im Sinne von Burrhus F. Skinner, About Behaviorism. London: Cape, 1974 (dt. 1978).

[4] Im Sinne von Becker, The Economic Approach to Human Behavior, a.a.O.

oder minder raffinierte Sublimierung von Eros und Todestrieben im Sinne der späteren Psychoanalyse[5] oder auch als Geschichte, die unterschiedlich zu erzählen und mit der unterschiedlich zu brechen ist.[6]

Wir halten den Abstand zwischen der Interaktion auf der einen Seite und ihrer Interpretation auf der anderen Seite für wesentlich, weisen allerdings darauf hin, dass auch dies eine theoretische Option unter anderen ist. Hartmut Esser zum Beispiel entwirft sein Modell der soziologischen Erklärung explizit als Lösung des Problems, das alle bisherige Soziologie nicht zu lösen vermocht habe, nämlich der Herstellung einer Verbindung zwischen Struktur und Handlung beziehungsweise zwischen den Voraussetzungen auf der einen Seite und den Folgen menschlichen Handelns in Gesellschaft auf der anderen Seite.[7] Damit sei es möglich, den alten Gegensatz zwischen Mensch und Gesellschaft aufzulösen. Wir hingegen halten diesen Gegensatz zwar nicht für zentral, und dies schon gar nicht im Sinne des Humanismus, aber doch für heuristisch hilfreich. Wir optieren in unserer Theorie für den Spielraum, für das *missing link* in welcher Form auch immer, weil es die Stelle bezeichnet, an der Freiheitsgrade eingeführt werden, deren Einführung

---

5 Vgl. Sigmund Freud, Das Unbehagen in der Kultur [1930], in: ders., Das Unbehagen in der Kultur und andere kulturtheoretische Schriften. Frankfurt am Main: Fischer, 1994, S. 29-108; und Neil Hertz, The End of the Line: Essays on Psychoanalysis and the Sublime. New York: Columbia UP, 1985 (dt. 2001).

6 Nämlich: durch den historischen Materialismus, durch die Mode und durch die Revolution. So Walter Benjamin, Über den Begriff der Geschichte [1940]. Gesammelte Schriften I, hrsg. von Rolf Tiedemann und Hermann Schweppenhäuser, Frankfurt am Main: Suhrkamp, 1974, S. 691-704. Vermutlich hält sich die Mode, weil sie kommunikativ am anschlussfähigsten ist, am längsten, siehe René König, Kleider und Leute: Zur Soziologie der Mode. Frankfurt am Main: Fischer, 1967; Cornelia Bohn, Kleidung als Kommunikationsmedium, in: Soziale Systeme: Zeitschrift für soziologische Theorie 6 (2000), S. 111-135; Elena Esposito, Die Verbindlichkeit des Vorübergehenden: Paradoxien der Mode. Frankfurt am Main: Suhrkamp, 2004.

7 So in Esser, Soziologie: Spezielle Grundlagen, Bd. 1, a.a.O., insbes. S. 1 ff.

ebenso wie Konditionierung das laufende Geschäft des Sozialen ist. Das unterscheidet sich im Übrigen vom handlungstheoretischen Ausgangspunkt der Bestimmung einer »Logik der Situation« und einer »Logik der Selektion« vor dem Hintergrund einer »Logik des Handelns« weniger, als es den Anschein hat, sobald sich die Handlungstheorie bereit findet, nicht mit der Handlung, sondern mit der Selektion zu starten.[8] Aber vermutlich geht das nicht, weil dies die für die Handlungstheorie maßgebende Suche nach »allgemeinen« und »kausalen« Gesetzen ad absurdum führen würde.

Wir halten die Lücke zwischen Struktur und Handlung beziehungsweise den Interpretationsspielraum bei der Beobachtung von Interaktion für einen unverzichtbaren Aspekt des zu verstehenden und zu erklärenden Sachverhalts. Die Lösung des Problems ist eine Selektion unter möglichen anderen Selektionen und verliert so den vermutlich wichtigsten Sachverhalt, nämlich die Selektivität der Selektion aus den Augen. Das ungelöste Problem hingegen ist in der Lage, jede denkbare Selektion vor dem Hintergrund eines Auswahlbereiches möglicher anderer Selektionen zu beobachten und sich anzuschauen, wie und wann und wen jede einzelne Lösung dann doch zu überzeugen vermag.

Die Formel vom Nutzen ungelöster Probleme[9] scheint geeignet zu sein, die Bedingung zu erfüllen, die der ursprünglichen Einsicht von Claude Shannon in die Selektivität der Selektion zugrunde liegt: »The system must be designed to operate for each possible selection, not just the one which will actually be chosen since this is unknown at the time of design.«[10] Wir brauchen nur die im Begriff der Maschine oder auch des Automaten verankerte technische An-

---

8 Vgl. ebd., S. 14 ff.
9 Vgl. Dirk Baecker und Alexander Kluge, Vom Nutzen ungelöster Probleme. Berlin: Merve, 2003.
10 So Shannon, The Mathematical Theory of Communication, a.a.O., S. 31.

nahme, dass ein System immer erst noch gestaltet werden muss, gegen die in den Begriffen der Selbstorganisation und der Autopoiesis verankerte soziale Annahme, dass es sich bereits gestaltet hat und immer wieder neu gestaltet, solange ihm die Reproduktion gelingt, auszuwechseln, um die Vermutung formulieren zu können, dass es die Vorgängigkeit und Vorläufigkeit im Hinblick auf Sach-, Zeit- und Sozialhorizonte der Kommunikation sind, die die Shannon'sche Bedingung des Systemdesigns erfüllen. Jede Kommunikation muss wissen, worum es geht, wie lange man voraussichtlich daran festhält und wer daran beteiligt ist, um überhaupt zustande zu kommen. Aber sie muss gleichzeitig die Beobachtung mitführen, dass das Thema unter bestimmten Bedingungen gewechselt werden kann, Vergangenheit und Zukunft ausgedehnt oder verkürzt werden können und andere Teilnehmer beteiligt beziehungsweise jetzige Teilnehmer auch ausgeschlossen werden können. Ohne diesen Kontingenzindex, so unsere These, hätten wir es nicht mit Kommunikation, sondern mit Kausalität zu tun. Wenn dieser Kontingenzindex Teil des Systemdesigns ist, sind damit genügend Unruhe, Irritierbarkeit und Sensibilität hergestellt, um mit allen möglichen Selektionen und nicht nur der gerade ausgewählten Selektion umgehen zu können. Solange unter der ebenfalls mitlaufenden Bedingung ihrer Einschränkung offen gehalten werden kann, welche Selektionen einem System möglich sind, kann sich das System immer wieder umbauen, um möglichen Selektionen gewachsen zu sein.

Soziale Systeme erfüllen diese Bedingung in dem Maße, in dem es ihnen gelingt, eine technische Festlegung ihrer Möglichkeiten im Rahmen von Ritualen, Routinen, Verfahren, Regeln und Maschinen zur Entlastung von Kommunikation zwar zu unterstützen und mitzuführen, sich jedoch nicht mit dieser Festlegung zu verwechseln. Denn sozial ist eine Form immer dann, wenn sie sich auf die Interpretation einer Interaktion festlegt, die den Einschluss der ausgeschlossenen Möglichkeiten einschließt.[11] Das gilt in einem je unterschiedlichen Ausmaß für Themen, Teilnehmer und zeitliche Perspektiven. Ein auf mögliche Selektionen abstellendes Systemdesign muss den Ausschluss in der Form einschließen, dass er nach Maßgabe des Systems nicht unbedingt jederzeit, das würde das System überlasten, aber doch erwartbar korrigiert werden kann. Die von Bruno Latour beschriebenen Kompetenzen des Kollektivs, die Wissenschaft, die Politik, die Ökonomie und die Moral, stellen in dem hier gemeinten Sinne auf ein Systemdesign ab, in dem Praktiken des Ausschlusses und Praktiken des Einschlusses parallel geführt werden können.[12]

Allerdings darf man sich über die Reichweite dieser Neujustierung von Regeln des Systemdesigns nicht täuschen. Da es um nichts Geringeres geht als darum, den Ausschluss auch dann zu rechtfertigen, wenn wortmächtige Instanzen auf ihn hinweisen, ihn beklagen und Korrekturen vorschlagen, geht dieser Vorschlag über das in die Formel der Demokratie verdichtete Programm der Moderne, nur die universelle Inklusion für gerechtfertigt zu halten, weit hinaus. Sie korrigiert die Politik der faktischen, aber geleugneten Exklusion von Frauen, Kranken, Verrückten, Tieren und Maschinen zugunsten einer Politik der anerkannten, aber variierbaren Exklusion, das heißt, sie beginnt damit, auch den Ausschluss nicht mehr aus-, sondern einzuschließen.[13] Bruno Latour weist den Moralisten die Aufgabe zu, den grundsätzlich unmöglichen Wiedereinschluss der Ausgeschlossenen dennoch zu fordern, gleichgültig, ob es um die Frauen im Islam, die Asylanten in Europa oder die Tiere in den Labors geht, und Jacques Derrida arbeitete an einer

11 So akzentuiert auch Niklas Luhmann, Einführung in die Theorie der Gesellschaft. Hrsg. Dirk Baecker. Heidelberg: Carl-Auer-Systeme, 2005, Kap. 1.
12 Siehe Latour, Politique de la nature, a.a.O., S. 179 ff.
13 So Niklas Luhmann, Jenseits von Barbarei, in: ders., Gesellschaftsstruktur und Semantik: Studien zur Wissenssoziologie der modernen Gesellschaft, Bd. 4. Frankfurt am Main: Suhrkamp, 1995, S. 138-150.

dazu passenden, die Unmöglichkeit unterstreichenden Gerechtigkeitsformel.[14]

Es ist nicht überflüssig, darauf hinzuweisen, dass damit auch die von Luhmann entdeckte moderne Asymmetrie korrigiert wird, die von der Gesellschaft die Inklusion fordert, während sie jeder einzelnen Organisation die Exklusion, vorausgesetzt, sie kann als rational dargestellt werden, konzediert.[15] Der Gesellschaft gehören in der Moderne alle an, einer Organisation immer nur wenige. Schon deswegen gibt es in der Moderne nur eine Gesellschaft, aber viele Organisationen. Es darf nur eine Gesellschaft geben, weil sonst die real existierenden Exklusionen zum Problem würden; und es muss viele Organisationen geben, damit dennoch alle eine Chance auf einen Arbeitsplatz haben. Das hiermit bezeichnete Systemdesign der modernen Gesellschaft scheint jedoch seine Möglichkeiten aus Gründen, die noch unklar sind, ausgeschöpft zu haben. Unser aktuelles Interesse an Bürokratie und Organisation im Rahmen einer Reform der Gesellschaft ist auch ein Interesse daran, wie man von Organisationen lernen kann, Exklusionen zu handhaben, ohne die gesellschaftliche Forderung des zumindest prinzipiellen Wiedereinschlusses des Ausgeschlossenen mit Bezug auf Mitarbeiter, Kunden und Partner, aber auch mit Bezug auf Produkte, Programme und Profile aufzugeben.[16]

Unser Ausgangspunkt der Einführung und Konditionierung von Freiheitsgraden ist hinreichend abstrakt und konkret zugleich, um jedes Systemdesign im Hinblick auf die Shannon'sche Forderung überprüfen und unter Umständen auch variieren zu können. Dies gilt in vier Hinsichten, die wir hier unter den Stichworten der Ökologie, der Differenz,

---

14 Siehe Jacques Derrida, Force de loi. Paris: Galilée, 1994 (dt. 1991).
15 Luhmann, Die Gesellschaft der Gesellschaft, a.a.O., S. 844 f.
16 Siehe dazu auch Dirk Baecker, Kapitalismus und Bürokratie, in: ders., Wozu Soziologie? a.a.O., S. 150-188; ders., Die Reform der Gesellschaft, in: Giancarlo Corsi und Elena Esposito (Hrsg.), Reform und Innovation in einer unstabilen Gesellschaft. Stuttgart: Lucius & Lucius, 2005, S. 61-78.

des Fraktals und des Designs noch einmal zusammenstellen:

1) Das Stichwort der Ökologie soll darauf hinweisen, dass wir Formen der Kommunikation als Formen interpretieren, die sich unter der ökologischen Regel der Nachbarschaft bewähren müssen und zu diesem Zweck weder in ein irgendwie koordinierendes und integrierendes Supersystem eingebunden sind noch sich auf die Leistungen eines solchen Supersystems verlassen können. Die Formel der Ökologie brachte dies immer schon auf den Punkt, wenn man sich davor hütet, was allerdings ein Großteil der einschlägigen Literatur nicht tut, von »Ökosystemen« zu sprechen, und stattdessen der Empfehlung von Luhmann folgt, von »Ökokomplexen« zu sprechen.[17] Nur so kann man Komplexität, Vielfalt und Vielschichtigkeit als das eigentliche Thema identifizieren und kontinuieren, ohne dem alteuropäischen Reflex zu folgen, sich nach dem Ganzen umzuschauen, in dem alles irgendwie mit allem zusammenhängt und das man dann nur kennen oder beschwören muss, um die Regeln dieses Zusammenhangs zu entdecken und anderen vorzuhalten.

Unsere Formen der Kommunikation sind so wenig Teile des Ganzen, wie Organismen Teile eines Ökosystems sind. Stattdessen denken wir jede einzelne Form und auch jeden einzelnen Organismus ökologisch in jenem radikalen Sinne, den die im Chicago der 1920er Jahre empirisch nicht ganzheitlich verwöhnte Stadtsoziologie ihrer Arbeit zugrunde gelegt hat:[18] Wir beschreiben Formen, deren Integrationsleistung in ihrer Tauglichkeit zu nachbarschaftlichen Beziehungen (im städtischen Sinne) liegt, nämlich darin, dass sie den Ausschluss aller anderen einschließen und in dieser Form an die anderen anschließen. Insofern formuliert das

---

17 In: Soziale Systeme, a.a.O., S. 55, Anm. 52.
18 Park, Burgess, McKenzie, The City, a.a.O. Vgl. auch Andrew Abbott, Of Time and Space: The Contemporary Relevance of the Chicago School, in: Social Forces 75 (1997), S. 1149-1182.

Stichwort der Ökologie nur noch einmal die Idee der Unterscheidung als Unterscheidung des Zusammengehörigen. Denn auch dabei gilt, dass der Zusammenhang sich nicht außerhalb, sondern innerhalb jeder einzelnen Form befindet, das heißt, für jede Form ein anderer ist. Einer Identität des so Unterschiedenen verweigern wir die Gefolgschaft und halten genau das für die zivile Grundbedingung des Sozialen.

2) Das Stichwort der Differenz wird hier noch einmal eigens genannt, um daran zu erinnern, dass die Interaktion der Teilnehmer an Kommunikation im Rahmen von zwei Perspektiven interpretiert wird, die ebenfalls nur in der Form ihrer Unterscheidung zusammengehören, nämlich im Rahmen der Perspektive der Kommunikation und im Rahmen der Perspektive des Bewusstseins. Jedem Individuum werden ein im Prinzip unendlicher Außenhorizont des Verhaltens, Handelns und Kommunizierens und ein im Prinzip unendlicher Innenhorizont des Erlebens, Empfindens und Wahrnehmens zugeschrieben. Unendlich sind diese Horizonte, weil wir sie als black boxes behandeln, das heißt als Interpretationshorizonte, die vielfältig erkundbar, aber nie abschließend zu bestimmen sind.[19] Um Horizonte handelt es sich, weil sie eine Orientierung geben, man sich ihnen jedoch nicht nähern kann, ohne dass sie zurückweichen.

Die Differenz von Kommunikation und Bewusstsein ist für unser Modell entscheidend, weil sie noch einmal eine andere Form der Distanzsicherung zwischen der Interaktion der Individuen einerseits und ihrer Interpretation als Kommunikation andererseits sicherstellt. Wir beobachten, dass Individuen ihre Kommunikation mehr oder minder bewusst zu begleiten scheinen, aber wir beobachten gleichzeitig auch die Undurchschaubarkeit dieses Bewusstseins. Und wir beobachten unsere eigene Interpretation ihrer Interaktion als

---

19 Siehe hierzu Ranulph Glanville, Inside Every White Box There Are Two Black Boxes Trying To Get Out, in: Behavioral Science 27 (1982), S. 1-11; und Luhmann, Soziale Systeme, a.a.O., S. 166 ff.

Kommunikation als eine Leistung der Beobachtung, von der wir nie sicher sein können, ob es sich um eine bloße Bewusstseinsleistung oder auch, und dann wie, um eine kommunizierbare Leistung handelt.

Woher soll ich wissen, inwieweit die von mir beobachteten Formen der Kommunikation, die ich in dieser soziologischen Theorie der Kommunikation skizziert habe, etwas anderes sind als Erfindungen meines Bewusstseins im Umgang mit meinen sozialen Erfahrungen? Ich kann es nicht wissen, sondern muss die Kommunikation dieser Theorie abwarten, die nicht von mir alleine abhängt. Und sollte sie kommuniziert werden, habe ich und hat jeder andere erneut die Möglichkeit, die möglichen Inhalte dieser Kommunikation sowohl auf das idiosynkratische Bewusstsein von Lesern und Autoren als auch auf einen disziplinären Streit unter Soziologen, ein Argument unter Intellektuellen oder eine Praxis der Gesellschaft selber zurückzuführen.

Jede Interpretation einer Interaktion als Kommunikation ist eine Beobachtung und, sofern sie von anderen beobachtet wird, eine Handlung beziehungsweise ihrerseits eine Kommunikation. Sie kann auf bloßes Erleben zugerechnet und so sowohl stillgestellt als auch interessant gemacht werden; und sie kann als Kommunikation ernst genommen und so, weil dazu eine neue Interpretation gehört, schon wieder variiert werden. Diese Ambivalenz zwischen Erleben und Handeln und die dazugehörige Selbstbeobachtung ihrer ambivalenten Interpretation ist der Ausweis jeder Kommunikation, die um sich weiß, und damit zwar der Regelfall der Kommunikation selbst, aber auch der Sonderfall ihrer Reflexion.

3) Das Stichwort des Fraktals ist eine weitere Form der Sicherstellung von Unbestimmtheit und Bestimmbarkeit. Ein Fraktal, so die mathematische Begrifflichkeit ebenso wie ihre sozialwissenschaftliche Interpretation, ist eine selbstähnliche, das heißt auf verschiedenen Ebenen (Mikro, Meso, Makro; kurzfristig, mittelfristig, langfristig; konsensuell, dissensuell, indifferent) immer wieder in gleicher Weise auf-

tauchende und in Anspruch genommene Form, die rekursiv wiedererkannt und iterativ variiert wird, während sich im selben System gleichzeitig auch vieles andere abspielt und ereignet.[20] Unsere Formen der Kommunikation bewähren sich, so meine These, bei der Interpretation der Interaktion von Individuen, obwohl und weil dieses Verhalten gleichzeitig eine Reihe von Eigenschaften aufweist, die sich der jeweiligen Interpretation nicht fügen. Die Form ist dann fraktal, wenn sie Abweichungen, Ausnahmen, Ausrutscher, Fehler und Rauschen nicht nur zulässt und immer wieder einfängt, sondern sie zum Material ihrer Reproduktion macht.[21] Eine Form ist dann fraktal, wenn sie eher rhizomatisch als hierarchisch funktioniert und niemals als Identität desselben wiederholt, sondern immer als Differenz, als Falte, als Unterschied, den sie macht, bestätigt wird.[22] Nur so ist wiederum sicherzustellen, dass der Abstand zwischen dem Interpretierten und der Interpretation und damit die Selektivität der jeweiligen Selektion nicht aus den Augen verloren werden.

Erwähnt sei ein weiterer Punkt zum Verständnis der Idee des Fraktals, den wir bislang nicht eigens eingeführt haben, der jedoch für das Verständnis sowohl der Operation einer Form der Kommunikation wie auch ihrer Robustheit als Fraktal elementar ist. Dieser Punkt betrifft die hochgradige Temporalisierung von Kommunikation und damit einen

---

20 Siehe Mandelbrot, The Fractal Geometry of Nature, a.a.O.; Frederick Turner, Chaos and Social Science, in: Raymond A. Eve, Sara Horsfall und Mary E. Lee (Hrsg.), Chaos, Complexity, and Sociology: Myths, Models, and Theories. Thousand Oaks, Cal.: Sage, 1997, S. xi-xxvii; Abbott, The Chaos of Disciplines, a.a.O.; und zum strukturell vergleichbaren Konzept des Eigenwerts, der Eigenobjekte und der Eigenfunktion von Foerster, Gegenstände: greifbare Symbole für (Eigen-)Verhalten, a.a.O.

21 Siehe am Fall der Organisation Günther Ortmann, Regel und Ausnahme: Paradoxien sozialer Ordnung. Frankfurt am Main: Suhrkamp, 2003.

22 Siehe Gilles Deleuze und Félix Guattari, Mille Plateaux. Paris: Minuit, 1980 (dt. 1992). Und vgl. Gilles Deleuze, Le pli: Leibniz et le baroque. Paris: Minuit, 1988 (dt. 1995).

Gedanken, den Luhmann nicht nur für die Theorie sozialer Systeme, sondern meines Erachtens auch für die allgemeine Systemtheorie als maßgebend erkannt und ausgearbeitet hat.[23] Kommunikation, soll das heißen, kommt nur als flüchtiges Ereignis vor und stellt in dieser Form nicht nur sicher, dass sich das Reproduktionsproblem laufend neu stellt, sondern auch, dass Anschlüsse sowohl unsicher als auch variabel sind. Jede Form einer Kommunikation muss und kann man daher als eine Form der Mikrooszillation verstehen, in der unter Inanspruchnahme von Erwartungen und ihrer Korrektur sowie von Wahrnehmungen und ihrer Verschiebung für jedes einzelne Ereignis ausgehandelt wird, ob und wie es zu verstehen, aufzugreifen und fortzusetzen ist. Diesen Punkt können wir hier nur im Nachhinein erwähnen, weil er zwar tragend für unsere Konstruktion, aber noch nicht im Einzelnen theoretisch bewährt ist.

Für unser Konzept der Form als Fraktal bedeutet diese Idee jedenfalls, dass Kommunikation nur dann als selbstähnlich verstanden und beschrieben werden kann, wenn sie auch als unruhig beziehungsweise, wie man zuweilen gerne sagt, als dynamisch verstanden wird.

4) Das Stichwort des Designs soll die von Shannon formulierte Forderung an jedes Systemdesign noch einmal explizit auf den Punkt bringen, indem wir uns den klassischen, aber jüngst neu herausgestellten und theoretisch anschluss-

---

23 Siehe Niklas Luhmann, Temporalisierung von Komplexität: Zur Semantik neuzeitlicher Zeitbegriffe, in: ders., Gesellschaftsstruktur und Semantik: Studien zur Wissenssoziologie der modernen Gesellschaft, Bd. 1. Frankfurt am Main: Suhrkamp, 1980, S. 235-300; ders., Soziale Systeme, a.a.O., Kap. 8; unter Rückgriff auf Floyd H. Allport, An Event-System Theory of Collective Action: With Illustrations from Economic and Political Phenomena and the Production of War, in: Journal of Social Psychology 11 (1940), 417-445; ders., The Structuring of Events: Outline of a General Theory with Applications to Psychology, in: Psychological Review 61 (1954), S. 281-303; und ders., Theories of Perception and the Concept of Structure: A Review and Critical Analysis with an Introduction to a Dynamic-Structural Theory of Behavior. New York: Wiley & Sons, 1955.

fähig gemachten Sachverhalt zunutze machen, dass von Design immer dann die Rede ist, wenn eine Form im Hinblick auf ihre Funktion untersucht, gestaltet und verbessert wird.[24] Wenn man Form nicht in Gegensatz zu Materie oder Inhalt setzt, sondern im Sinne von Spencer Brown als Selbstunterscheidung innerhalb eines dadurch entstehenden Raumes versteht, und Funktion nicht teleologisch oder mechanisch, sondern im Sinne von Korzybski als Relation zwischen Variablen interpretiert, wird das Stichwort des Designs zu einer weiteren Schlüsselkategorie der soziologischen Theorie der Kommunikation. Wir geben dem Design folgende Form:

$$\text{Design} = \boxed{\text{Funktion} \,|\, \text{Form}} \quad .$$

Die Idee der Form, des Wiedereinschlusses des Ausgeschlossenen, öffnet einen Raum der Unterscheidung, der anschließend beziehungsweise im Hin und Her zwischen Form und Funktion funktional bestimmt wird. Damit kommt zum Ausdruck, dass ein Design Form und Funktion nicht nur unterscheidet, sondern dergestalt in einen Zusammenhang bringt, dass die Form die Funktion informiert und umgekehrt. Die Information der Funktion durch die Form ist keine Determination der Funktion, sondern ihre Beobachtung im Hinblick auf die Kontingentsetzung, Reflexion und Variation der Form. Zugleich ist damit auch die Funktion nicht etwa durch den Verweis auf Zwecke, Bedürfnisse oder Absichten gegeben, sondern selbst eine aus der Beobachtung der Form gewonnene Interpretation, die sich im Unterschied zur Form jeweils erst noch bewähren muss. Man kann, mit anderen Worten, die Form eines Designs (Teetassen, Stühle, Architekturen, Kleidung, Städte, Behörden, Websites …) mit Blick auf mögliche Funktionen

---

24 So Norbert Bolz, Design als Sensemaking, in: Matthias Götz (Hrsg.), Der TABASCO-Effekt: Wirkung der Form, Formen der Wirkung; Beiträge zum Design des Design. Basel: Schwabe & Co., 1999, S. 29-36.

variieren wie auch mit Blick auf die Form neue und andere Funktionen entdecken.

Wenn wir diese vier Stichworte der Ökologie, der Differenz, des Fraktals und des Designs ernst nehmen, können wir im Rahmen einer soziologischen Theorie der Kommunikation abschließend einige Bedingungen nennen, unter denen es möglich ist, sich mithilfe einer solchen Theorie in die Verhältnisse, die sie durch ihre Interpretationsangebote beschreibbar macht, einzumischen. Die Theorie, so vermute ich, hat einen praktischen Wert. Doch das gilt es erst noch zu zeigen, wobei wir allerdings im Rahmen der Darstellung der Theorie die Theorie nicht verlassen werden. »Theorie« ist daher, wenn man so will, ein fünftes Stichwort, unter dem die Bedingungen festgehalten werden, die es erlauben, den im vorliegenden Ansatz gewählten Ausgangspunkt der Unbestimmtheit als einen bestimmten Ausgangspunkt zu reflektieren. Die soziologische Theorie der Kommunikation rekurriert auf eine ökologische und damit auch im besten Sinne soziologische Unbestimmtheit, nicht auf eine kosmologische, theologische oder anthropologische Unbestimmtheit. Sie erwartet ihre Bestimmungsleistungen aus den Lebensbedingungen der Welt und den bereits erprobten Bedingungen der Kommunikation, nicht aus der Ordnung des Ganzen, aus göttlichem Ratschluss oder aus der Lehre vom Menschen. Der Kosmos, die Götter und der Mensch sind Ordnungsfiguren, die sich ihrerseits daran messen lassen müssen, inwieweit sie sich darin bewähren, ein Leben unter ökologischen Bedingungen zu informieren. Und sie sind Ordnungsfiguren, auf die man sich berufen kann, um dieses Leben aus einer anderen Perspektive als der der eigenen Nische zu reflektieren.

5.2. Schnittstellen

Die soziologische Theorie der Kommunikation bezieht die Garantie der bestimmbaren Unbestimmtheit, von der sie handelt, aus der Differenz von Kommunikation und Bewusstsein. Spätestens seit der Frage von William James, ob das Bewusstsein existiert,[25] dürfen sowohl das Bewusstsein als auch die Kommunikation als Zuschreibungshorizonte von Leistungen gelten, die eine Funktion in der Reproduktion von Sinn erfüllen. Das Bewusstsein ebenso wie die Kommunikation sind Endloshorizonte, aus denen immer wieder neu Sinnverweisungen gewonnen werden können, die es aber auch immer wieder neu ermöglichen, Bestimmtheiten auf Unbestimmtheiten zurückzurechnen. Neuerdings kommen mit dem Computer und dem Internet, die sich mit eigenen Rechenkapazitäten an der Kommunikation beteiligen, neue »Unbestimmtheitsstellen« ins Spiel,[26] auf die wir jedoch erst in dem Moment etwas besser vorbereitet sind, in dem wir unsere Erfahrungen mit Bewusstsein und Kommunikation darauf hinauslaufen lassen, sie als Endloshorizonte zu beschreiben. Der Schritt vom World Wide Web zum Semantic Web[27] mag noch Zukunftsmusik sein, wird sich aber nur in dem Ausmaß sowohl gestalten als auch bewältigen lassen, in dem wir so tun, als ginge damit qualitativ nur einher, was wir im Umgang mit Geistern, Göttern und Menschen vielleicht nicht beherrschen, aber doch gewohnt sind.

Der Fluchtpunkt, der es ermöglicht, die soziologische Theorie der Kommunikation praktisch zu verwenden, ist der aus den Designwissenschaften bekannte Begriff des

---

25 Siehe William James, Does »Consciousness« Exist? [1912], in: ders., Essays in Radical Empiricism. 2. Aufl., New York: Longman Green & Co., 1922, S. 1-38.
26 So der Begriff von Luhmann, Die Gesellschaft der Gesellschaft, a.a.O., S. 118.
27 Im Sinne von Dieter Fensel, Ontologies: A Silver Bullett for Knowledge Management and Electronic Commerce. 2. Aufl., Berlin: Springer, 2003.

Interface beziehungsweise der Schnittstelle.[28] Wir greifen den Vorschlag von Niklas Luhmann hier noch einmal auf, wenn wir sagen, dass jedes Design eine strukturelle Kopplung zwischen Kommunikation und Bewusstsein darstellt.[29] Eine Teetasse, ein Fernsehgerät, eine Flagge, ein Logo, eine Kneipe, ein Internetportal oder eine Corporate Identity sind in allen jenen Hinsichten ein Design, in denen sie kommunikativ die Wahrnehmungsfähigkeit eines Bewusstseins ansprechen. Dasselbe gilt für Kommunikation, die wir jederzeit auf ihr Design hin beobachten können, obwohl wir das nur ausnahmsweise tun. Es gilt für die Schrift eines Buches, die Gesten eines Körpers, den Tonfall einer Stimme, den Geruch eines Ledersitzes, die Griffigkeit eines Messers, insofern hier nicht nur Signale gegeben werden, welcher materielle Umgang mit den Dingen möglich ist, sondern auch Zeichen gesetzt werden, welcher Sinn mit ihnen erreichbar ist, und Symbole aufgerufen werden, welche Differenz jeweils überbrückt wird. Keine Kommunikation kommt ohne ein solches Design aus, und jedes Design lässt sich auf diese Anforderung von Kommunikation hin lesen.[30]

Das aber bedeutet, dass Design die Schnittstelle zwischen Kommunikation und Bewusstsein besetzt, und dies auf eine Art und Weise, die deren operative Trennung akzeptiert, um selektiv auszuloten, welche kommunikativen Absichten mit welchem Typ von Wahrnehmung jeweils so verbunden oder strukturell gekoppelt werden können, dass eine Art Aufmerksamkeit sichergestellt werden kann, die typischerweise

28 Siehe Herbert A. Simon, The Sciences of the Artificial [1969]. 2. Aufl., Cambridge, Mass.: MIT, 1981.
29 Siehe Luhmann, Organisation und Entscheidung, a.a.O., S. 148 f.; vgl. Dirk Baecker, Organisation und Gesellschaft, in: ders., Organisation und Management: Aufsätze. Frankfurt am Main: Suhrkamp, 2003, S. 293-326, hier: S. 300 ff., und vgl. oben, Abschnitt 4.7.
30 So Donald A. Norman, The Design of Everyday Things. New York: Basic Books, 1989 (dt. 1989); siehe hierzu auch Christopher Alexander, Notes on the Synthesis of Form. Cambridge, Mass.: Harvard UP, 1964; und Henri Focillon, La vie des formes. Paris: PUF, 1934 (zit. nach der amerik. Ausgabe 1989).

zwischen Irritation und Faszination oszilliert. Man weiß um den Engpassfaktor knapper Aufmerksamkeit, seit die Organisationstheorie empirisch geworden ist und die Grenzen rationalen Entscheidens nicht nur entdeckt, sondern auch beschrieben hat.[31] Und man weiß seit Georg Simmels Beschreibung des modernen »Stils des Lebens«,[32] wie sehr es auf eine Ökonomie der Aufmerksamkeit ankommt,[33] die in der Lage ist, zwischen Gleichgültigkeit und Interesse, Überdruss und Begehren, Langeweile und Neugier eine Balance zu finden, die sowohl gelebt als auch dargestellt werden kann.

Vermutlich findet man in allen Gesellschaften Virtuosen dieses Stils einer Aufmerksamkeit, die ihre eigene Selektivität, die Kriterien dieser Selektivität und die Undurchschaubarkeit dieser Kriterien immer mit darstellen muss, wenn sie kommunikativ erfolgreich und vorbildlich sein will. Seit der Antike hat sich dafür der Begriff des Ethos, der Lebenskunst, eingebürgert, der das Problem formuliert, dass an ein und demselben Leben vorgeführt werden muss, dass es Anforderungen einer bestimmten Gesellschaft entspricht, während es zugleich die Distanz des Individuums gegenüber der Gesellschaft sicherstellt. Michel Foucault sprach mit Blick auf dieses Paradox einer gesellschaftlich besorgten Freiheit des Individuums von der Aufgabe der Ethopoiesis,[34] der Hervorbringung eines Ethos, das das eigene ist und zugleich nicht ist. Die Helden Homers, die Jünglinge der griechischen Akademie, die römischen Stoiker

---

31 Siehe March und Simon, Organizations, a.a.O.; Herbert A. Simon, Model of Bounded Rationality. 2 Bde., Cambridge, Mass.: MIT Pr., 1982.
32 Siehe Georg Simmel, Philosophie des Geldes [1900]. Gesamtausgabe, Bd. 6, hrsg. von David P. Frisby und Klaus Christian Köhnke, Frankfurt am Main: Suhrkamp, 1989, Kap. 6.
33 Siehe Georg Franck, Ökonomie der Aufmerksamkeit: Ein Entwurf. München: Hanser, 1998.
34 Siehe Michel Foucault, Freiheit und Selbstsorge. Interview 1984 und Vorlesung 1982. Übersetzt von Helmut Becker und Lothar Wolfstetter, Frankfurt am Main: Materialis, 1985.

sind ebenso Beispiele für ein virtuoses Design von Kommunikation und Bewusstsein wie die Schamanen der Stammesgesellschaft, die Damen der höfischen Gesellschaft, die Puritaner des Frühkapitalismus, die Dandys des 19. Jahrhunderts und die Hippies der 1960er Jahre.

Hier werden jeweils Bewusstseinshaltungen, obwohl und weil sie undurchschaubar sind, in eine Form der Kommunikation gebracht, die adressierbar ist, aber nicht festgelegt werden kann. Ein Design der Schnittstelle zwischen Kommunikation und Bewusstsein besteht darin, Einschränkungen auszuprobieren, die Distanz und Engagement, Irritation und Faszination für die Wahrnehmung gleichzeitig und für die Kommunikation im Wechsel der Sequenzen zum Ausdruck zu bringen erlauben. Denn nur so, so ist zu vermuten, kann das eine wie das andere, kann Kommunikation wie Bewusstsein überhaupt zur Erfahrung gebracht werden. Die Irritation macht deutlich, wie gefährlich das Spiel ist, auf das man sich hier einlässt, die Faszination, wie unumgänglich es zugleich ist. Wer will schon wissen, was der andere denkt? Und wer will wissen, welches Verhalten er sich wünscht?

Aber genau deswegen ist es attraktiv, einen Ausschnitt dessen, was man nicht wissen will, herauszufinden und am Ausschnitt zu bewähren, dass man den Rest dann tatsächlich auf sich beruhen lässt. Auf diese Art und Weise bewegt man sich an der Schnittstelle, markiert sie, beutet sie aus, gestaltet sie, leidet an ihr und freut sich über sie und lässt auf beiden Seiten jene Endloshorizonte der Kommunikation und des Bewusstseins entstehen, die auf den Begriff bringen, dass es jenseits des Wissens das Nichtwissen gibt und jenseits des Designs den Absturz.

Es lohnt sich, das Theorem der im Design gestifteten Einheit der Differenz von Irritation und Faszination auch an Türklinken, Bedienungsknöpfen elektrischer Geräte, Münzen, Kleidern, Fleischtresen, Hausfassaden, Stadtlandschaften, Flughäfen und Fußballstadien auszuprobieren. Normalerweise merken wir nicht, wie wir haarscharf zwischen einer zu großen Irritation und einer zu großen Faszination hindurchsteuern, um uns gelassen für das zu interessieren, was uns jeweils geboten wird, und souverän zu bewältigen, was damit einhergeht. Unbeirrbar den Blick auf das Design gerichtet, verfügen wir über eine Reihe von sowohl sozialen als auch psychischen Techniken, um abzuweisen, was ihm möglicherweise nicht entspricht. Aber minimale Störungen genügen, um Irritation und Faszination in unerträglicher Identität zu erleben und entweder das Weite zu suchen oder bewusst und kommunikativ an den Grenzen der eigenen Möglichkeiten zu landen.

Künstler machen sich dies zunutze. Doch auch sie sind daran gebunden, sich für ihre Manöver gegen das jeweils herrschende Design an ein Design zu halten, das als ästhetisch gelten und in dieser Form, nämlich als bloßer Vorschlag an Beobachter, akzeptiert werden kann. Die Kunst ist die Wiedereinführung des Designs in das Design; und sie kann es sich typischerweise aussuchen, ob sie dies auf der Seite der vom Design bereits gefundenen Form tut oder auf der Seite des von dieser Form in Anspruch genommenen Mediums. Im ersten Fall arbeitet sie am Schönen, im zweiten Fall am Erhabenen, wenn man darunter das noch nicht ausgelotete Mögliche versteht.[35]

Die Schnittstelle zwischen Kommunikation und Bewusstsein ist jedoch nur ein Beispiel für Ansatzpunkte eines Designs, das zahlreiche andere Fälle kennt, die Schnittstellen zwischen Mensch und Maschine, Körper und Ding, Organisation und Gesellschaft, Familie und Schule, Politik und Wirtschaft, Religion und Erziehung oder Wahrheit und Wissenschaft. Jede dieser Schnittstellen kombiniert zwei Endloshorizonte, jede dieser Schnittstellen bekommt es mit einer Grenze zu tun, deren Qualität und Struktur sich nicht etwa aus den unterschiedlichen Sachverhalten ergibt, sondern die-

---

35 Vgl. Immanuel Kant, Kritik der Urteilskraft, a.a.O., §§ 23-29.

sen vorausgeht.[36] Jedes Design hat es daher nicht nur mit der Gleichzeitigkeit von Irritation und Faszination, sondern auch mit der Gleichzeitigkeit von Wahrheit und Lüge zu tun, insofern Letztere in dem Moment unabweisbar ist, in dem ein Design mit Signalen, Zeichen und Symbolen arbeitet, die die jeweiligen Endloshorizonte als Kontexte ihrer Selektionen notwendig mit sich führen. Lüge und Wahrheit sind Kriterien, die in dem Moment gegeben sind, in dem Zeichen verwendet werden, um etwas zu bezeichnen, was mit dem Zeichen selbst definitionsgemäß nicht identisch sein kann.[37]

Als Wahrheit gilt uns jedes Schnittstellendesign, das Signale sendet, Zeichen setzt und Symbole in Anspruch nimmt, die in dem Sinne gedeckt sind, dass sie Referenzen aufweisen, die unabhängig von den Signalen, Zeichen und Symbolen überprüft werden können. Die Signale dürfen nicht auf Abwege führen. Die Zeichen müssen zeigen, was sie bezeichnen. Und die Symbole müssen die Übersetzungen tatsächlich leisten, die sie in Anspruch nehmen. Dementsprechend gilt als Lüge, was falsche Signale sendet, trügerische Zeichen setzt und wertlose Symbole in Anspruch nimmt. Aber wie finde ich das jeweils heraus? Ab wann bin ich bereit, eine Wahrheit zu unterstellen beziehungsweise eine Lüge zu vermuten? Es ist kein Zufall, dass uns mittlerweile schon die Worte »Wahrheit« und »Lüge« schwer fallen. Wir haben es gelernt, allen Signalen, Zeichen und Symbolen zu misstrauen, und nehmen kaum noch wahr, dass wir währenddessen allerorten laufend den Signalen, Zeichen und Symbolen trauen und folgen, mit denen wir konfrontiert werden. Wir glauben uns von unserem geschulten Bewusstsein und unserer subtilen Kommunikation gewarnt, während unsere Wahrnehmung gar nicht anders kann, als den Dingen zu folgen, die ihr geboten werden.

36 So auch Andrew Abbott, Things of Boundaries, in: Social Research 62 (1995), S. 857-882.
37 So Umberto Eco, Einführung in die Semiotik. Autorisierte deutsche Ausgabe von Jürgen Trabant, München: Fink, 1972.

Der Begriff der Schnittstelle bekommt vor diesem Hintergrund einen heuristischen Wert, der darauf zielt, beschreiben zu können, was längst funktioniert, um überprüfen zu können, wie funktioniert, was hier funktioniert. Wenn ein Bewusstsein einen gehörten Satz zu verstehen glaubt; wenn mein Körper den Sessel akzeptiert, der ihm hingeschoben wird; wenn ich der Bank die Solidität buchstäblich abkaufe, die ihr Webauftritt signalisiert; wenn Kinder lernen, dass sie sich in der Schule anders verhalten können als zu Hause; wenn Politiker Erfolge aus der Überziehung der Zahlungsbilanz ihres Landes ziehen; wenn Priester ihre Erziehungsmaßnahmen als Seelsorge profilieren; und wenn Wissenschaftler ihre Thesen mit Wahrheiten verwechseln, werden Schnittstellen zugunsten einer Kommunikation in Anspruch genommen, die jeweils zuerst funktioniert und dann in Zweifel gezogen werden kann. Mit anderen Worten, Wahrheit und Lüge gelten ihrerseits dem Design des Systems. Sie erlauben es, Schnittstellen so lange zu variieren, bis sie passen, auch wenn man, wie im Fall des Sitzens auf einem Stuhl, weiss, dass es den idealen Stuhl nicht gibt, weil man sowieso alle zehn Minuten die Sitzhaltung wechselt, so dass das Design der Schnittstelle in der Variabilität ihr Kriterium hat, nicht in der Wahrheit oder der Lüge.

5.3. Intervention

Nur auf der Ebene des Designs hat man eine Chance, in Verhältnisse zu intervenieren, die durch die Endloshorizonte der Kommunikation und des Bewusstseins gekennzeichnet sind. Die Ökologie setzt für die Interventionen die Erfolgsbedingungen, die Schnittstellen liefern die Ansatzpunkte. Dementsprechend unberechenbar ist jede Intervention, aber diese Unberechenbarkeit ist die Bedingung ihrer Möglichkeit.

Um diese Bedingung ihrer Möglichkeit zu klären, braucht

man das Schlagwort der Intervention nur wörtlich zu nehmen und als Dazwischenkunft, als Vermittlung, als Einmischung zu lesen. Denken wir an die Individuen in ihren Umwelten, die sich wechselseitig beobachten, sich in ihren Ein- und Ausstiegen in die Formen der Interaktion, Organisation, Gesellschaft und Protestbewegung begleiten und kritisieren und sich mithilfe der Sinnfunktionen System, Person, Medium, Netzwerk und Evolution jeweils einen Reim darauf machen, um welche Selektionen und Attributionen von Kommunikation es jeweils geht, so liegt es nahe, die Intervention als eine Kommunikation mit zwei Seiten zu sehen, die bestimmte Kommunikationen zu entmutigen versucht, um andere zu ermutigen. Mit anderen Worten, Interventionen sind Kommunikationen, die dort einen Wechsel nahe legen, wo es andernfalls nicht zu einem Wechsel käme, und die dabei sowohl die Markierung einer alten Kommunikation als auch das Angebot einer neuen riskieren. Interventionen sind damit Kommunikationen, die sich gegen ihre eigene Unwahrscheinlichkeit profilieren, indem weder ihr Eigeninteresse gegen sie sprechen darf noch die alte Kommunikation Gründe auf ihrer Seite haben darf, die gegen die Intervention sprechen, noch die neue Kommunikation in Probleme führt, auf die die Intervention keine Antwort hat.

Eine Intervention ist die Ausnahme. Nur wenn man dies bedenkt, hat man eine Chance, sowohl zu verstehen, warum sie dennoch häufig vorkommt, als auch zu verstehen, wann sie erfolgreich sein kann. Der typische Ansatzpunkt für eine Intervention ist ein Konflikt. Nur der Konflikt kann garantieren, dass das Eigeninteresse der Intervention als sekundär gewertet werden kann, die Motive für den Wechsel der Kommunikation auf der Hand liegen und nahezu jede neue Kommunikation zunächst einmal als attraktiv gelten kann. Wenn dies gegeben ist, muss sich die Intervention nur noch, schwierig genug, gegen die Eigendynamik des Konflikts zur Wehr setzen, die davon profitiert, dass die Welt des Konfliks im Hinblick auf das Thema, die scheinbar eindeutige Vergangenheit und absehbare Zukunft und die Teilnehmer Kommunikation so viel evidenter ist als jede andere Welt.

Das aber heißt, dass die Intervention Dritte finden muss, die die Konfliktpartner als solche beschreibt und es ihnen damit schwerer macht, für und nicht gegen den Konflikt zu votieren, und ihnen Angebote macht, wie es nach der Intervention weitergehen kann. Die Intervention muss sich mit Blick auf diese Dritten zunehmend unsichtbar machen und die neu in Reichweite rückende Kommunikation so attraktiv machen, dass die Entwertung der alten schon fast kein Thema mehr ist.

Intervention ist daher zuallererst Beobachtung.[38] Sie muss die Bedingungen klären, unter denen sie wirksam sein kann, und ihr ist klar, dass diese Bedingungen nicht kausal, sondern, wie schon in den Weisheitslehren der alten Chinesen, nur im Kontext eines Situationspotentials zu klären sind.[39] Dann muss die Intervention irritieren, das heißt ihre Beobachtungen so in die Verhältnisse einsteuern, dass diese sich mit Blick auf ihre nötige und mögliche Veränderung selbst beobachten, ohne auf die Idee zu kommen, stattdessen die Intervention zu beobachten.[40] Und drittens muss die Intervention etwas zu bieten haben, was die Bedingungen definiert, unter denen es attraktiv sein kann, sich auf die Intervention einzulassen.[41]

All das läuft darauf hinaus, eine Intervention und die Formen, in denen sie auftritt, die Therapie, die Beratung, aber auch die Strafe und die Erziehung, als Formen eines Designs

---

38 Das unterstreicht Helmut Willke, Systemtheorie II: Interventionstheorie – Grundzüge einer Theorie der Intervention in komplexe Systeme. Stuttgart: G. Fischer, 1994, insbes. Kap. 2.
39 Siehe noch einmal Jullien, Traité de l'efficacité, a.a.O.
40 So Luhmann, Die Behandlung von Irritationen: Abweichung oder Neuheit? A.a.O., S. 90 ff.
41 Das nennt Peter Fuchs, Intervention und Erfahrung. Frankfurt am Main: Suhrkamp, 1999, S. 94 f., ein »Drittsystem«.

zu beschreiben, das Konflikte adressiert, um Schnittstellen neu zu gestalten. Eine Intervention hat daher die folgende Form:

$$\text{Intervention} = \boxed{\text{Schnittstelle} \mid \text{Konflikt}}\quad.$$

Die Markierung eines Konflikts öffnet einen Raum der Unterscheidung, der genutzt werden kann, um nach Schnittstellen zu suchen, sie zu bestimmen und ihr Variationspotential auzuloten. Eine Intervention ist damit das Spiegelbild des Designs. Während im Design die Form reflektiert wird, um die Funktion zu variieren, wird durch die Intervention ein Konflikt reflektiert, um eine Schnittstelle zu variieren, das heißt, so neu zu gestalten, dass der Konflikt weniger auffällt oder weniger weh tut. Die Schnittstelle ist der Nullpunkt der Funktion, wie der Konflikt der Nullpunkt der Form ist.

Eine Intervention ist daher noch einmal anders als die Kunst eine Form der Wiedereinführung des Designs in das Design, hier jedoch nicht am Punkt des Schönen und Erhabenen (Überfordernden), sondern am Punkt des Scheiterns sowohl der Form als auch der Funktion und damit am Punkt der Schnittstelle, die jederzeit gegen die Kommunikation stark gemacht werden kann, die so tut, als könne sie sie überbrücken, und zur Not den Konflikt sucht, um genau das unter Beweis zu stellen.

Gegenwärtig weisen Design und Intervention, die Gestaltung und die Veränderung von Systemen der Reproduktion und Störung von Kommunikation, gewisse Tendenzen einer Konvergenz auf. Man beginnt, die von Terry Winograd und Fernando Flores gegebene Empfehlung ernst zu nehmen, Zusammenbrüche vorwegzunehmen, um die Situation zu begreifen, in der sich ein neues Design bewähren soll.[42] Die

---

42 Siehe Terry Winograd und Fernando Flores, Understanding Computers and Cognition: A New Foundation of Design. Norwood, NJ: Ablex, 1986 (dt. 1989).

Mode inszeniert die Imagekrise ihrer Klientel, das Management den Bankrott der Organisation, die Universität das Scheitern ihrer Studenten, die Politik den Ausbruch der Gewalt, um jeweils für ihre Veränderungsprojekte zu werben. Diesseits des Zusammenbruchs ist die Intervention offensichtlich kaum noch zu haben, diesseits des Versagens einer Schnittstelle ein neues Design kaum noch an den Mann zu bringen.

Aus dieser Tendenz zur Konvergenz spricht ein paradoxes Vertrauen in robuste Ökologien, so als könne man fast nach Belieben Schnittstellen stören, weil die Umwelt der Beobachter in diesen auf genügend Resonanz stößt, um sie zu neuen Ordnungsversuchen anzuregen. Ob das gerechtfertigt ist, kann man bezweifeln. Unser Kommunikationsbegriff jedoch mag sowohl theoretisch als auch praktisch geeignet sein, genauer zu beobachten, welche Verhältnisse sich zwischen Beobachtern einstellen und unter welchen Bedingungen bewähren.

Andererseits ist diese Tendenz zur Konvergenz so neu wiederum nicht, wenn man daran denkt, dass das Recht der Gesellschaft in diesem Sinne immer schon auf eine Gestaltung der Gesellschaft durch das Angebot von Mechanismen der Identifizierung und Bewältigung von Konflikten zielte.[43] Sobald Beobachter Chancen zur Durchsetzung von Ansprüchen erkennen, die im Rückgriff auf den Zwangsapparat von Staat und Recht begründet sind, können sie sich auf entsprechende Konflikte auch dann einlassen, wenn diese Ansprüche durch die eigene Gewalt und Überzeugungskraft nicht gedeckt sind. So kann sich jemand mit der Videokamera auf die Straße stellen und Verstöße gegen die Verkehrsordnung filmen sowie der Polizei zur Kenntnis bringen, die er alleine niemals verhindern könnte (und auch so nicht verhindert). Hier wird Gesellschaft gestaltet, indem Konflikte markiert werden, angesichts deren sich jeder Beteiligte über-

43 So zeigt Niklas Luhmann, Das Recht der Gesellschaft. Frankfurt am Main: Suhrkamp, 1993.

legen kann, ob er sich auf sie einlässt oder sie lieber vermeidet. Genau damit nimmt die Kommunikation zwischen Individuen eine bestimmte Form an, die sie andernfalls nicht annehmen würde.

Im Vergleich damit wird es attraktiv, über Gestaltungsmöglichkeiten der Kommunikation nachzudenken und sie auszuprobieren, die nicht über die Attraktivität von Konflikten oder ihrer Vermeidung, sondern über die Attraktivität von wirtschaftlichem Tausch, liebevoller Intimität, wissenschaftlicher Neugier, religiöser Inbrunst, künstlerischen Experimenten, nachbarschaftlichem Gespräch, organisiertem Handeln oder gemeinsamem Protest laufen.

Die Orientierung an Schnittstellen allerdings und die Eingebundenheit in ökologische Verhältnisse bloßer Nachbarschaft bleiben dieselbe. Vielleicht kann man sagen, dass die Vermeidung des Konflikts nur dank der Möglichkeit des Konflikts ihr Profil gewinnt und daher, um attraktiv zu bleiben, diese Möglichkeit immer mitführt. Dann wäre dies das Maß, an dem jedes Design zu messen ist: den Konflikt zwischen dem, was durch Schnittstellen getrennt ist, in Reichweite zu halten, während Angebote attraktiv gemacht werden, den Konflikt zu vermeiden.

Index der Formen

Form ...

S. 24   Kommunikation $_I$ = Selektion | Redundanz

S. 60   Kommunikation $_{II}$ = Bezeichnung | Unterscheidung

S. 64   Kommunikation $_{III}$ = Freiheitsgrad | Konditionierung

... und Formen

S. 89   Erwartung   = Erwartung | Enttäuschung

S. 107 Gesellschaft $_I$ = Interaktion | Organisation | Protest | Gesellschaft

S. 110 Interaktion   = Anwesenheit | Abwesenheit

S. 114 Organisation   = Mitglied | Nicht-Mitglied

S. 124 Protestbewegung   = Protest | Affirmation

S. 126 Gesellschaft $_{II}$ = Kommunikation

S. 142 Kultur   = Wert | Wert

Seite	Begriff	=	Unterscheidung
S. 142	Massenmedien	=	Nachricht | Nachricht
S. 153	System	=	Reproduktion | Störung
S. 167	Person	=	Attribution | Situation
S. 179	Medium	=	Motivation | Selektivität
S. 197	Verbreitungsmedium	=	Erreichbarkeit | Nicht-Erreichbarkeit
S. 212	Erfolgsmedium	=	Annahme | Ablehnung
S. 226	Netzwerk	=	Kontrolle | Identität
S. 229	Identität	=	Abweichung | Norm
S. 231	Kontrolle	=	Abweichung | Ziel
S. 238	Evolution	=	Variation | Selektion | Retention
S. 265	Design	=	Funktion | Form
S. 276	Intervention	=	Schnittstelle | Konflikt

Register

Abstraktion 57f., 68
Abweichung/Norm 229ff.
Abweichung/Ziel 230f.
Affekt, s. Gefühl
Algebra 79ff.
Annahme/Ablehnung 212ff.
Arbeit 246f.
Arithmetik 79ff.
Ambivalenz 39ff.
Anwesenheit/Abwesenheit 108ff.
Attribution/Situation 166ff.

Beobachter 31f.
Beobachtung 75ff., 275
Bewusstsein 46ff., 89f., 243ff., 261f., 267ff.
Bild 186ff.
Buchdruck 197ff.

Computer 203f.

Darstellen/Zuschauen 110f.
Design 256ff., 264ff.
Differenz 261f.
Differenzierung 159
Dritter 108f.

Eliten 232ff.
Emotion, s. Gefühl
Erfolgsmedien 206ff.
Erleben 44ff., 170f.
Erwartung 87ff.
Ethik 223ff.
Evolution 237ff.

Exklusion, s. Inklusion
Familie 251f.

Form 10f., 30, 55ff., 65, 68f., 78ff., 102ff.
Formalismus 57ff., 76, 78f., 82
Fraktal 262ff.
Freiheit 38
Freiheitsgrad 63f., 76f., 86ff.
Funktion 146ff.

Gefühl 96ff., 220f.
Gehirn 47f.
Geld 213
Geschmack 47, 188f.
Gesellschaft 104ff., 125ff.
– Stammes- 127, 129
– hochkulturelle 127, 129ff.
– moderne 127, 133ff., 200ff.
– städtische 131ff.
Gewalt 171ff.
Glauben 216f.
Grenze 156f.

Handlung 35ff., 170f.
Haus 195

Identität, s. Kontrolle
Individuum 164f.
Information 19ff.
Inklusion/Exklusion 257ff.
Intellektuelle 127f.
Interaktion 107ff.
Intervention 273ff.
Irritation/Faszination 270ff.

Kino 205 f.
Kommunikation 8 ff., 16 f., 23, 27 ff., 33 ff., 44 ff., 46 ff., 58 ff., 63, 74 f., 80 ff., 85 ff., 99, 105, 126 f., 254 ff., 261 f., 267 ff.
Komplexität 9, 65, 81, 159 f.
Konflikt 235, 275 f.
Konstante 79 ff., 141 f.
Kontingenz, doppelte 92 ff.
Kontrolle 27
Kontrolle/Identität 226 ff.
Körper 52 f., 243 ff.
Kopplung, strukturelle 158
Kultur 94 ff., 141 ff.
Kunst 188 ff.
Kybernetik 27, 99

Liebe 217 f.
Lüge 272 f.

Macht 213 ff.
Markt 235 f.
Massenmedien 141 ff.
Mathematik 12, 16 ff., 71 f.
Medien, elektronische 202 ff.
Medium 175 ff., 206 ff., 222 f.
Mengentheorie 71 f.
Mensch 164
Mitglied/Nicht-Mitglied 113 ff.
Modell 79 ff.
Moral 223 ff.
Motivation/Selektivität 178 ff.
Musik 186 ff.

Nachrichten 141 ff.
Netzwerk 136, 226 ff.
Norm, s. Abweichung 229

Ökologie 260 f.
Organisation 113 ff., 248 ff.
Oszillation 30 f., 110 f.

partitions, theory of 72 f.
Person 162 ff.
Postmoderne 135
Präferenz 165 f.
privat/öffentlich 194 f.
Protestbewegung 122 ff., 208 f.
Protest/Affirmation 124 f.

Rationalität 160 f.
Raum 81 ff.
Redundanz 21
Reich, Imperium 129
Religion 127, 216 f.
Rekursivität 25, 28 f.
Reproduktion/Störung 153 ff.
Rhetorik 42
Risiko 247 f.
Rückkopplung 27 f.

Schließung 157 f.
Schnittstelle 267 ff.
Schrift 192 ff.
Selbstbeschreibung 137 ff.
Sinn 146 ff.
Soziologie 33 f., 137 f., 254 f.
Spiel 70 ff.
Sprache 46 f., 183 ff.
Stadt 131 ff.
Stigmergie 123
Strategie 70 f.
Struktur 85 ff.
Subjekt 165

symbiotischer Mechanismus 245 ff.
System 30, 152 ff.

Technik 247 f.
Theorie 266
Tourismus 154 ff.

Ungewissheit 34 f., 48 f.
Unsicherheitsabsorption 149
Unterhaltung 144
Unterscheidung 60 ff., 74, 99 ff.

Variable 79 ff., 141 f., 146
Variation/Selektion/Retention 238 ff.
Verbreitungsmedien 175 ff.

Wahrheit 216, 272 f.
Wahrnehmung 46 ff., 85, 187 ff.
Weisheit 241 f.
Werbung 144
Werte 141 ff., 219 f.
Wirklichkeit 50 ff., 73
Wissenschaft 138, 216

Zeit 95
Ziel, s. Abweichung
Zukunft 118 f.